産業組織と
ビジネスの経済学

INDUSTRIAL ORGANIZATION AND BUSINESS ECONOMICS

著・花薗　誠

有斐閣ストゥディア

はしがき

　企業が市場をコントロールする力をもつとその力を濫用するのではないか，という懸念は市場経済における普遍的な問題意識であり，古くは古代ギリシャの哲学者アリストテレスにまで遡ることができる。それは，市場で大きなシェアをもつ企業（群）が，価格を有利な方向に操作し結果として価格を不当に高めたり，取引相手によって差別するような価格付けをしたりするのではないか，という懸念である。その一方で，企業が市場で大きなシェアをもち，市場をコントロールできるようになる原因として，技術開発を通じて新しい市場を開拓したからとか，良い生産物を安く提供した結果他社が撤退したから，というケースも考えられるだろう。そうだとすれば，少数の企業が市場を占有する，あるいは占有可能であるということは必ずしも悪いことばかりだとは言い切れない。はたして，市場において，どの程度企業に市場をコントロールする力を許容するのが望ましいのだろうか。

　産業組織論は，市場がどのように成り立っているか（市場構造）と，市場で操業する企業がどのような行動を取るのか（企業行動）の相互連関関係を解明し，上記の問いに対する解答を与えることを主眼としている。この問いに解答するためには，企業がその置かれた市場環境のもとで，どのような企業戦略を取るのかをくわしく分析することが重要となる。幸い，近年のゲーム理論の発展により，さまざまな市場環境における個々の企業のインセンティブや戦略を論じる手法が整備されてきた。それに伴い，産業組織の分析において，企業の経営戦略，またはビジネス・エコノミクスの視点が中核をなすようになってきた。

　本書は，ビジネス・エコノミクスに重点を置く産業組織論のテキストである。対象となる読者として，おもに入門的なミクロ経済学を学んだ経済・経営系学部の学生を想定している。ただし，分析で用いられるミクロ経済学の基礎的な概念については簡単に説明を加えてあるので，前提知識が十分でなくても通読することができるようにしてある。また理解を助けるための必要最小限の数式は登場するものの，なるべく文章で経済学的な直観が理解できるように説明を工夫したつもりである。

本書を執筆するにあたり，産業組織論の重要な論点をバラバラに説明するのではなく，なるべく有機的なつながりをもたせて解説すること，および，その背後にある経済学的な原理を明確に説明することに努めた。具体的には，企業がどのような原理に基づいて価格を付けようとするのか（第1～3章），競争的な市場のもとで企業はどのようにふるまい（第4章），競争を回避するためにどのような手段や方法を用いるのか（第4, 6, 7章），そういった企業の行動を社会的な観点からどのように評価して政策立案に役立てるか（第5章），また市場の成り立ちを決める要因としてどのようなものがあり，企業はそれらの要因にどのように関わっているのか（第8～11章）など，個々の産業組織論やビジネス・エコノミクスの論点に立脚しながらも，テキスト全体としての論旨のつながりが明確となるように配慮した。本書は，そのようにして産業組織論の根幹をなす論点とその結節点を明示することにより，読者自身が産業組織論やビジネス・エコノミクスに関連する課題を考えるための基盤を与えることをねらいにしているのである。

　本書の他の特色として，序章をはじめ，各章に現実的な事例や具体的なケースをなるべく多く取り入れたこと，また，トピックを学ぶなかで必要となる，ナッシュ均衡や後ろ向き帰納法といった基本的なゲーム理論の内容についても，同時に学ぶことができるようになっている点が挙げられる。ただ，分量の制約や筆者の専門や力量を反映して，重要なトピックやアプローチをすべて網羅的にカバーしているわけではない点には注意が必要である。たとえば，本書は実証的な方法論や研究成果，また，ビジネス・エコノミクスでは重要な，企業の内部組織についての議論についてはほとんど触れられていない。本書を読み，カバーされていないトピックやより進んだ産業組織論に関心をもった読者には，他の書物や学術論文に目を通してみることをおすすめしたい。なお，各章に収めることのできなかったいくつかの議論，また多少数学的な議論については，ウェブ付録として有斐閣のウェブサポートページに挙げられているので，それらも参考にしてほしい（http://www.yuhikaku.co.jp/static/studia_ws/index.html）。

　本書の執筆に際し，有斐閣の編集担当者であった尾崎大輔さんにはその企画から全体の構成，また各章の内容についてもたくさんの助言をいただいただけでなく，なかなか筆の進まない筆者を折々に励ましていただきました。有斐閣書籍編集第2部の長谷川絵里さんには編集実務でお世話になりました。名古屋

大学大学院の田中頌宇将さんからも，全体を読んだうえでの貴重なコメントを多くいただきました。また大学，大学院を通じて筆者の指導教員であった丸山徹先生，Steven Matthews 先生のご指導のもと，研究者としての基礎を築くことができたからこそ，本書を完成させることができました。お世話になったこれらの方々に，ここに記して感謝を申し上げます。

　　2018 年 7 月

花薗　誠

インフォメーション

- **●各章の構成**　各章には，INTRODUCTION（導入），SUMMARY（まとめ），EXERCISE（練習問題）が収録されています。学習にお役立てください。EXERCISE の解答例は，下記のウェブサポートページに掲載しています。
- **●キーワード**　本文中の重要な語句および基本的な用語を，太字（ゴシック体）にして示しました。また，初学者がつまずきやすいところ，注意深く読むべきところに，下線を付しました。
- **●索　引**　巻末に，事項索引，企業・製品名等索引，人名索引を精選して用意しました。より効果的な学習にお役立てください。
- **●ウェブサポートページ**　各章末に収録されている練習問題の解答例や，ウェブ付録（補論）などを掲載しています。ぜひ，ご覧ください。
  https://www.yuhikaku.co.jp/static/studia_ws/index.html

著者紹介

花薗　誠（はなぞの　まこと）

1971 年生まれ，2003 年ペンシルベニア大学経済学部博士課程修了
京都大学経済研究所講師，名古屋大学大学院経済学研究科講師・准教授を経て
現在，名古屋大学大学院経済学研究科教授，Ph.D. (Economics)

〈主要著作〉

『数理経済学の源流と展開』慶應義塾大学出版会，2015 年（武藤功と共編）
"Is a Big Entrant a Threat to Incumbents? The Role of Demand Substitutability in Competition among the Big and the Small," *Journal of Industrial Economics*, 66(1), pp. 30-65, 2018 (with Lijun Pan).
"Equity Bargaining with Common Value," *Economic Theory*, 65(2), pp. 251-292, 2018 (with Yasutora Watanabe).
"Dynamic Entry and Exit with Uncertain Cost Positions," *International Journal of Industrial Organization*, 27(3), pp. 474-487, 2009 (with Huanxing Yang).
"Collusion, Fluctuating Demand, and Price Rigidity," *International Economic Review*, 48(2), pp. 483-515, 2007 (with Huanxing Yang).

☆読者へのメッセージ

　告白すると，経済学を学びはじめてしばらくは数理的な経済理論ばかりに関心があり，応用分野である産業組織論について中途半端な理解しかできず，実はあまりおもしろいと思っていませんでした（いまはもちろん違います！）。当時は応用分野で設定される大胆な仮説を安心して受け入れることができず，議論が頭に入らなかったのかもしれません。産業組織論のトピックは十分におもしろいのですが，おすすめする学び方は，大胆な仮説もとりあえず受け止めて，評論家にでもなった気持ちで「この考え方はおもしろいけど説明力は微妙だ」などといいながら批判的に理解しようとすることです。そんな風に学ぶことによって，理解が深まりより楽しく考えられるように思います。

目　次

はしがき ……………………………………………………………… i
著者紹介 ……………………………………………………………… iv

CHAPTER 0　産業組織論の分析対象と方法　　　1

1　企業の行動原理を経済学で考える ……………………………… 2
2　事例1：企業の価格差別 ………………………………………… 4
3　事例2：市場での価格競争 ……………………………………… 7
4　事例3：価格競争の回避策 ……………………………………… 11
5　事例4：市場支配力の源泉 ……………………………………… 14
6　経済学の考え方と分析の方法 …………………………………… 20
　　企業の目的（20）　経済学における合理性（20）　インセンティブの視点（22）　経済の「均衡状態」に着目（23）
　　おわりに（24）

CHAPTER 1　価格決定の原理　　　25
　　　　　　　　　　　　　　　　　利潤最大化の条件

1　企業の直面する市場環境と技術的条件 ………………………… 26
　　市場環境の表現としての需要関数（26）　技術的条件と費用関数（26）　生産過程における短期と長期の区別（28）
2　利潤最大化 ………………………………………………………… 29
　　逆需要関数と企業収入（29）　利潤最大化のための生産量の決定（30）
3　価格決定の原理 …………………………………………………… 35

利潤最大化する生産量と価格の関係（35） ラーナーの公式（36） さまざまな市場環境における価格決定の原理の応用（38）

4 多種類の財を生産する企業の価格戦略 ……………………… 38

5 需要における財の代替性と補完性 …………………………… 41

需要が代替的なケース（41） 需要が補完的なケース（43） ラーナーの公式（44）

6 生産における財の代替性と補完性 …………………………… 45

生産における学習効果（46） 範囲の経済性（47）

CHAPTER 2 価格差別 51

分断化された市場での価格決定

1 価格差別とその条件 …………………………………………… 52

価格差別とは（52） 価格差別のための条件（52）

2 市場の細分化（第3種価格差別） …………………………… 54

グループ分け可能な市場（54） 第3種価格差別の例（55）

3 完全価格差別（第1種価格差別） …………………………… 56

2部料金による第1種価格差別（58）

4 スクリーニング（第2種価格差別） ………………………… 60

CHAPTER 3 垂直的な企業間関係 69

取引先の行動をいかに制御するか

1 垂直的な企業間関係の問題 …………………………………… 70

2 展開型ゲームと後ろ向き帰納法 ……………………………… 70

展開型ゲームの記述（71） 合理的な行動——後ろ向き帰納法（72）

3 垂直的な企業間関係における意思決定の歪み(1) ………… 74

——二重限界化による価格の歪み

垂直的な企業間関係のゲーム——価格の選択肢が無数にある

　　　　場合（75）　後ろ向き帰納法の適用（76）　二重限界化（77）

4　二重限界化の解消や軽減 ………………………………… 79
　　　2部料金による二重限界化の解消（79）　企業の統合，プライベート・ブランドによる二重限界化の解消（81）　再販価格維持による二重限界化の解消（82）

5　垂直的な企業間関係における意思決定の歪み(2) …………… 84
　　　——販売企業の品質管理や販売促進努力のインセンティブ低下
　　　販売促進努力のインセンティブ（84）　販売促進努力の歪みに対する解決策（85）　販売促進努力のただ乗り（86）

CHAPTER 4　寡占市場での企業競争　　　　　　　　　91
価格競争と数量競争

1　寡占市場と戦略的行動 ………………………………………… 92
　　　寡占市場とは（92）　自社と他社の戦略的な相互連関（92）

2　価　格　競　争 ………………………………………………… 93
　　　オークションを通じた顧客獲得競争（93）　市場における価格競争（95）

3　戦略的な相互連関関係とナッシュ均衡 ……………………… 97
　　　チキン・ゲーム（97）　囚人のジレンマ（98）　ナッシュ均衡の導出（99）

4　キャパシティ制約と価格競争 ……………………………… 102
　　　キャパシティ制約によるコミットメント効果（102）　キャパシティと競争撤退のインセンティブ（103）　キャパシティの決定に対する価格競争の影響（108）

5　数　量　競　争 ………………………………………………… 108
　　　数量競争のモデル（109）　反応関数と戦略的代替性（111）　クールノー・ナッシュ均衡（113）　技術革新による限界費用の変化（115）　企業数が3社以上のケース（115）

CHAPTER 5　競争政策の基礎　　　　　　　　　　119
効率性・公平性の追求

1　経済政策をどう評価するか——効率性と公平性 …………… 120

目　次　●　vii

2 社会的余剰の最大化 …………………………………… 121
消費者余剰（121） 生産者余剰（123） 社会的余剰（123）
社会的な限界費用（125）

3 独占・寡占市場における効率性の評価 ………………… 127
独占企業による効率性の歪み（127） 垂直的関係による効率性の歪み（128） 競争による効率性の改善（129）

4 価格差別と社会的余剰 …………………………………… 131
第1種価格差別と効率性（131） 第3種価格差別と効率性（131） 第2種価格差別と効率性（133）

5 競争法と競争政策 ………………………………………… 135

CHAPTER 6　競争緩和のための非価格戦略　139
製品差別化，スイッチング・コスト，広告

1 製品差別化と競争 ………………………………………… 140
製品差別化とは（140） 製品差別化の効果（141） 差別化の分類——垂直的差別化と水平的差別化（141）

2 ホテリング・モデル ……………………………………… 143
モデルの設定（143） 消費者の需要（145） 小売店の価格決定（146） 反応関数と戦略的補完性（147）

3 ホテリング・モデルにおける価格競争 ………………… 148
ナッシュ均衡（148） 限界費用と価格競争（149） 移動費用と価格競争（150）

4 立地点の選択を通じた差別化の競争 …………………… 150

5 垂直的な差別化 …………………………………………… 153
垂直的な差別化の設定（153） ホテリング・モデルへの変換（154） 価格競争と品質選択（156）

6 差別化に影響する他の要因 ……………………………… 157
——探索財，スイッチング・コスト，広告

探索財（157） スイッチング・コスト（158） 広告（159）

CHAPTER 7 価格決定における企業共謀　　163
談合，カルテル

1 談合の基本モデル …………………………………… 164
準備——割引現在価値（164）　繰り返しゲームによる長期的な企業関係のモデル化（166）　トリガー戦略による談合メカニズムの分析（166）　トリガー戦略のインセンティブ分析（167）

2 談合可能性を決定する要因 …………………………… 170
合意の最終期の有無（171）　企業数（173）　企業の技術的な異質性（174）　景気の変動（175）　取引間隔の短縮（176）　複数の市場で接点をもつ企業間の談合（177）

3 不完全なモニタリングと談合 ………………………… 178
モニタリングに不備があるときの戦略（178）　最低価格保証とモニタリング（181）

4 談合における私的情報 ………………………………… 182
私的情報の利用とその問題点（182）　入札談合と2段階オークション（184）

5 リニエンシー（課徴金減免）制度 …………………… 186

CHAPTER 8 市場構造の決定要因　　189
参入と退出

1 自由参入の効果 ………………………………………… 190
自由参入が望ましいための条件（190）　参入の顧客奪取効果（191）　内生的な参入費用（194）

2 時間を通じて行われる参入行動の分析 ……………… 195
参入のタイミング（195）　需要の不確実性（197）　企業の費用に関する私的情報（201）

3 企業の退出とその戦略 ………………………………… 204
退出の意思決定は消耗戦（204）　コミットメントの役割（204）　コミットメントができないときの退出戦略（205）

CHAPTER 9 　市場構造を変更する戦略　　209
参入阻止，合併，提携

1 コミットメントによる戦略的な参入阻止行動 ……………… 210
生産量のコミットメント──シュタッケルベルク競争 (210)
複数の種類の差別化された財の生産──ブランド拡散 (215)
顧客を巻き込んだコミットメント──参入障壁としての契約 (219)

2 シグナリングとしての「略奪的」価格設定と参入阻止 ……… 222
情報開示による参入阻止 (222)　価格設定による費用情報の
シグナリング (223)　略奪的価格 (224)

3 水平的な企業間の吸収・合併 ………………………………… 225
合併が市場に与える2つの効果 (225)　単独行動による競争
緩和効果──合併と市場競争 (226)　合併の波 (228)　協調
誘発効果──合併とカルテル形成 (229)

4 技術提携 ……………………………………………………… 229
生産効率の改善と競争激化のトレードオフ (230)　技術提携
による寡占化促進と無償供与 (232)

CHAPTER 10 　研究開発と知的財産権　　235
R&D のインセンティブ

1 市場構造と研究開発(1)──市場構造が研究開発に与える影響 …… 236
アローの置換効果 (236)　準備──企業利潤 (237)　プロセ
ス・イノベーションのインセンティブ (238)　プロダクト・
イノベーションのインセンティブ (239)　研究開発能力と企
業規模 (240)

2 市場構造と研究開発(2)──研究開発が市場構造に与える影響 …… 241
技術の買い取り (241)　研究開発の競争 (243)　イノベータ
ーのジレンマと創造的破壊 (245)　イノベーターのジレンマ
の実証 (246)

3 社会的に望ましい研究開発の水準 …………………………… 247

4 研究開発における提携 ………………………………………… 248

5 知的財産権の保護 ……………………………………………… 251

知的財産の保護の強さ——期間と範囲（252） 特許プール（255） 知的財産権保護と開発のインセンティブの関係（256）

ネットワーク効果と消費者・企業行動　261
需要が需要を生むメカニズム

1　ネットワーク効果とは …………………………………… 262

2　ネットワーク効果と利用者数予想 ……………………… 263
自己実現的な利用者数予想（263）　逐次的な意思決定と予想（264）　異なるタイプの消費者がいる場合の予想（265）　製品のアップグレードの問題と非効率性（268）　企業戦略への応用（269）

3　標準化と経路依存性 …………………………………… 270
業界標準と規格競争（270）　消費者による規格の選択（271）　経路依存性（273）

4　互　換　性 …………………………………………… 274
標準化の競争と互換性（274）　システム構成要素の互換性（275）　システム構成要素の互換性による価格競争の緩和（276）　システム構成要素が異なる企業に生産される場合（278）

5　プラットフォーム ……………………………………… 279
プラットフォームとは（279）　プラットフォームに対する需要（280）　プラットフォームの利潤最大化（282）　限界費用を下回る利用料金の設定の可能性（283）　プラットフォーム分析の拡張——複占のケース（284）

参考文献 ——————————————————————— 289
事項索引 ——————————————————————— 291
企業・製品名等索引 ————————————————————— 295
人名索引 ——————————————————————— 296

> 本書のコピー, スキャン, デジタル化等の無断複製は著作権法上での例外を除き禁じられています。本書を代行業者等の第三者に依頼してスキャンやデジタル化することは, たとえ個人や家庭内での利用でも著作権法違反です。

┌─ 章扉写真クレジット一覧 ─────────────────┐
序　　章●株式会社ユニクロ
第 1 章●株式会社中川製作所提供
第 2 章●株式会社バンダイナムコアミューズメント提供
第 3 章●左：フォトライブラリー提供，右：時事通信フォト提供
第 4 章●フォトライブラリー提供
第 5 章●時事通信フォト提供
第 6 章●フォトライブラリー提供
第 7 章●フォトライブラリー提供
第 8 章●フォトライブラリー提供
第 9 章●左：時事通信フォト提供，右：フォトライブラリー提供
第 10 章●フォトライブラリー提供
第 11 章●時事通信フォト提供
└──────────────────────────────┘

CHAPTER

序章

産業組織論の分析対象と方法

INTRODUCTION

産業組織論やビジネス・エコノミクスとはどのようなものだろうか。また，なぜこれらの分野が重要なのだろうか。本章ではまず，この分野を簡単に概観する。つぎに，おもに新聞やビジネス誌などでみられるさまざまな事例を取り上げ，それらが経済学を使うことでどのように解釈できるかを紹介する。そのうえで，本書で用いる経済学の考え方と分析の特徴について解説する。では，産業組織論やビジネス・エコノミクスの取り扱うトピックやアプローチについて，またその重要性についてみていくことにしよう。

1 企業の行動原理を経済学で考える

産業組織論は経済学の応用分野の1つであるが，その分析対象は名前から想像されるものよりずっと幅広い。具体的には，企業の価格戦略，販売戦略，製品戦略（他社との差別化など），広告戦略，流通戦略などといったマーケティング等に関するものや，研究開発（R＆D），同業他社との競争と協調，垂直的な取引関係の管理，ある市場への参入と退出，企業の合併・買収（M＆A）など非常に多岐にわたっており，大雑把にいえば生産・流通・販売に関わる企業の意思決定とその効果や影響，企業の行動と市場環境の関係，また関連する政府の公共政策についての研究，であるといえる（図0.1参照）。産業組織論の研究対象や関心は経営学と重なる部分が大きいが，「経済学的」な特徴をいくつかもっている。なかでも重要なのは次の2点であるといえるだろう。

① 個々の合理性に依拠する分析のアプローチ：費用と便益の比較を通じて個々の企業の目的に適うように意思決定がなされると想定して分析を行う
② 公共的な評価・政策提言の視点：企業行動や市場メカニズムの働きを社会全体の費用便益の観点から評価し，改善手段を提案する

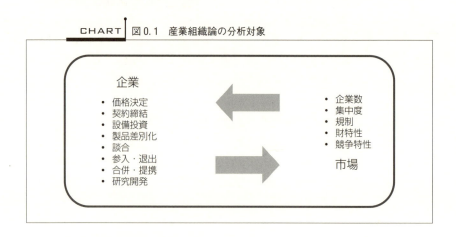

CHART 図0.1 産業組織論の分析対象

とはいうものの，現代の産業組織論は，産業・市場構造とその機能に重心を置く伝統的な産業組織論と比較して，営利企業の戦略や行動を研究する**ビジネス・エコノミクス**に，その重心がシフトしつつある。ただし，経済分析における企業の行動や意思決定が近年になって急に重要になったというわけではない。多様な市場環境における企業の意思決定問題を読み解くための分析道具が長きにわたって不足していたため，伝統的な経済学が行ってきた比較的単純な利潤最大化問題を超えた多くの興味深い課題に目を向けることができず，いわば封印されていたのである。この封印を解いたのは，この30年余りの間に大きな発展を遂げた，**ゲーム理論**と**情報の経済学**である。

ゲーム理論は「2人以上の当事者による**戦略的な意思決定の理論**」ともいうべきものであり，各々が他者の意思決定を考慮しつつ自身の合理的な意思決定を行うという意味での，相互連関を伴った意思決定問題を分析する。これはビジネスにおいて，自社の行動に対して競合他社や取引先，顧客がどういった反応をするかを予測し，それを考慮したうえで自社の戦略をどうすべきかを分析する場合に非常に有効である。情報の経済学は，おもに取引利益や損失に関わる情報が共有されていない「非対称情報」の環境下で，自社の収益を向上させるためにいかにして他社の情報を引き出し，有効に利用できるのか，そのための契約や組織・制度はどういったものが望ましく，どのように工夫すべきかについて分析する。これらはたとえば，たくさんの取引先の候補のなかからどのようにして最も望ましい取引相手を選べばよいか，取引契約を結んだ後で取引先に頑張って成果を上げてもらうには，どのような契約上の工夫が必要か，どうすれば優れた技術を有する企業が自らの優位性を取引相手に示しつつ取引を有利に進めることができるかなど，ビジネス上の重要課題に直結している。

本書はこのような現代の産業組織論の成り立ちをふまえ，ゲーム理論や情報の経済学によって明らかにされてきた論点や原理を軸に，産業組織論やビジネス・エコノミクスの基礎的な考え方とその展開や応用事例について解説する。また，議論を展開していくにあたっては，さまざまなトピックをばらばらに論じるのではなく，各トピックの背後に潜む経済学的な原理との関連を明らかにしつつ，本質的かつ構造的な理解につながるように努めている。本章ではその導入として，価格戦略と競争力の維持に関連する実際のビジネスの事例をいくつか取り上げ，それぞれで経済学的な論点を明確にしていくことで，価格戦略

の効果や競争力の維持を決定づける要因がどこにあるのかについて眺めてみることにしよう。

事例1：企業の価格差別

　企業収益を高めるためには，どのような価格・販売戦略が有効だろうか。顧客になるべく高い価格を支払ってもらうためには，どのような情報や仕組みを利用すればよいだろうか。ここでは，顧客の特徴や傾向に関する情報をうまく使うことによって，企業が異なる属性の顧客に対して異なる価格を付けるという**価格差別**と呼ばれる戦略について取り上げ，その背後にある経済学的な原理をみていくことにしよう（なお，本章の事例記事はすべて，筆者による要約）。

　『ウォール・ストリート・ジャーナル』紙の記事によれば，オンラインでの商品やサービスの販売において，顧客の個別情報に基づいた価格差別が行われていた。たとえば，アメリカのオフィス用品販売事業を営むステープルズ（Staples）社のオンラインショップでは，同じ商品について顧客の属性に応じて異なる価格で販売していたという事実がある。同紙の分析が明らかにしたのは，価格差別において最も重要視されたと考えられる要因が，郵便番号から推定される顧客と最寄りの競合他社の実店舗との距離であった（"Websites Vary Prices, Deals Based on User's Information," *Wall Street Journal*, On-line, 12. 24, 2012）。

　技術的かつ法律的に可能な範囲で，顧客によって販売する価格を変える「価格差別」を行うことは企業収益の向上のために有効である（いくつかの例外を除いて，価格差別は合法である）。売買される商品に対して取引相手がどれだけの価値を置いているかの情報を得ることができ，かつ後で説明する追加的な条件が満たされるならば，販売業者がより高い収益を得られるように顧客別に異なった価格を付けることが可能となる。というのも，高い価値を置いている顧客には高い価格を，そうでない顧客には相対的に安い価格を支払ってもらうことにより，均一価格で販売した場合に発生する利益の取りこぼしを避けることがで

きる。ステープルズ社のオンラインショップで販売される商品と競合するのが他社の実店舗での同じ商品である場合，顧客の住所と他社の実店舗との距離が長くなれば，店舗への交通費や時間的な機会費用の追加分だけ競合商品の価値が低下することになる。したがって，競合商品の価値低下分だけオンライン商品の価値が実質的に高まるため，その分は価格を上げても顧客はオンラインショップでの購入をやめないことになるから，価格差別が収益を高めることがわかる。オンライン取引では，購入履歴やウェブページの閲覧履歴などを通じて顧客情報が得られるという特徴があるため，価格差別を実行しやすい環境であるといえよう。

　しかし，価格差別はオンライン取引だけでなく，さまざまな環境で広く行われている。さまざまな場面でみられる学生割引やシニア割引は，価格差別の代表例である（ただし，公共機関によって行われる価格差別については，営利企業と異なり収益向上を目的としているとはいえない点には注意しよう）。他の身近な例として，日本マクドナルドは2007年から2015年まで地域別価格を採用し，都市部でより高い価格を付けていたことが知られている。金融機関の貸付金利が，借り手の信用情報や取引履歴に応じて変わることも価格差別の一種である。海外に目を向けてみると，たとえばインドのタージマハルでは自国民と外国人とで施設への入場料が異なっており，外国人料金は自国民料金の数十倍である（2016年時点）。また英語で書かれた大学生向け教科書のなかには，非正規の海賊版とは別に，同一内容で装丁のみ異なる国際版（international edition）が存在し，おもに発展途上国で安価に売られている。イギリスの週刊誌である『エコノミスト』の冊子体は，アメリカで定期購読すれば年間152ドル（約1万7000円）であるのに対し，日本で定期購読すると年間4万4300円であり，2倍以上の価格差がある（2017年時点）。

　価格差別が機能するためにはいくつかの条件が必要である。価格差別が学生，シニア，自国民など何らかの身分条件によって行われる場合には，当然だが「なりすまし」ができてしまうと価格差別は機能しない。仮に学生証や身分証明書が簡単に偽造でき，偽造発覚の可能性が低いならば，顧客は（やってはいけないことではあるが）身分を偽って低価格で購入する誘惑に駆られるであろう。しかし，価格差別が機能するためには，ただなりすましが防げられるだけでは十分ではない。たとえば，価格差別の対象商品を購入する際に身分証を提示す

ればよいとしよう。このとき，有効な身分証をもつ誰かに頼んで安く購入してもらおうとする者や，自ら商品は必要ではなくても安く仕入れて転売し利ざやを稼ごうとする者も現れるかもしれない。すなわち，経済学やファイナンスで登場する「裁定取引」が可能である場合には，価格差別は機能しなくなるのである。

地域別価格の意味で価格差別を行う企業にとって，裁定取引は無視できない場合がある。『エコノミスト』誌の2013年5月23日号の記事によれば，国際版の教科書を海外から仕入れてアメリカ国内で販売するという裁定取引により利益を上げていた者が，出版社から訴えられていた裁判において，アメリカ最高裁判所は著作権法上そのような裁定取引が合法であるという判断を下した（"Reselling Media Content: Seconds to Go," *The Economist*, 5. 23, 2013.）。訴えられていた個人が裁定取引から得た利益は120万ドルにものぼる多額のものであり，この判決により，今後も同様の裁定取引を行おうとする者の参入が予想されるために，出版社の海外での販売戦略に大きな修正が迫られている。

ただし，価格差別が顧客の感情的な反発を引き起こす可能性にも注意が必要だ。先の『ウォール・ストリート・ジャーナル』紙の記事によれば，Amazonが2000年にDVD販売において試験的に顧客ごとに「価格差別」を行っていたことを知った顧客が怒って抗議した結果，Amazonは高価格を支払った顧客に対して，自発的にその差額を返金したという事例がある。この事例から示唆されることは，公正を損なうと顧客等に判断される販売方法は企業イメージの低下につながり，結果として顧客を失う危険性があるということである。したがって価格差別を行うにあたっては，顧客の公正感にも配慮する必要がありそうである（Okada, 2014）。

以上のような問題から，価格差別の実施には注意を要するが，それでも多くの企業にとって価格差別は魅力的な戦略と映るであろう。利潤を最大化する価格を設定するには，顧客の需要に関する情報を正しく把握することが第一である。そのうえで，さまざまな手段を用いて顧客をその特性によってグループ分けし，グループごとに異なる価格を付けるという価格差別を適切に実行できれば，利潤は高められる。第1章以降では，需要や技術の情報をどのように価格決定に反映することが利潤を最大化するために必要かという価格決定の原理を論じることから始め，さまざまな市場の設定に応じて応用される，価格決定の

原理のバリエーションについて順を追ってみていく。

事例2：市場での価格競争

　前節では，市場に1社しか企業が存在しない，すなわち競争相手がいないという前提で議論したが，現実の市場には同業または競合する他社が存在する。当然，競争相手によって自社の顧客が奪われることが想定されるため，企業は顧客獲得のための**価格競争**に巻きこまれることになる。ここでは，価格競争の結果どのようなことが起こりうるかについて，事例を紹介しつつ検討していこう。はじめの事例はオークションにまつわるものであるが，実はその背後にある原理には市場での販売価格の設定を通じて行われる顧客獲得競争と深い関係がある。

《大間マグロの初競り》
　　2013年1月5日，東京・築地の初競りで青森県大間産クロマグロが1億5540万円，キロ当たり70万円という破格の価格で落札された。最後はすしチェーンを展開する2社の争いであったが，「すしざんまい」を運営する「喜代村」が落札した。すし一貫当たりの材料費が少なくとも2〜3万円相当となるが，喜代村は通常価格の一貫128円から販売するという。マスコミの報道は数億円以上の広告価値があるため，それでも元は取れるとシンクタンクは分析している（「マグロ初セリ破格値の深層　当事者もしらけムード」『日本経済新聞』電子版2013年1月7日）。

　年明けの風物詩ともいえる大間のクロマグロの初競りでは，近年価格高騰が激しい。2012年の落札価格である5649万円も非常に高かったが，2013年の金額はその3倍近くである。その後も喜代村が落札しつづけ，2014年に736万円，2015年に451万円と落札価格が下落したが，2016年に1400万円，2017年には7420万円と再び高騰している（「2013年に1.5億円／築地のマグロの初競りメモ」『日刊スポーツ』2017年1月5日付）。高値の理由として考えられることは，2012年の喜代村の落札以降，すしチェーン店にとっての初競りのクロマグロのマー

ケティング効果が非常に高いという事実が実証されたということであろう。その証拠に，2013年や2017年に最後まで争ったのは同様のすしチェーン企業であり，それまで初競りの常連であった銀座の高級すし店は早々に降りたようである。

　上記のような「公開競り上げ入札」で落札価格はどう決まるのだろうか。それを知るためには，各々の入札参加者がどのような価格で入札してくるかを考える必要がある。入札参加者がそれぞれ<u>自分にとっての</u>落札対象の価値を把握しているとすれば，合理的な入札戦略は原理的には次のようなものである。すなわち，競り上げの価格が各自の落札対象の価値に等しくなるまでは対抗して入札し，その額を超えたら降りることである。したがって，すべての入札者が合理的であれば，落札価格は最後に残った2人のどちらか一方が降りた時点での価格となり，入札参加者が評価する落札対象の価値のなかで，ちょうど第2位のものと等しい。よって，競合する入札参加者が増えると，落札価格は上昇することになる。実際，2014年のクロマグロの初競りの落札価格があまり高くならなかったのは，前年の様子をみた他のすしチェーン企業が入札に参加しなかったためである。

　まとめれば，オークションにおける競争とは，取引の対象物を価格を媒介として争うことであり，対象物に最も高い価値を置く者がそれを獲得し，そのつぎに高い価値を取引価格として支払わなければいけないという原理が働いていると考えることができる。この原理は次項でみる市場での企業の競争にも深く関わっている。オークションでは落札対象を買うために価格を引き上げて競争する一方，市場では顧客を獲得するために価格を引き下げて競争する，というように形式的な違いはあるものの，対象物の獲得や価格の決定に関する原理はほぼ同一である。

《牛丼価格競争》

　　　アメリカ産牛肉の輸入制限緩和に伴う原材料費の低下を背景にして，2013年，牛丼大手の吉野家が牛丼の販売価格を大幅に280円に下げた（「吉野家，牛丼並280円に値下げ　集客競争厳しく」『日本経済新聞』2013年4月18日付）。

　市場で販売されている財は，同業他社の販売する財と競合するのが普通であ

り，価格の決まり方は市場競争の激しさによって異なる。とくに重要な点は，市場で販売されている財がどの程度差別化されているかである。企業の生産する財が十分に差別化されており独自の地位を築いている場合には，実質的な競争相手がほとんどいないといってよい。インテルのマイクロプロセッサーのようなブランドの確立した企業の製品に対しては，多くの顧客にとって代えの利かないものであるため，価格設定に際して他企業の動向にあまり影響を受けず，比較的自由に価格を付けることができる。

　一方で，日本における牛丼の市場のように財の差別化の程度が低い場合には各社が提供する商品間の代替性が高く，強いこだわりをもつ一部の顧客を除いて，価格の低いところに顧客が集中する傾向がある。そして，企業は価格を通じた顧客獲得競争を強いられることになり，多くの企業は原価に近い価格を付けなければならなくなる。こうした価格の決まり方は，前項で紹介したオークションの考え方を応用することによって分析することができる。各社が利益を上げるためには，原価以上の価格で顧客と取引することが必要であるが，逆にいえば原価近くまでは顧客獲得のための「競り下げ」に耐えられるとみなすことができる。しかし提供する財の差別化の程度が小さいならば，同じような財を提供する競争相手が同じように原価近くまで競り下げに耐えてくるために，価格競争が激しくなり，結局原価近くでの価格に落ち着くことになる。これはオークションにおいて落札者がもつ対象物の価値と，2番目に高い価格で入札した参加者の対象物価値がほぼ同じであるような状況とみなすことができる。

　事例からわかるように，このような市場では環境の変化による原価の低下分の大半は価格の下落につながってしまい，企業の収益の増加にはあまり貢献しない。こういった結果は顧客にとってはありがたい話だが，企業にとっては頭の痛い問題である。この事例は，少々価格を引き上げても顧客を引きとどめることができるような，独自の財の魅力を高めるための**差別化戦略**が重要となることを強く示唆している。

《差別化と参入》

　青森県大間産のマグロ，大分県関産のサバ・アジはブランドを確立した高級魚であり，市場で高値で取引されている。一方，各漁港の対岸に位置する港から水揚げされる北海道戸井産のマグロ，愛媛県岬(はな)産のサバ・アジ

は，もともとは同じ漁場にいる魚である。一方で，漁の方法や品質維持のための流通における工夫などは，各産地ごとになされている。

　市場での競争優位に立つ重要なポイントは，他社が模倣しづらいような形で高い価値をもつ差別化された財やサービスを創り出すことといえる。この観点からみると，ブランド魚類は差別化についての示唆に富んでいる。ブランド魚類は各産地の特色（良質の魚を育てる環境）と品質維持のためのさまざまな工夫（鮮度維持のためのシメ方，流通網の整備等）を行い，他の地域の生産者が簡単には模倣できないような財を提供している。これらの要素によって，ブランド魚類は他の港で水揚げされる魚類から差別化することに成功し，熾烈(しれつ)な価格競争から免れていると考えられる。

　ただし，財が差別化された状態を効果的に保つことは，それほど容易ではない点にも注意が必要である。第1に，さまざまな方法により財やサービスの特性が近いものが別の供給者によって創り出されることがある。その結果として，元の財の差別化の程度は低下してしまう。上記の事例における戸井マグロ，岬サバ・アジは，大間マグロや関サバ・アジと非常に似通っているために，このような模倣の好例といえるだろう。第2に，品質管理費用や広告費用など，財が差別化された状態を効果的に保つためには費用がかかるため，ひとたび差別化された状態を確立した後で，そういった費用負担を避けて利益を得ようとする誘惑に負けてしまうことがある。実際，岬サバ・アジは一本釣りによって魚を傷めずに捕ることが特長と謳っていたが，一部巻き網で取ったものを出荷していた事実が判明し，ブランドイメージが棄損されてしまった（「岬アジ・岬サバの愛媛県認定ブランド返上　三崎漁協」『日本経済新聞』電子版 2012 年 8 月 28 日）。

　差別化にはさまざまな方法がある。まず，ポジショニング（立地）の工夫を挙げることができる。たとえば小売や卸売などの流通・販売業者であれば，顧客に近く競争相手の少ない場所に立地するという方法がある。あるいは，放送や出版といったメディアであれば，ターゲットとなる利用者を絞り，その特定の利用者層に強くアピールするコンテンツを提供するという方法である。さらには，ユニークなデザインを開発すること，あるいは研究開発による発明について特許や意匠を得ることなどにより，他社が模倣しにくいか，模倣するためには高い費用がかかるような生産物を作るといった方法も有効である。あるい

はもっと単純に，店舗の品揃えを変えることによって他の企業と差別化することも考えられる。たとえば，先ほど述べた牛丼チェーン店については，近年，低価格路線で競争する戦略から変化し，鍋ものや他の種類の丼ものや定食といった牛丼以外のメニューのバラエティを増やしていくという傾向が顕著であり，メニューが他社と重複しないように工夫されている様子もみられる。これらの点を分析するための差別化の議論については，第 **6** 章でくわしく述べることにしよう。

4 事例3：価格競争の回避策

　企業が市場での競争を回避したり軽減したりすることができれば，高価格を維持したまま顧客と取引することができるため，企業にとって望ましい結果を得られる。よって，企業は市場競争をなるべく回避するためのさまざまな方法を考え，それを実行しようとするだろう。一方で，市場競争を回避することは，消費者の利益を低下させるといったような社会的な問題を発生させるケースが多く，公正な競争のルールを規定した独占禁止法に抵触し，処罰の対象にもなりうるという点にも注意する必要がある。本節では，いくつかの事例を通じて価格競争を回避する方法や，それを実行するうえでの困難についてみてみよう。

《最低価格保証》

　　最低価格保証は旅行予約ウェブサイト，家電量販店，家具販売，格安航空会社（LCC），スーパーマーケットなどで採用されている。価格の安さを強調することで集客の効果が認められる一方で，最低価格保証が逆説的に値下げ競争を緩和する効果があったというデータもある。ただ，日本の家電量販店に尋ねると最低価格保証による値下げ競争緩和効果は大きくないようだ（「エコノ探偵団　広がる最低価格保証　値下げ競争抑える狙いも？」『日本経済新聞』2013 年 6 月 22 日付）。

　最低価格保証は「他店より価格が高い場合には値下げします」という宣言であり，通常は企業が他店よりも価格を低く設定しているというアピールだと受

け止められているだろう。そのため，最低価格保証が競争を緩和する効果があるというのは，不思議に感じられるかもしれない。しかし，ここで注目すべき点は，最低価格保証が競合する他店に対して「他店の値下げに追随するぞ」という警告メッセージとなっていることである。したがって，最低価格保証は他店の値下げを牽制(けんせい)する効果があることがわかる。もし，このような警告メッセージを他店と同調して出すことができれば，互いに他店の値下げ行為に対する牽制がなされるので，価格競争が回避されることになり，結果として企業は収益を守ることができる。

しかし他店と同調して最低価格保証を宣言するだけで高価格が維持され利益が保証されるかというと，次のような理由からそれほど容易ではないことがわかる。まず，警告を実効性のあるものにするためには，他店の行動を常に監視し，値下げ行動が観察されたらすぐに対処しなければならない。もし他店にばれないように値下げができるとすると，秘密裡の値下げが横行してしまい，実質的には価格競争を行っていることと変わらなくなってしまうからである。そうすると，最低価格保証には他店の行動を監視するための費用がかかるという点を無視することはできない。事例のもとになっている新聞記事によれば，家電量販店は専門の調査員に顧客のふりをさせて他店の価格調査しているようだが，それが家電量販店の大きな負担となっている。よって，最低価格保証によって高価格が維持できたとしても，監視の費用が高くなると割に合わなくなるだろう。

つぎに，独占禁止法では禁止されているものの，その行為がよく話題にのぼる企業の談合やカルテル行為についてみてみよう。談合やカルテル行為とは，事前の話し合いによって入札や市場における競争を回避し，企業にとって有利な価格で取引をしようとする手段のことである。

《ニューヨークの切手入札談合》

ニューヨークで開催されていた，収集者向けの切手入札において15年以上にわたり維持された卸売業者による談合が1990年代終盤に発覚した。興味深いのは，談合の詳細を記した文書が残されていた点である。その記録によれば，切手入札に先立って談合業者たちが内々に「ノックアウト入札」と呼ばれる方法によって，誰がいくらで入札し，利益があればどのよ

うに配分するかを非常にシステマティックに決めていたという。業者たちは談合が漏洩しないよう，あるタクシー乗務員を情報伝達のエージェントとして情報交換をしていた（Asker, 2010）。

談合がその参加者の利益を高める第1の理由は，入札における競争を回避または緩和することで有利な価格を実現するという点であり，それは「市場競争を操作して有利な価格で取引する」というこれまでのポイントと同様である。ただし，談合の効果をより高めるためには，もうひとつ重要なポイント，すなわち落札候補者を誰にするか，を考慮しなければならない。というのも，談合による利益を最大化するためには，落札価格をなるべく低くするだけでなく，談合参加者のなかで対象物を最も高く評価する者が落札する必要があるからである。ところで，誰が対象物を最も高く評価しているかは，各々の評価額が談合のメンバーの間で共有されていれば自明である。しかし，実際には各々の評価額に関する情報が共有されていることはほとんどないため，何らかの「事前打ち合わせ」によってその情報を共有し，そのもとで落札候補者を決定する必要がある。

事例に登場した「ノックアウト入札」とは，談合メンバーが各々の評価額を表明して，そのなかで他のメンバーを「打ち負かした（ノックアウトした）」談合メンバーを落札候補者とする，といった方法である。ノックアウト入札の手順は次のとおりである。初めに，それぞれの談合メンバーに対して，落札候補者になったとした場合に本番の入札においていくらまで入札するかを提示してもらう。なお，この提示はいわゆる封印入札であり，全員が提示を終了するまで提示額が開封されない。提示額が最も高い者が落札候補者に選ばれ，本番の入札（こちらは公開競り上げ入札）で提示額まで入札する。ノックアウト入札で負けた他のメンバーは本番には参加しない，あるいは早い段階で入札から降りることで，落札価格に影響を与えないように行動する。

談合が利益をもたらすのは，談合により落札価格が下がる場合である。たとえば，落札対象に対する評価額1，2位である参加者が，たまたま談合を画策するという状況を考えてみよう。談合がなければ2位の評価額が落札価格になるが，2人の談合によって2位の者が入札に参加しなくなるため，落札価格は3位の金額に下がる（なお，落札価格の決定については，第3節の「大間マグロの初

競り」の項も参照)。したがって，この場合には2位と3位の評価の差が談合による利益となる。この利益は談合メンバーで分けられるのだが，ノックアウト入札の結果と実際の落札価格から，各メンバーが談合によって得られた利益にどれだけ貢献したかに応じて配分される。当然，評価額1位のメンバーのほうが2位のメンバーよりも多く配分されることになる（詳細は第7章で説明する）。

　ノックアウト入札は談合参加者の評価額の情報を引き出す「事前打ち合わせ」として機能する仕組みであるといえるが，完璧に情報を引き出せるというわけではない。前段落では説明を簡単にするために，談合メンバーがノックアウト入札で正直に各自の評価額を表明すると想定して議論したが，実はノックアウト入札において談合メンバーは各自の評価額より少し高い額を提示するインセンティブがある。というのも，ノックアウト入札での提示額を高めると，談合により発生した利益への各自の貢献の度合いを高め，配分額も高くなるような仕組みだからである。実際，事例における談合の参加者のなかには，入札自体に興味がないが分配金のみを目当てに参加していたとみられた者もいたらしく，途中で談合メンバーから除名されていたという点が記録に残っていたそうである。

5　事例4：市場支配力の源泉

　前節では企業が価格競争を回避するための方法に関するいくつかの事例をみた。本節では，企業が市場支配力，すなわち市場競争を自社に有利となるように操作するための手段や方法についてみていこう。

《モンサント社の参入阻止行動》
　　　アメリカ市場において，モンサント社は，自社が保有していたアスパルテーム（低カロリーの甘味料）の特許期限満了を前にして（1990年頃），大口の顧客であるコカ・コーラ社やペプシコ社と長期契約を結び，特許期限満了後の他社の参入を阻止しようとした。

　特許などの知的財産権を保有する企業は，その権利が有効である間は知的財

産を利用して生産される財やサービスを独占的に市場に供給したり，他社がその知的財産を利用しようとする際に利用料を徴収したりすることができる。ただし，知的財産権の期限が切れた後にはそうした保護がなくなり他社の参入が可能となるために，価格競争が起きると考えられる。しかし，事例におけるモンサント社は，特許期限満了前に大口の顧客と長期契約を結ぶという手段を通じて，期限満了後の価格競争を実質的に排除しようとした。長期契約であれ何であれ，新規参入を阻止して価格競争を回避できるとすれば，そのような手段を採用することはその財を提供する企業にとっては合理的な判断といえるだろう。

それでは，なぜコカ・コーラ社やペプシコ社は長期契約の締結に応じたのだろうか。なぜこの点が問題になるかというと，もし長期契約を結べば，結果として生じていた価格競争による価格低下のメリットが得られなくなるのだから，長期契約を結ぶことでこれらの企業は得をしないと考えられるからである。しかし，特許期間満了後に新規企業の参入が生じたときの価格競争が，必ずしも激しくなるとは限らない。というのも，期限の切れた知的財産を用いることができるとしても，参入企業がその知的財産を用いて生産物を生産する際に，どのくらいの費用がかかるのかは参入企業のもつ技術次第だからである。よって，参入企業がどの程度効率的にその財を生産できるか，すなわち生産にかかる費用が高いか低いかに応じて，参入後の価格競争が緩やかになる場合と，激しくなる場合がある。このことを考慮すると，長期契約を結んだ際の販売価格を競争の激しい場合と緩やかな場合の中間の水準に設定することによって，コカ・コーラ社等の顧客企業にとっても魅力的な長期契約を提示することは可能であることがわかる。このようにすれば，顧客企業側にも長期契約を結ぶインセンティブを与えることができるのである。

長期契約が新規企業の参入を阻止する機能をもつことがわかったが，参入の阻止とは別に，長期契約が特許の切れる既存企業の利益を高める効果をもつ点も指摘しておこう。ここでは詳しく述べないが，場合によっては参入企業にあえて参入を許して顧客企業に長期契約を破棄させるようなインセンティブを与え，それによって生じる違約金を受け取ることで利益を高めることができる，というものである。本書の第**9**章では戦略的な参入阻止や合併について論じるが，ここでみたような長期契約の役割についても分析する。長期契約におけ

る違約金や取引価格をどのように設定するかによって，参入阻止や戦略的な違約金を通じ，モンサント社のような既存企業がいかに利益を高められるのかをくわしくみていく。

《イノベーターのジレンマ》

アメリカのイーストマン・コダック社は写真用フィルムや印画紙などの技術を通じて一大企業グループを形成したが，その後のデジタル化に対応した新技術の獲得や普及に遅れ，2012年に再建型倒産処理手続きの申請をするところまで窮地に追い込まれた。一方，コダック社を追随していた富士フイルム社はデジタル技術などを活かしたさまざまなイノベーションに成功し，現在も優良な企業でありつづけている（2017年時点）。

企業はイノベーション（技術革新）を通じて利便性の高い製品を開発したり生産能力を向上させたりすることで，市場で競争優位を確立し高い市場シェアを得ることができる。もちろん，企業はイノベーションの創出においても競争をしているので，企業が市場での競争力や市場支配力を維持するためには，イノベーションを継続的に成功させつづけることが重要となる。しかしながら，過去に大きなイノベーションに成功し，業界のリーダーとなった大企業は，追随する企業と比較して新規に大きなイノベーションを起こすことが難しく，業界のリーダーという地位を維持することが困難であるという事実が，クリステンセンを始めとする経営学者によって指摘されている（このような現象は「イノベーターのジレンマ」と呼ばれる）。

彼らはイノベーターのジレンマが発生する理由やメカニズムについて，組織の特性や経営者の資質などの観点から議論を展開してきた。一方で，市場競争と研究開発のインセンティブの関係という，より産業組織論的な観点からもイノベーターのジレンマを考察することができる。そこで，イノベーションが企業にとってどのような効果をもたらすかを，そのイノベーションによってどれだけ利益が増加するかという観点から測ることにしよう。すると，たとえ同じ効果をもたらすようなイノベーションであっても，企業の規模や市場における立ち位置によって，利益の増加する程度が異なるということが次のような議論からわかる。まず，イノベーションは既存の技術を陳腐化させ，新しい技術に

置き換えるものであることに注意する．そのため，イノベーションのもたらす利益を評価するにあたっては，既存技術が陳腐化することによって失われる利益も含めて考える必要がある．そこで，企業がすでにある程度の水準の既存技術をもっているとすると，新技術が既存技術を置き換える効果のために，そのような既存技術をもたない企業と比べてイノベーションがもたらす利益の増加分が小さくなることがわかる．したがって，新たにイノベーションを起こすために努力するインセンティブが大きくなるのは，すでに技術を確立している大企業ではなく，中小企業や潜在的な新規参入企業ではないか，と考えられる．

ところで前段落では，イノベーションに成功した企業は既存技術を置き換え，市場で独占的にふるまうと考えたのだが，それは妥当といえるだろうか．イノベーションに成功した後にも競争が起きうることを考慮すると，イノベーションがもたらす効果は企業の立ち位置によって異なるということを，以下のようにして示すことができる．まず，大企業がイノベーションに成功した場合には，それまで維持してきた市場における優位性が維持され，成功後の市場の競争状況を比較的緩やかに保つことができる．したがって，イノベーションによって新たに得られる利益のうち，競争を通じて失われる部分は小さいと考えられる．逆に，追随する企業がイノベーションに成功した場合には，それが真に革新的なイノベーションでない限り，競争相手である大企業を市場から完全に追い出すことは困難である．そのため，イノベーションの成功後の市場競争はある程度激しくなると予想されるため，イノベーションによって新たに得られる利益のうち，競争を通じて失われる部分が大きくなる．つまり，イノベーションによってもたらされる利益の純増を考える際には，前段落で述べたような新技術が既存技術に置き換わる効果に加えて，イノベーションに成功した後でどのような市場競争が行われるかという点もあわせて考える必要があることがわかる．

結局，大企業と中小企業や潜在的な新規参入企業のうち，イノベーションを興すための研究開発投資のインセンティブがより高くなるのはどちらなのだろうか．実は，上で述べられた2つの効果の相対的な大小関係は，興そうとするイノベーションが，既存技術の大部分を置き換えてしまう抜本的なものなのか，既存技術を改善していくような段階的なものなのかによって異なる，ということがわかっている（詳細は第10章）．その点を考慮した分析を進めることにより，

新技術が既存技術に置き換わることによるインセンティブへの効果が競争による効果を上回るのは，より抜本的なイノベーションの場合であることを示すことができる。すなわち，既存の大企業は抜本的なイノベーションを継続的に成功させることが難しいと結論づけることができる。このように，イノベーターのジレンマは市場競争と研究開発のインセンティブの関係という，経済学的な論点を通じて分析することができるのである。

《知るカフェ》

　　　　2013 年末，同志社大学の近くに「知るカフェ」という大学生限定のカフェができた。知るカフェでは，コーヒーなどの飲み物や Wi-Fi 接続などが無料で提供されている。さらにその後も，有名大学の周辺に続々と出店している。実はこのカフェは学生を採用したい企業と学生との交流の場を提供していて，運営費用は企業のスポンサー料によって賄われている。

　経済活動は，売り手や買い手が出会い，取引を成立させることによって実現するが，売り手や買い手が取引相手をうまくみつけられない場合や，みつかったとしても適切な相手ではない「ミスマッチ状態」が起きる場合があるだろう。このことから，取引相手をなるべく楽にみつけるための支援や，ミスマッチを避けるために情報提供を行う「マッチング」というビジネスが有用だということがわかる。このようなマッチングを提供する場が，産業組織論では**プラットフォーム**と呼ばれている。つまり，事例で述べられている「知るカフェ」は，労働市場における企業と学生のマッチングを支援するためのプラットフォームといってよいだろう。

　プラットフォームによるマッチングの支援は，非常に広範にみられるビジネスである。具体例を挙げると，クラブ（ディスコ）や結婚相談所は，人と人を結び付けるプラットフォームと考えられる。不動産などの仲介業者，ショッピングモール，オークション・サイトやフリーマーケットのアプリなどは，売り手・作り手と買い手を結び付ける場や情報を提供するプラットフォームであると考えられる。また，企業の広告を収入源とする雑誌や新聞，インターネットのニュースサイトなどのメディアは，コンテンツを提供することだけでなく，企業（広告主）と消費者を結び付けるという意味でプラットフォームの役割も

もっているといえるだろう。

　知るカフェというプラットフォームのビジネスモデルにおいて興味深いのは，学生に対しては無料で場所や飲み物，Wi-Fi 接続などのサービスを提供しているという点である。このように無料でさまざまなサービスを受け取ることができるというのは，多くの学生にとってはそれだけでこの場所に足を運ぶ理由となる。企業はこのカフェのスポンサーになると，ターゲットとなる大学に通う学生が多く集まる場所に広告を出したり，企業のことをよく知ってもらうための情報提供を効果的に実行できたりする。これは，将来の採用活動を円滑にし，ミスマッチを避けるためにも有益なので，企業はそれなりのスポンサー料を支払ってもよいと考えるだろう。さらにいうと，学生が高い関心をもつ企業の多くがカフェのスポンサーになっているならば，学生にとっても単に無料でコーヒーを飲めるという理由だけでなく，カフェの本来の目的であるマッチングの支援サービスを求めてカフェに集まるインセンティブも高まるのではないかと考えられる。このように，一方のグループの参加者数が増えることが，他方のグループの人々のプラットフォームに参加するメリットを高める効果を，「間接的なネットワーク効果」と呼ぶ。

　間接的なネットワーク効果が働く状況では，プラットフォームとしてマッチングサービスを提供する企業は，その効果をうまく活かすように適切な料金設定を行うことが重要である。知るカフェのようなプラットフォームの場合，企業だけでなく学生にも課金することはもちろん可能である。しかし，課金することでそこに集まる学生数が減ってしまうと，間接的なネットワークの効果が小さくなり，企業がスポンサーになるインセンティブが低下してしまう。結果として，学生からはいくらかの利用料金を得ることができるとしても，企業からのスポンサー料が少なくなってしまうことが懸念される。このようなトレード・オフを考慮したうえで，収益が最大になる料金設定を行うことによって，プラットフォーム企業の市場におけるパフォーマンスが大きく変わってくるという点には注意が必要であろう。とくに，どのような条件のもとで一方のグループに対して無料，またはかなりの低価格での利用を提供するかという点については，第 11 章でくわしく説明する。

経済学の考え方と分析の方法

　ここまで，ビジネスの現場でみられるさまざまな事例を，経済学の考え方に基づいて紹介してきた。本章の最後に，改めて本書で用いる経済学の考え方と分析の方法の特徴について解説し，次章以降の議論への橋渡しとしよう。

| 企業の目的 |

　本書では，標準的な経済学における想定に従って，企業の意思決定における目的を単純に**利潤最大化**とする。そもそも企業とは何か，企業は誰のもので，どのように構成され，誰がどんな関心から意思決定を行っているのかなどを注意深く検討することなしに，企業行動の目的を天下り的に設定することは，企業の適切な分析を妨げる危険性がある。このような点については経営学において，あるいは経済学のなかでも組織の経済学と呼ばれる分野等においてさまざまな角度から論じられており，当然多くの論点がある重要な問題である。一方，利潤最大化は利潤の権利者である株主や所有者の関心を基礎にした目的であり，労働者や取引先などを含めた幅広い利害関係者の利益を考慮した目的とは大きく異なる。しかし現代の経済学においては，公的企業やNPOなど利潤最大化のみを目的としない企業組織の分析や役割もある程度は考慮するものの，第一義的には企業の目的を利潤最大化とすることの妥当性が高いというコンセンサスがある。すなわち，企業行動にはさまざまな側面と複雑な目的が絡んでいるものの，大半の企業について利益の追求は最も重要な目的とみなせる，という理解である。1つの正当化として，利潤を追求しない企業はより淘汰されやすいことが挙げられよう。本書も，このような理解に基づいて議論を進めていく。

| 経済学における合理性 |

　企業の目的についての議論に関連して，経済学における**合理性**についても触れておこう。合理性とは，選択肢のなかから所与の目的に適うものが選ばれるという意思決定の原則である。合理性は，選択が目的に矛盾しないことを要請するだけで，この意味で人々の行動はおおかた合理的である。というのも，も

っと得になる選択ができるにもかかわらず，トータルに考えて損する選択を意識的に行うことは，ほとんどありえないからである。もちろん，前提として選択肢の全体像が明確であることと，それぞれの選択の結果とその評価が明確であることが必要であるが，その限りにおいて目的に適う選択肢をみつけることは容易である。

　しかし合理性の想定はしばしば，非現実的であるとの批判にさらされてきた。この批判は，理論における選択の単純さと，現実における選択の複雑さとのギャップに起因するものと思われるので，いくつかそういった要因を取り上げて論じてみよう。まず，人々が直面する選択肢は必ずしも正確に識別されているとは限らない。識別のミスや，選択肢の範囲を見誤ることなどにより，望ましい選択ができないことはあるだろう。つぎに，選択の結果と評価がいつでも明確とは限らない。心理学や，心理学的側面を経済学に取り入れた行動経済学においていわれているように，人はあまりに多岐にわたる選択肢に直面すると，どれを選んでよいかわからず選択をあきらめてしまう傾向がある。また，将来の不確実性が高く選択の結果を確率的にもうまく予想できない場合には，最良の事態の追求よりも，最悪の事態の回避が現実的対応として採択されることが多い。最後に，選択をする際の価値基準が，時間や状況に応じて変化するということがあり，あるときに選んだ合理的な選択が時間を通じてみれば合理的でないような事態がある。たとえば，ダイエット中の過食。食べているときはその時点の満足を高めていて，かつあとで後悔するのもわかっているにもかかわらず，食べてしまった経験は多くの人にあるのではないだろうか。

　上記をはじめ，さまざまな合理的選択の阻害要因をどの程度考慮するべきかについては今後実証分析を含めて検証・検討されるべき課題であり，現在のところ十分なコンセンサスは得られていないと私（筆者）は考えている。もちろん，経験や情報の不足または不安定な経済環境から，行動主が直面する状況を十分に把握できていない場合は合理的な選択は困難であり，合理性に基づく予測は失敗する可能性が高いだろう。逆に，安定した経済環境やさまざまな経験や情報により，行動主が直面する状況を十分に把握できているならば，合理的な選択のための前提は妥当と思われる。本書ではこの点に留意しつつも，行動主は合理的な選択を行うと想定して議論を進めることにする。

インセンティブの視点

　本書では，ミクロ経済学の理論を用いて産業組織論，ビジネス・エコノミクスの分析を紹介していくことになるが，具体的な分析に入る前に，本書で用いられるミクロ経済学の考え方と分析方法の特徴を簡単に説明しておこう。**インセンティブの科学**とも称される，ミクロ経済学の作法は，ざっくりいえば，

① 経済行動のインセンティブ（「アメやムチ」）を明らかにすること，
② 経済現象を各々のインセンティブの相互連関の結果と捉えること，
③ 社会的評価基準を用いて，インセンティブの相互連関の結果を改善するための政策・制度設計について提案・模索すること，

の3点にまとめられる。①の「インセンティブを明らかにすること」とは，たとえばある行動主がAという行動をAとBの選択肢から選択する理由を，Aによる利益が相対的に大きい（「アメ」），またはBによる損失が相対的に大きい（「ムチ」）という形で説明することである。②の「インセンティブの相互連関」を議論する点は，とりわけ経済分析に特徴的で，この意味するところを簡単にみるために，次の「贈り物」の例を考えよう。贈り物は，（気持ちの問題を別にすれば）贈る側にとってコストである。しかし，贈られた側から将来，何らかの見返りが期待できれば，そのメリットが「アメ」の役割を果たし，贈り物をするインセンティブが発生する。最初に贈られた側が見返りのインセンティブをもつのは，自分の「見返りの見返り」が期待できる場合であり，このような「見返りの連鎖」が途切れないと期待できる場合にのみ，贈り物という行動規範が維持されることがわかる。すなわち，行動（「贈り物」）のインセンティブは，利害関係者がどのような行動を取るかに依存し（「見返り」があるか），またその利害関係者の行動のインセンティブも，各々の利害関係者の行動に影響される（「見返りの見返り」があるか）。ミクロ経済分析とは，経済現象の背後にあるインセンティブの連鎖や相互連関を読み解き，その理解に基づいて③の「政策・制度設計の提案」をするという一連の作業なのである。

経済の「均衡状態」に着目

　ただ，インセンティブの相互連関の全体像を描き出すことは非常に複雑で，その分析が困難になる。そういった問題を避けるため，意義が小さいとみなせるいわば「枝葉」部分の切り落とし，根幹の部分に着目する。ざっくりいえば，一過性の状況，起こる頻度の低いとみなせる事象を排除し，安定的な状況，起こる頻度の高いとみなせる事象をより本質的な経済現象として取り上げる。たとえば，競争相手がいる環境を考えてみよう。各々の行動主はどんな局面でも相手を出し抜き優位に立ちたいと考え，行動を選択するだろう。したがって，一方が相手を出し抜きつつも，相手に巻き返すチャンスのある状況は，合理的な行動主によって放置されたままとなることは考えにくい事象であり，過渡期あるいは現れる頻度が低い事象といってよいだろう。このような状況を取り除いていくと，互いにこれ以上相手を出し抜けないような状況が残るだろうと考えられる。このような状況は，相対的にみて観察される頻度の高い状況，または安定的な経済現象とみなせるため，設定や分析が妥当である限り，データとして現れやすいはずだと考えられる。<u>つまるところ，ミクロ経済学は，このようにして生き残った状況，すなわち誰も行動を変えるインセンティブがないような状況を「均衡状態」と呼んで分析の根幹に据え，経済はおおむね均衡状態にあるという考えに基づいて経済現象の説明や予測を行うのである。</u>

　ミクロ経済学では上記のような分析を「**モデル**」すなわち数式を用いた理論模型によって行う。つまり，分析の対象となる行動主およびその行動原則や制約を仮説として明示し，その仮説の範囲内でインセンティブを論じる。モデルを用いて分析するのは，経済現象に影響を与えると考えられる諸要素から重要なものを抽出し，その効果をできる限りわかりやすく浮き彫りにするためである。したがってモデル設定で選択される仮説は，対象となる経済現象をどのような問題意識から捉えようとしているかに依存して取捨選択される。たとえば産業組織論において労働者はあまり登場しないが，その理由は対象となる経済問題に対して（たとえば研究開発投資の意思決定），労働者の相対的な重要度が低いからである。もちろん，モデルの妥当性を検証することは非常に重要である。経済学ではおもに，モデルによって予測される経済変数の動きと現実の統計データが示す結果がよく当てはまっているかどうかをみることによって，モデル

の説明力の高さを判断する。すなわち，統計データによって実証され，経済現象を説明する能力の高いモデルを優れたモデルとし，その仮説に基づいた予測や政策提言により信頼を置くという立場をとる。

おわりに

以上，経済学的視点からビジネス戦略の事例を眺め，主要な論点を提示した。こうした事例の1つひとつのストーリーの背後に，実は明確な前提条件と経済学的な論理があることを感じていただけたのではないだろうか。次章以降では，産業組織論，ビジネス・エコノミクスにおける論点を基本的・基礎的なところから取り上げ，その経済学的原理を解説することにより，これらのストーリーの背後にある前提や論理をより深く学んでいくことにしよう。

CHAPTER 第 1 章

価格決定の原理
利潤最大化の条件

INTRODUCTION

　営利企業の主たる目的は利潤を高めることであり，その目的達成のためにさまざまな手段が用いられるが，とりわけ生産量や価格の決定は重要である。本章では，利潤を最大化するためどのように価格を決めればよいかを，生産される財の需要や費用の構造との関連を明確にしながら分析する。この価格決定の原理について，まず最も基本的な企業の生産する財が1種類である場合について解説し，つぎにより一般的な企業が多種類の財を生産する場合について解説する。本章で扱われる原理や分析は，次章以降でさらに産業組織論，ビジネス・エコノミクスを学ぶための基礎となるものなので，十分に理解してほしい。

1 企業の直面する市場環境と技術的条件

市場環境の表現としての需要関数

　利潤最大化を目的とする企業の行動原理を明らかにするために，企業が直面している環境を思い切って単純化し，具体例に基づいて解説する。ここではスマートフォンを生産する企業を考えよう。いま新製品の開発に成功し，これからの生産，販売をどのように行うか計画している。この新製品は画期的で，しばらくの間他社の競合を許さないようなものとしよう。したがって，この企業はこの新製品の販売に関して，少なくとも他社が類似する新製品で対抗してくるまでは，この画期的なスマートフォンの市場で独占的な生産者としてふるまうことができる。経済学ではこのような競合他社が存在しない市場の状況を**独占**と呼ぶ。

　この企業は，市場調査や過去の経験を通じて，すでに新製品が消費者にどのように受け止められるかおおむね把握できているとしてみよう。すなわち，新製品がさまざまな価格のもとでどの程度売れるかについての価格と需要量または販売量の関係（**需要関数**）を把握しているとする。ここで，需要関数を価格 p での販売量 $q = D(p)$ と表すことにする。単純化のため，販売量にリスクや不確実性はない，つまり，需要関数の予測に反して売れなかったり，品切れになったりすることはないとする。図1.1に示されているように，通常は価格が下がれば買いたいと考える消費者が増えるので，需要関数を価格と数量を軸にとってグラフ化した**需要曲線**は右下がりになる。

技術的条件と費用関数

　この製品の生産の過程では，企業のもつ生産技術に基づき生産の計画を立て，さまざまな生産要素（原材料，労働，機械や土地の利用など）を投入し最終生産物を産出・販売する。スマートフォンであれば，液晶，電波の送受信のための部品，カメラやスピーカなどの部品，それらをまとめるコンピュータの基盤やメモリ，筐体などが原材料にあたり，それらを内製や外注によって調達する。生産には労働や工場，また部品生産や組み立てのための機械や資材が必要なのは

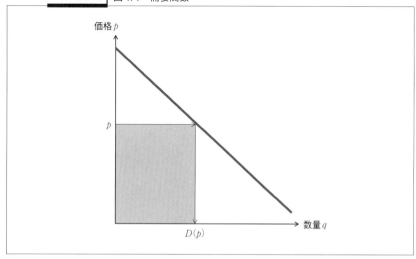

CHART 図1.1 需要関数

　いうまでもない。これらのすべてが生産要素にあたる。企業行動の分析においては，生産の過程の1つひとつが重要な分析対象となるが，ここでは企業の最終生産財であるスマートフォンの価格付けに焦点を当てるために，生産要素の選択や組み合わせについては，その詳細について考慮しないこととする。そのために，いわゆる**費用関数**を導入しよう。費用関数とは，既存の生産技術のもと，分析対象の製品の生産量の水準を1つ決めたとき，その生産量水準を達成するために必要となる<u>最小の</u>費用の関係を表すものである。つまり，生産量をある水準に決めた場合に，それを作るための生産要素の組み合わせのなかで，生産要素の市場条件（おもに価格）と企業の技術的条件から費用を最小にする組み合わせをみつけ，生産量と最小の費用を対応させるのである。もちろん，費用関数の導出のためには，市場条件や技術的条件に関する情報を企業が十分にもっていること，また費用最小化のための組み合わせをさまざまな想定のもとで発見するための十分な計算能力があることが前提である（費用関数の導出や詳細について確認が必要ならば，ミクロ経済学の教科書を参照してもらいたい）。繰り返しになるが，費用関数は単なる費用や支出とは異なり，**費用の最小化を織り込んでいる点**を，きちんと理解することが重要である。

1　企業の直面する市場環境と技術的条件　● 27

生産過程における短期と長期の区別

　生産の計画においては，**短期**と**長期**に分けて生産計画が想定する期間の長さを区別して考えることが重要である。ここでの長期とは，あらゆる生産要素の調整が可能となるような，たとえば1年～数年単位の期間を指し，生産工場の規模や設備の調整も含まれる期間である。一方短期とは，材料や雇用している労働者の人数など，比較的に短い期間で調整のしやすい要素が変更可能であるような期間を指す。短期的観点から調整不可能な要素を**固定的要素**と呼び，調整可能な要素を**可変的要素**と呼ぶことにしよう。固定的要素の拡張は投資にあたり，生産過程を効率化したり，生産量の上限（生産のキャパシティ）を拡張したりといった役割を果たす。

　このような短期・長期の区別は費用関数の定義にも反映される。前項で述べた定義は，すべての生産要素を考慮しているので長期の費用関数に対応している。短期の費用関数の定義では，固定的要素は変更不可能なのでその費用を固定し，可変的要素のみの調整による費用最小化を考える。企業の価格決定を論ずる際に，どちらの費用関数を用いるのがふさわしいかといえば，価格決定は設備投資などと比較して短期的な意思決定であるため，短期の費用関数であると考えられる。

　短期の費用関数について，ここでは以下のように大胆に単純化し，**固定費用**，生産の**キャパシティ制約**，および生産量に比例する**可変費用**の3つで記述できるとしよう。固定費用は先に述べた固定的要素のための費用で，工場の維持費用や土地や建物の賃料などが代表的である。つぎに生産のキャパシティの制約，つまり生産可能な財の量に上限があるとしよう。工場の規模や稼働率には限界があるため，短期間に生産可能な財の量に制限があることは自然な制約といえるだろう。キャパシティを超える量の生産が不可能であるということを費用関数で表すためには，キャパシティを超えると費用が極端に増加するとしてもよいだろう。また可変費用は生産量に応じて変化する可変的要素にかかる費用を指す。ここで，分析モデルを単純化するために，可変費用が生産量（ただしキャパシティ限度まで）に比例しているとしよう。可変費用の比例定数，すなわち1単位生産を追加するために必要な可変費用の増分は，**限界費用**と呼ばれる重要な概念である。なお，可変費用が生産量に比例しないケースも考えられるが，

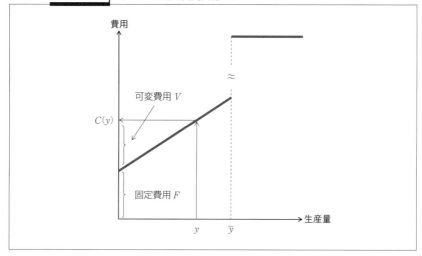

CHART 図1.2 短期の費用曲線

その場合には限界費用が生産量に依存して変わることを除いて本章の議論には本質的に影響しない点に注意しておく。

上記をふまえて、短期の費用関数を $C(y) = F + cy$、またキャパシティの制約を $y \leq \bar{y}$ と表す。ここで y は生産量、F は固定費用、c は限界費用、cy は可変費用、また $\bar{y}$ はキャパシティである。図1.2に示されているように、横軸に生産量、縦軸に費用を取れば、$C(y)$ のグラフは、固定費用を縦軸の切片とし、そこからは限界費用を傾きとする直線がキャパシティ制約の生産量まで右上がりに伸び、以降は形式的に費用が非常に高い水準になる、という形で表現することができる。

利潤最大化

| 逆需要関数と企業収入 |

それでは、以上のような想定のもとで、どのような条件で利潤最大化が達成されるかについてくわしくみていこう。課題は、与えられた需要関数と費用関数のもとで、「利潤＝収入－費用」を最大化するような生産量または価格をみつけることである。しかし、収入や費用を計算するために用いる需要関数と費

用関数は，それぞれ価格 p および生産量 y の関数で，関数を定義する変数が異なっているため，利潤を計算するためにそのままの形で利用するのは少し不便である。そこで，次のように需要関数を読み替えて，変数を生産量（＝販売量）に揃えるのが便利である。右下がりの需要曲線では，価格と販売量は1対1に対応しているから，価格を決めたときに市場でどのくらいの量が販売できるか，というもともとの関係は，販売量を決めたときそれを市場でちょうど売り切る価格がいくらになるか，という関係に読み替えても同じである。こうやって読み替えた販売量から価格への関係を**逆需要関数**と呼ぶ。式で表せば，販売量を q とすると，需要関数 $q = D(p)$ の関係を読み替えた逆需要関数は $p = D^{-1}(q)$ とも書くが，ここでは $D^{-1}(q) = G(q)$ と書き換えることとする。

この逆需要関数 $G(q)$ を用いれば，

$$【収入】= q \times G(q)$$

というように，収入は販売量の関数で表すことができる。収入が販売量に関してどのように変化するかはもとになる需要関数の形状に依存するが，いくつか共通する性質がある。まず販売量がゼロならば収入はゼロである。また，価格をゼロまで下げても需要量が頭打ちになるならば，その販売量での収入もゼロである。また価格は通常ゼロより下げることはできないので，販売量をその頭打ちの水準以上に増やすことは不可能である。したがって便宜的に，販売量がその頭打ちの水準を超えるときの収入はすべてゼロとしてよい。一方で，販売量が頭打ちになる前の水準の販売量では正の収入が得られる。

本書では，正の収入が得られる範囲内で収入のグラフが上に凸であるような，すなわちへこみのないお椀を伏せたような形をしていて，その曲線には折れや不連続点はなく滑らかに変化すると想定する（図1.3）。企業の収入のグラフがこのような形状となるのは，たとえば需要関数が価格についての1次関数，すなわち $D(p) = a - bp$ のような形で書ける場合をはじめ，多くの場合で起きることが知られている。

利潤最大化のための生産量の決定

販売量 q は生産量 y 以下であればよくそれらが一致する必然性は必ずしもない。しかし，リスクや不確実性がないという本章の想定のもとでは，販売しよ

CHART 図1.3 企業の収入

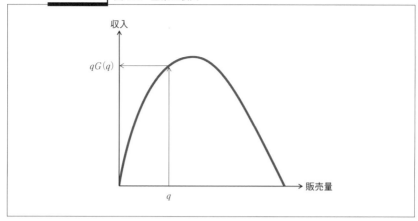

うとする量を過不足なく生産することが可能であるため，在庫を残すのは明らかに利潤最大化に反することである。そのため，これからは $q=y$，すなわち販売量は生産量に等しいという関係のもとで議論を進める。$q=y$ として収入のグラフに短期の費用関数のグラフを重ね合わせてみれば，「利潤＝収入－費用」が最大化されるような生産量をグラフからみつけるのは困難ではない。ここでは，利潤最大化する生産量を次の3つのパターンに分け，利潤が最大化される生産量の満たすべき条件を整理してみよう。

① キャパシティ未満だが正の生産量のケース
② キャパシティいっぱいまで生産するケース
③ 生産量ゼロのケース

最も典型的なパターンは①で，まずは図1.4 (a) に示したグラフを参照しながら，くわしくみていこう。いささか唐突だが，キャパシティを超えない生産量の範囲で，収入のグラフ上の各点から，費用関数の可変部分のグラフと平行な直線を引いてみる。その点に対応する利潤の大きさは，平行な直線と費用関数のグラフの間の垂直方向の間隔の大きさと等しくなることに注意しよう。よって，利潤を最大化する生産量をみつけるためには，収入のグラフ上の点で，その点を通る平行な直線が最も上方に位置するものを探せばよい。そこで，平

CHART 図1.4 利潤の最大化：3つのケース

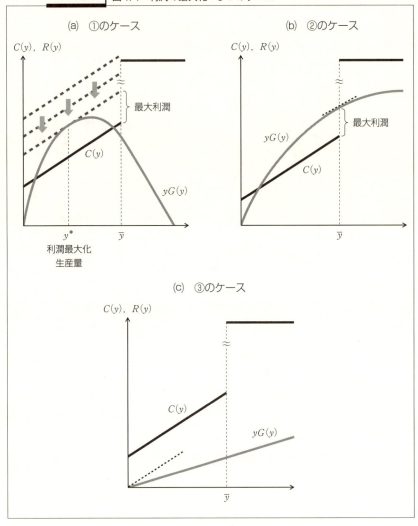

行な直線を上から徐々に近づけていくことを考えると，平行な直線と収入のグラフがちょうど接するような直線をみつけることができる。この接点では，与えられた需要関数のもとで得られる最大の利潤はどのくらいかと，利潤最大化を達成する生産量がどこかという2点が同時に示されることがわかる。

上の図形的な分析における重要なポイントは，利潤を最大化する生産量にお

いて，収入のグラフの接線の傾きが可変費用（費用関数の可変部分）の傾き c と等しいという点である。なお，傾き c は**限界費用**（英語で marginal cost, MC と表す）である。さて，収入のグラフの接線とは，生産量をある水準からわずかに変化させたときに，グラフに沿って収入がどう変化するかを直線で近似したものである。この直線の傾きは収入の増加率であり，**限界収入**（英語で marginal revenue, MR と表す）と呼ばれる（数学的には収入を生産量について微分したもの）。限界収入とは，生産量をごく少量変化させた際の収入の変化量を導出し，収入の変化量を生産量の変化量で割ることによって，生産量に対する収入の増加率を表したものである。これは，ある水準から1単位生産量を増やしたときにどのくらい収入が増えるかを近似的に表しているといえる。したがって，利潤を最大化する生産量において，

$$MR = MC$$

が成立していることがわかる。

　上記の条件は，利潤最大化点において，生産量を限界的に変化させても（すなわち，少し増やしても，あるいは少し減らしても），収入の変化分と費用の変化分が等しく利潤は増えないという，ある意味当たり前の事実を述べているにすぎない。しかし，このようにして限界的な変化に着目すると，以下の議論からもわかるように，ある生産量が利潤最大化点でないことを確認するための判定条件が導かれ，利潤を最大化する生産量を絞り込む際に役立つというメリットがある。いま，必ずしも利潤を最大化しているとは限らない任意の生産量の水準を考えよう。生産量をその水準から少量追加すると，収入は近似的に「(少量) × 限界収入」だけ増え，費用も「(少量) × 限界費用」だけ増えるのであった。仮に $MR>MC$ ならば生産量を少量追加することにより利潤が増大し，逆に $MR<MC$ ならば生産量を少量削減することにより利潤が増大する。したがって，ある生産量のもとで $MR>MC$ でかつ生産量追加可能であるか，あるいは $MR<MC$ で生産量削減可能であれば，その生産量で利潤最大化されていないことがわかる。一方，利潤が最大化されていれば，生産量を追加しても削減しても利潤は増えない。したがって，利潤が最大化されている場合，$MR=MC$ という等号が成立するのである。

　利潤を最大化する生産量の残りの2つのパターンについては，上記の考察か

ら容易に議論できる。②の利潤最大化において，キャパシティいっぱいまで生産する場合は，収入のグラフと可変費用の部分に平行な直線が，キャパシティ限度の生産量で接するかまたは交差する（図1.4 (b) 参照）。交差する場合は，キャパシティ制約がなければ生産量を追加することによって利潤が増加し，より大きな生産量において収入のグラフと接するのであるが，制約上それができない。限界収入と限界費用の条件もこれに合わせて，キャパシティ制約いっぱいの生産量において，

$$MR \geq MC$$

というものに修正される。厳密な不等号（等号を含まない不等号）が成り立つ場合，生産量を増やすことができれば，利潤も増えるはずだったという状況を示している。

同様にして，③の利潤を最大化する生産量がゼロであるパターンは，可変費用部分に平行な直線を上から収入のグラフに近づけたときに，生産量ゼロになるところで初めて接するか交差する場合である（図1.4 (c) 参照）。したがって，生産量ゼロにおいて，

$$MR \leq MC$$

が成立することがわかる。

利潤を最大化する生産量が満たすべき条件は以上であるが，短期では利潤最大化の結果として得られる利潤が負になる可能性に注意が必要である。たとえば，最大利潤が生産量ゼロで達成される（つまり生産しないほうがよい）場合には，収入がゼロなのに固定費用がかかるため利潤は負である。これは，短期的には固定費用が一度つぎ込んでしまうと取り返すことのできない費用であるために発生する事態である。このように，意思決定にかかわらず発生してしまう費用は**埋没費用**（サンクコスト）と呼ばれる。よって，短期では固定費用の負担を織り込み，利潤がマイナスの状態からスタートして，どの程度利潤を回復できるかを考えているということができる。当然ながら，生産要素がすべて可変的になり，固定的要素がない長期の最大化利潤は埋没費用がないために負にならない。

3 価格決定の原理

これまでは，企業の利潤最大化行動を生産量の決定の観点から分析し，その条件を導出した。ここでは，利潤最大化行動を価格決定の観点から捉え直すことにしよう。

利潤最大化する生産量と価格の関係

利潤を最大化する条件における価格の役割を明示するためには，価格の変化や販売量の変化の関係について，これまでよりも詳細に議論する必要がある。限界収入を考える場合と同様に，ここでもはじめに販売量を追加した際の収入の変化について考えるのだが，価格やその変化に焦点を当てるために，収入の変化を次の2つの部分に分解してみる（図1.5を参照）。

① 追加分そのものを販売することからの収入
② 追加分を除いた量を販売することからの収入の変化分

①についてみると，追加分からは1単位当たり市場価格に相当する収入が得られる。この収入は，市場価格によってその大小が変わるという点に注意しよう。②を考えるにあたってはまず，販売量の追加が市場価格を引き下げることに注意する。追加分を除いた販売量から得られる収入を，販売量の追加前後で比較すると，追加後は価格の低下分だけ収入の減少が見込まれる。この減少の程度は当然，価格の低下が大きいか小さいかに依存し，販売量が増えても価格があまり低下しないなら収入の減少分は小さいことになる。

利潤最大化条件である「限界収入 MR ＝ 限界費用 MC」という関係を分析するために，限界収入を上記の分解の観点から捉え直そう。限界収入は，生産量をほんの少しだけ変化させたときの収入の変化率（または追加分1単位当たりの収入の増加分）である。図1.5で表される生産量の変化について，追加前の生産量を y，生産の追加分を Δy，追加前の価格を p，追加後の価格を p'，価格の減少分を $\Delta p<0$，収入の増分を ΔR，と書くことにすれば，追加的生産による

CHART 図1.5 収入の変化の分解

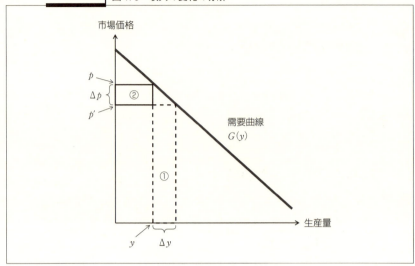

収入の変化は,

$$\Delta R = \Delta y \times p' + \Delta p \times y$$

と書ける。さて，限界収入 MR は収入の変化率であるから，

$$MR \fallingdotseq \frac{\Delta R}{\Delta y} = p' + \frac{\Delta p}{\Delta y} y$$

が成立する。上記の式からわかることは，$\Delta p < 0$ より限界収入は市場価格以下となり，<u>生産量と限界収入を対応させるグラフは市場需要関数のグラフの下側にある</u>ということである。

　需要曲線，限界収入，限界費用をグラフで表し，キャパシティ限度未満の正の生産量において利潤最大化する場合の生産量と価格は図1.6で表すことができる。まず，限界収入と限界費用の均等から利潤を最大化する生産量 y^* がわかり，逆需要関数を用いて対応する価格 $p^* = G(y^*)$ を求めることができる。

ラーナーの公式

　これまでの利潤最大化の条件と合わせて，簡単な計算によって価格決定の原理を導こう。利潤が最大化される生産量において，

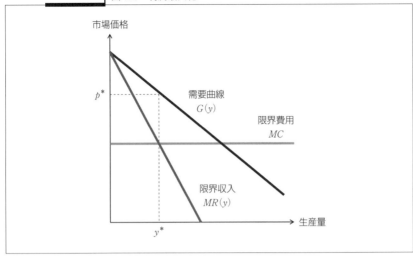

図1.6 利潤最大化

$$MR = MC$$

という条件が満たされなければならない。また，収入と限界収入には，

$$\Delta R \fallingdotseq MR \times \Delta y$$

という近似式がある。利潤最大化条件，および ΔR の定義式と近似式を変形すると，次のような関係が得られる。

$$\Delta R = \Delta y \times p' + \Delta p \times y \fallingdotseq MR \times \Delta y = MC \times \Delta y$$
$$\Rightarrow \Delta y \times (p' - MC) = -\Delta p \times y$$
$$\Rightarrow \frac{p' - MC}{p'} = \left(-\frac{\Delta p}{p'}\right) \times \left(\frac{y}{\Delta y}\right)$$
$$\Rightarrow \frac{p' - MC}{p'} = \frac{-\Delta p/p'}{\Delta y/y}$$

すなわち，

$$\frac{【市場価格 - 限界費用】}{【市場価格】} = \frac{【価格低下率】}{【販売量増加率】}$$

である[1]。

最後の等式は**ラーナーの公式**と呼ばれるもので，価格決定の原理を表すものである。左辺は販売価格における利益の割合，すなわちマークアップ率を表し

ており，ラーナー指数とも呼ばれる。また右辺は以下に定義されるような**需要の価格弾力性**の逆数である。したがって，利潤を最大化する価格はマークアップ率が価格弾力性の逆数に等しいところで決まり，需要の価格弾力性が小さければ小さいほどマークアップ率が高くなる。ここで需要の価格弾力性とは，需要関数と価格が与えられたとき，その価格から1％価格を上昇させたときに需要が何％減少するかを測った値と定義されるものである。弾力性が大きくなると，価格1％上昇に対し需要の減少割合がより大きくなるため，価格を上げることのメリットが小さくなる。

　ラーナーの公式が表す，利潤を最大化する価格と価格弾力性の関係とは，直観的に述べると次のようになる。いま，販売量を減少させて，対応する価格上昇がちょうど1％になるように調整しよう。価格が1％上昇することにより，前項でみた分解した収入の変化②も価格弾力性にかかわらずちょうど1％増加する。一方で収入の変化①は，価格1％上昇に対して需要がどのくらい減少するかに依存して変わるために，価格弾力性の大きさに影響を受ける。弾力性が大きいと，販売量減少の程度が高まるため収入の減少分も大きくなる。つまり，価格弾力性が大きくなるにつれ，価格を高めるメリットが小さくなるということなのである。このことから，需要の価格弾力性は価格決定において本質的な役割を果たしていることが理解できるだろう。

さまざまな市場環境における価格決定の原理の応用

　ラーナーの公式，または $MR = MC$ の条件で記述される価格・生産量決定の原理について，本節では独占企業の行動原理として議論してきたが，この原理は適用範囲が広い。この点について，本書のウェブ付録1A-2（さまざまな市場環境における原理の応用）で解説しているので参照してほしい。

4 多種類の財を生産する企業の価格戦略

　ここまでは企業が1種類の財を生産すると想定して解説してきたが，本節以降ではより現実的に，企業が「多種類の財」を生産すると想定して，価格決定の原理が幅広く適用できることを説明していこう。はじめに企業が多種類の財

を生産しようとする理由として考えられることを以下のようにまとめておこう。

- 同様の技術から多種類の財を生産することができる：自動車（異なるデザイン，性能），加工食品，電化製品，服飾，外食など
- ある財やサービスについて，地域性や対象を限定することで種類が増える：新聞（地方版の分だけ種類が増える），加工食品（地域に応じた味付けなど），女性・学生・シニア限定サービス（外食，旅行，映画ほか）など
- 事業の多角化，他社との提携，他社との合併や買収（M＆A）を通じて，多様な財やサービスを提供する

本節以降，製品の開発やラインアップ構成の決定された後で，企業が利潤を高めるためには多種財の生産・販売・価格付けをどのように行えばよいかについて考えることにしよう。

多種財を生産する企業が利潤を最大化するための価格付け・販売行動は，前節までに論じた1種類の財の生産・販売における原理を拡張したものになる。利潤最大化する生産量がその企業の生産能力の上限（キャパシティ限度）の制約にかからないなら，利潤を最大化する生産量においては，

$$MR(限界収入) = MC(限界費用)$$

という条件，またはそれを変形した「ラーナーの公式」が成立しなければならなかった。多種財を生産する企業についても，原理としては同じであるが，条件に一定の修正が必要となる。というのも，1種類の財の生産・販売の場合と異なり，限界収入と限界費用の導出やその構成要素が，以下にみるように多種類の財を生産する企業ではより複雑になるからである。

多種財の生産・販売を行う企業が利潤を最大化するためには，ある種類の財の生産や販売が他の種類の財の生産や販売にどのような影響を与えるか，そしてその結果どのような便益や費用が発生するかを考慮しなければならない。具体的に考えるため，コーヒー豆とフィルター，その他飲料を販売しているスーパーを想定しよう。いま，このスーパーがコーヒー豆の価格を下げ，販売量を増やすとしよう。コーヒー豆の消費量の増大は，コーヒーフィルターの必要性

を高めることにつながることに注意する（一方の消費量の増大が他方の需要を高めるような2つの財は互いに補完的であるといわれる）。このような補完性による需要の高まりを考慮すると，フィルターについては価格を下げなくても販売量が増え，フィルター販売による収入は上昇することになる。一方で，コーヒーと代替的に，インスタントコーヒー，紅茶，緑茶，ココアなどの飲料に対する需要は低くなるだろうから，これらについては価格を変えなければ販売量が減り，得られる収入は低下することになるだろう。

　生産費用の相互連関についてもさまざまなケースが考えられる。ある財の生産量を増やすとき，優秀なマネージャーや熟練労働者を他の財の生産から異動させる必要があるなら，結果として他の財の生産性が低下し，その財の生産費用が上昇すると考えられるだろう。一方で，ある財の生産工程や効率的に生産するコツなどが他の財のものと類似している場合には，一方の財の生産量を増やすことによって生まれる「学習効果」が他方の財の生産性を高め，同じ生産量に対する費用が下落することもありえるだろう。後者については，財の「種類」を拡大解釈して，ある財が「生産される時点」によって異なる種類のものであるとみなすと，将来時点の財の生産性がそれ以前の生産による学習効果に応じて変化すると考えることは妥当であろう。

　すなわち，ある財の生産・販売量を増加させることによる収入や費用の変化は，その財の生産や販売に直接関わるもののみならず，補完的・代替的に関連する他の財の生産費用や価格・販売収入の変化によっても引き起こされる。つまり，多種財の生産・販売を行う企業に関しては，財 i の変化による限界収入，限界費用を，

MR_i（限界収入）＝【財 i の販売収入の変化】＋【関連する他の財の販売収入の変化】
MC_i（限界費用）＝【財 i の生産費用の変化】＋【関連する他の財の生産費用の変化】

という形に拡張して考えなければならない。そのうえで限界収入と限界費用が均等化されていることが，多種類の財を生産する企業の利潤最大化の条件となる。

　もちろん，多種類を生産・販売する企業であっても，各種類の財の生産や販売が，他の種類の生産費用や需要に全く影響を与えないような場合もあるだろう。つまり，各財の生産性や収入が他の財の生産や販売とは無関係に決まり，

それぞれ独立に取り扱うことができる場合である。このようなケースでは，前節までで扱った1種類の財の利潤最大化を各財にそのまま当てはめればよい。各種の財の生産・販売によって財ごとに利潤が最大化されていれば，それを合計することにより，企業全体でみた最大の利潤を求めることができる。

一方，各財が独立ではない場合に，利潤を高めるための生産量・販売量を求めるには，異なる種類の財の需要や費用の連関関係を考慮しなければならない。このようなケースでの価格決定の原理は一般にはそれほど単純な形にはならず，利潤最大化のための原理を包括的かつ簡潔に述べることが難しい。しかし，各財の関連の構造を単純化して，需要面，生産面のうち一方のみに財の間の連関関係があるような場合に絞って考えれば，価格決定の原理をどのように拡張すればよいかについて平易に議論することができる。次節以降では財の種類を2種類に限定して，まず需要面から順を追ってみてみよう。

5 需要における財の代替性と補完性

需要が代替的なケース

2種類の財について，生産費用については相互連関がない（独立である）一方で，需要は次の意味でそれぞれ代替的であるとする。先ほどの例では，コーヒーと紅茶が当てはまるだろう。すなわち，一方の財の価格を下げ，他方の財の価格が変わらないとき，他方の財の販売量が減る（図1.7 (a) 参照）。別の見方をすると，各財の需要曲線はこれまでどおりその財の価格に依存して右下がりであるが，この需要曲線は他の財の価格にも依存しており，他の財の価格が下がると左側にシフトし，需要が減るような状況である。シフトの程度は代替性の強さによって変わる。

利潤を最大化する価格は，各財の間の代替性がない独立な場合に比べて高めになることをみてみよう。独立な場合とは，企業を部門ごとに分割し，それぞれを第3節までで分析した1種類の財を生産する独立した企業とみなす場合と言い換えてもよい。このとき，第1部門は，

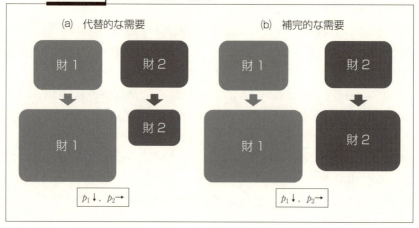

CHART 図1.7 代替性と補完性

$\widetilde{MR}_1$(第1部門の限界収入) = 第1部門の財を追加するときの第1部門の収入の増加率
$\widetilde{MC}_1$(第1部門の限界費用) = 第1部門の財を追加するときの第1部門の費用の増加率

を均等化するように生産・販売量を決定する。ここで $\widetilde{MR}_1$ という記号を用いている理由は，財が代替的である場合の第1部門の限界収入 MR_1 と区別するためである。$\widetilde{MR}_2$ についても同様である。

2種類の財が代替的な場合，自部門の財の生産を追加すると他部門の財の需要が低下し，他部門からの販売収入が減少する。代替性がない独立な場合と比較すると他部門への負の影響を考慮するから，その分だけ各部門の限界収入が下がる。したがって，同じ生産・販売量のもとでは

$$\widetilde{MR}_1 > MR_1$$

という関係が成立する。一方で，費用の構造には財同士の関連がない（独立である）としたので，$\widetilde{MC}_1 = MC_1$ である。したがって，

$$\widetilde{MR}_1 = \widetilde{MC}_1 = MC_1 > MR_1$$

であることがわかる。つまり，すべての部門で発生する損益を含む，企業全体で考えた限界費用と限界収入の関係でみると $MC_1 > MR_1$ となり，生産・販売量を縮小することによって，全体の利潤を高められることがわかる。価格付け

の観点でいえば，需要が独立である場合と比較して，代替財を販売する企業は各財の価格を高めに調整することが必要である。

この議論は，「**外部効果**（または**外部性**）」の考え方を，企業の利潤最大化に応用することから確認することもできる。外部効果とは，生産や取引が取引当事者以外の第三者に与える便益や費用のことで，典型的には大気汚染や騒音などの第三者への費用（「外部不経済」と呼ぶ），あるいは発明や研究開発によるアイデアの利用などの第三者への便益（「外部経済」と呼ぶ）などがある。取引の当事者はこういった外部効果を考慮せずに生産や取引を行うので，当事者の取引利益の最大化は第三者の享受する費用や便益を含めた社会全体での利益の最大化と異なる。外部不経済のケースでは，当事者は第三者の費用を考慮しない分，社会全体の費用を過少に評価するため，社会的にみて取引が過剰になる。逆に，外部経済のケースでは，当事者は第三者にもたらす便益を考慮しない分，社会的にみて便益を過少に評価するため，取引が過少になる。代替的な財を生産する企業の意思決定にあてはめて考えると，各部門が他部門への負の影響をもたらさない場合と比較して，各部門の取引量を抑えることが企業全体の利潤最大化の観点から必要になることがわかる。

需要が補完的なケース

つぎに，2種類の財の需要が補完的なケースを考えよう。すなわち，一方の財の価格を下げ，他方の価格を一定に保ったとき，他方の財の販売量が増える場合である（図1.7（b）参照）。これは，冒頭の例ではコーヒー豆とコーヒーフィルターの関係に当てはまる。需要曲線のシフトの様子は代替的な場合の逆で，ある財の需要曲線は，他の財の価格が下がったときに右側にシフトし，需要が増えるような状況である。

利潤を最大化する生産・販売量の決定については，代替的な場合のちょうど逆になる。つまり，需要が補完的なら，各部門が想定する MR_1 は他部門へのメリットを考慮するため，補完的でない場合の限界収入よりも大きくなる。したがって，独立な場合と比べてそれぞれの部門の生産量を大きめに，あるいは価格を低めに設定することが全体最適のために必要になる。

補完的なケースでは，興味深い価格戦略を垣間見ることができる。たとえば，一方の財の価格を限界費用よりも低く，場合によってはタダにすることも利潤

を高めるために効果的な場合があるのだ。というのも，一方の財の価格を限界費用以下にして損失が発生しても，低価格の設定によってその財の販売量が増加し，補完性を通じて他方の財の需要を高めるからである。その結果，他方の財の価格の上昇や販売量の増加を通じて得られる利益が十分に大きいならば，低価格の財からの損失を補ってあまりあることになる。

このようなケースの例として，企業から得る広告料と読者（消費者）から得る購読料を収入源とする雑誌メディアを挙げることができるだろう。雑誌の発行は，消費者向けのコンテンツの提供に加えて，企業向けの広告サービスを同時に提供しているという意味で，多種類の財の生産と考えることができる。また，コンテンツ販売と広告販売は次の意味で補完的である。消費者は雑誌における広告の多寡を（おそらく）あまり気にしないが，広告主企業は，雑誌の購読者数が増えれば広告の効果が上がると考えるだろう。つまり，購読者数は広告サービスの需要に対して補完的である。したがって，出版社は購読料を下げて購読者数を増やし，その効果を通じて広告サービスの価格を上げるというインセンティブがあることがわかる。極端な事例はフリーペーパーである。雑誌を制作する企業はタダでコンテンツを配り，購読者数を増やして，広告のみの収入から製作費や利潤を得ている。Googleなどの検索サイトやFacebookなどのSNSといったビジネスモデルも，同様の構造をもっている。これらのサービスでは，消費者の特性を検索履歴などから個別に割り出し，より効果的な広告の機会を提供することによって，広告サービスの価値をさらに高めることに成功している（雑誌等のメディアは第11章で取り上げる「プラットフォーム」の1つであり，そこでよりくわしく分析する）。

ラーナーの公式

2財を生産する企業の利潤最大化の条件を変形することによって，1財のときと同じようなラーナーの公式を導くことができる。複数財を生産する場合には，需要や費用の相互連関が利潤最大化に影響するために，ラーナーの公式もその部分が複雑になる。くわしい導出はウェブ付録1A-3（ラーナーの公式：2種の財の場合，需要面，生産面）を参照してほしい。

生産における財の代替性と補完性

　短期的にみれば，ある財の生産の拡大によって他の財の生産が圧迫され，他の財の可変的な生産費用の上昇や，生産のキャパシティ限度の低下といった事態を招くことが想像できる。これは，経営陣や熟練労働者の数，特殊な機械や技術といった簡単には総量を調整できない生産要素があり，その配分が各財の生産過程の効率性に影響を及ぼすと考えられるからである。このように生産費用の観点からは，異なる種類の財の生産は，代替的になる傾向があると考えることができる。

　多種の財を生産する企業の費用を，固定費用と各財の可変費用に分解し，固定費用については前節同様，短期的には変化させることができないものと考える。一方で，生産において財の相互連関があると，各財の可変費用は他の財の生産水準に影響を受けると考えられる。そこで，生産における財の代替性を，ある財の生産量の増加により他の財の可変費用曲線が上方にシフトすること，また財の補完性を，ある財の生産量の増加により他方の財の可変費用曲線が下方にシフトすることによって捉えよう。ただし，可変費用曲線は生産量ゼロのときに原点を必ず通らなければならないので，生産における財の代替・補完性は，図1.8のように各財の可変費用曲線の「転回」のシフトによって捉える。

　生産における財の連関があるケースの利潤最大化行動の分析は，先ほどみた需要における場合とほぼ同様である。すなわち，他の財の生産量を固定して，ある財を1単位追加生産した際の限界収入と，その結果生ずる費用の変化分を比較して，それらが等しくなるところで利益が最大化されるから，今度はとくに費用がどのように変化するかを考えればよい。費用の変化分 VC_1 は，

　　【追加する財の限界費用】＋【影響を受ける他の財の可変費用の変化分】

である。代替的な関係であれば他の財の可変費用は増加し，補完的であれば減少する。したがって，代替的，すなわち他の財の可変費用を増やすような種類の財の生産量は，その効果を考慮しない場合と比較して少なくなり，その結果価格やマークアップ率は高めになる。補完的な場合には，効果がない場合と比

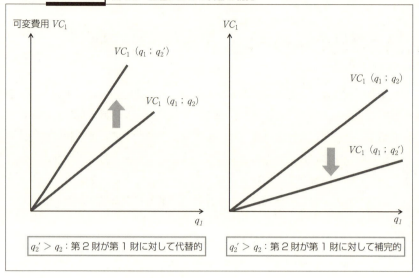

図1.8 生産における代替と補完

較して生産量を増やし、価格とマークアップ率を低めにすることが利潤最大化の条件になる。

生産における学習効果

応用例として、学習効果がある生産についてみてみよう。議論の単純化のため、1種類の財を2期間にわたり生産する企業を考える。財の需要は時間を通じて一定だが、第1期に生産する量を増やすと、慣れや経験、学習を通じて第2期の生産の限界費用を下げるとしよう。ここで、企業が時間を通じてどのように合理的な意思決定を行うかというと、企業が各時点において先を読み、その時点から先に得られる総利潤を最大化するように選択する、と考えることにしよう。実はこのような意味での合理的な意思決定は、以下のように最終期から順に各時点で最適な行動を見出し、時間を「巻き戻す」ことによってみつけることができる（「後ろ向き帰納法」という。第**3**章参照）。ではまず、第2期を考える。第2期で生産を終了する想定なので、当期の利潤を最大化することが合理的であるといえる。つぎに、第1期の合理的行動を考えるのだが、第1期の生産量を増やすと第2期の限界費用が下がり、最大化される第2期の利潤は増えることに着目しよう。つまり、第2期の合理的な行動を織り込んで考えると、

第1期の生産は第2期の生産に補完的となっている。したがって，第1期では補完性による次期利潤への効果を織り込むことから，当期利潤のみを最大化する場合と比べ価格を引き下げ，生産を拡大することが合理的な意思決定となる。つまり，学習効果がある生産については，後の期における費用を削減する効果をねらって早期の生産を増やそうとすることがわかる。

範囲の経済性

生産量の増大が生産性を高めるケースである「規模の経済性」と対比して，生産する財の種類を増やすことが生産性を高めるケースは「範囲の経済性」といい，多種類の財の生産における補完的関係から捉えることができる。具体的には，ある種類の財を生産することを決めた後に，似通った財を生産する費用が下がるような場合である。たとえば自動車生産において，基本モデルの生産体制が整備された後は，色や細部の異なる製品を作る場合には追加的な費用がかかるにしても，基本的な仕様には共通部分が多いので，生産の費用は単独ではじめから作る場合と比較して小さくなる。この効果は，先ほどみた学習や熟練による可変費用の削減だけでなく，共通の生産施設を利用するという形で，固定費用の削減にもつながっている点が重要である。同じような事例は，外食生産企業の多様なメニュー展開などがある。

☆ 注

1 最後の右辺における価格低下率と販売量増加率については，価格は変化後を基準に，販売量は変化前を基準にしている点がちぐはぐである。しかし販売量の追加分である Δy を非常に小さくとると，$(-\Delta p/p')/(\Delta y/y)$ における価格 p と販売量 y の基準値を，変化前，変化後のどちらに合わせてもほぼ同じ値になる（実際，Δy をゼロに近づけていくと，基準を合わせない場合，変化前または変化後のどちらかに基準を合わせる場合の3とおりについて，すべて同じ値に近づく）。よって，Δy を小さく取り，右辺における変数をすべて，変化後を基準にした率に置き換えて議論しても問題はない。

SUMMARY ●まとめ

- [ ] **1** 企業が利潤を最大化する生産量では，その限界費用と限界収入が等しい。ただし，生産のキャパシティの制約にかかる場合，限界費用が限界収入と比較していつでも大きいような場合には注意が必要。
- [ ] **2** 価格決定の面からは，利潤の最大化はマークアップ率と需要の価格弾力性の関係として捉えることができる（ラーナーの公式）。
- [ ] **3** 利潤を最大化するための生産量の決定や価格決定の原理は，市場が独占である場合のみではなく，幅広く適用することが可能である。
- [ ] **4** 多種類の財を生産する企業は，各財の需要や生産における代替性や補完性を考慮して，価格決定を行う必要がある。他の財に対して代替的（補完的）である財に対しては，価格を高く（低く）設定して生産量を減らす（増やす）ことが合理的になる。

EXERCISE ● 練習問題

1-1 需要関数を $D(p)=10-p$，短期の費用関数を $C(y)=F+y^2/2$ として，以下を導出しなさい。なお，キャパシティは十分大きいとする。

(1) 市場価格を $p=5$ から $p'=6$ に変化させる場合の需要の価格弾力性
(2) 逆需要関数 $G(y)$
(3) 限界収入 $MR(y)$
(4) 限界費用 $MC(y)$
(5) 最適生産量 y^* と独占価格 p^*

1-2 まず，需要の価格弾力性の式を $y=D(p)$，$p'=p+\Delta p$ という関係を用いて，

$$-\frac{\Delta y/y}{\Delta p/p'} = \frac{-\Delta y}{\Delta p} \cdot \frac{p'}{y} = -\frac{D(p+\Delta p)-D(p)}{\Delta p} \cdot \frac{p+\Delta p}{D(p)}$$

と書き換えられることに注意する。よって，価格の変化が十分に小さい場合に需要の価格弾力性は，Δp をゼロに近づけることにより $-pD'(p)/D(p)$ で近似でき，ラーナーの公式は，

$$\frac{p-MC}{p} = -\frac{D(p)}{pD'(p)}$$

と書き換えることができる。上記の公式を用いて，問題 **1-1** における利潤最大化価格において，ラーナーの公式が成立していることを確かめなさい。

1-3 以下の状況で独占企業の価格がどのように変化するか理論的に論じなさい。なお，キャパシティは十分大きいとする。
   (1) 限界費用が上昇した
   (2) 固定費用が上昇した
   (3) 需要の価格弾力性が上昇した
   (4) 需要関数が $D(p)=a-bp$ であるとき，a が上昇した

1-4 需要関数を $D(p)=p^{-a}$ とする。
   (1) 需要の価格弾力性を問題 1-2 で与えた式を使って導き，需要の価格弾力性が一定であることを確認しなさい。
   (2) 利潤最大化のためには，$a>1$ でなければならないことを確かめなさい。

1-5 ある自動車会社がこれまでの車種に加えて新しく軽自動車を生産・販売することにした。これまでの車種につける価格はどのような影響を受けるか論じなさい。

CHAPTER

第 2 章

価格差別

分断化された市場での価格決定

VR ZONE SHINJUKU の学割チケット

INTRODUCTION

　前章では企業が1つの財を生産する場合の価格決定の原理を説明し，その原理を複数の種類の財を生産・販売する際にどのように応用すればよいかについても議論した。そこでは，同じ種類の財には同じ価格が付けられるものと想定していた。しかし現実には，同じ財であっても顧客に応じて，あるいは販売単位に応じて異なる単価で販売されるようなケースは頻繁にみられる。たとえば，映画館などで料金が学生やシニアの場合に割引になったり，ある商品を一度にたくさん仕入れるような場合に単価が安くなったりすることがある。本章では，このように同じ財であっても異なる価格を設定する「価格差別」が可能な場合に，企業が利潤を追求するためのさまざまな価格戦略について論じる。

1 価格差別とその条件

価格差別とは

　前章では，異なる種類の財を生産・販売するときにどのように価格を付ければよいのかについて議論したのだが，当然ながら同じ種類の財の価格は販売量によらず一定とした（このことは，「一物一価の法則」と呼ばれる）。しかしながら，同じ財でもその消費による価値は，顧客によって，あるいは消費する単位に応じて異なる場合が多い。たとえば，消費者によって1杯のビールから得られる（お金で測った）満足度はことなるだろう。また同じ消費者でも1杯，2杯と増やしていくと1杯当たりの満足度は下がっていくだろう。したがって，消費者の立場からみると，全く同じ財であっても支払ってもよいと考える金額は状況に応じて異なるといえる。そこで，もし同じ財であっても，購買する顧客ごとあるいは単位ごとに異なる財として扱い，消費者の満足度を反映して異なる価格をなるべく高く付けることができるならば，企業は利益を高められそうである。はたしてそのようなことは実行可能だろうか。

　同じ財を顧客に応じて，あるいは販売単位に応じて異なる単価で販売することを**価格差別**と呼ぶ。異なる価格を付けた財をあたかも別々の財であるとみなせば，価格差別はある意味，前章で議論した複数種類の財の生産・販売と捉えることができる。とはいっても，顧客に応じて，あるいは販売単位に応じて異なる単価での販売を可能にするには，いくつかの条件が必要である。さらにいえば，価格差別を通じて企業の利益を高めるためには，顧客の需要についての情報をよく知り，それを生かす工夫が不可欠である。はじめにこれらについて整理しよう。

価格差別のための条件

《裁定機会の欠如》　序章でも述べたことであるが，価格差別を行うにあたって最も基礎的な条件は，異なる価格で売られている同一種類の財を，消費者が転売することを通じ利益を得る機会がないこと，すなわち裁定機会の欠如である。価格差別を行おうとしても，低単価で購入できる消費者が自らの必要以上に購

入し，高単価を提示されている消費者に安く売って利益を得ることができるなら，結局誰も高い単価で購入することはなく，価格差別は実行できないことになる。

　裁定機会がない状況は，現実に多く観察される。地理的に分断された地域経済の間では，財を転売することに大きな費用がかかるため，転売は起こりにくい。たとえば自動車をある国で買い，別の国で売るのは，よほどの価格差がない限り転売の費用に見合わない。地理的に分断されていなくても，転売する相手をみつけることが困難である（探索費用が大きい）か，相手との取引を成立させるために必要な費用（取引費用）が大きいなら，価格差別は実行可能である。また，消費を十分に管理できる種類の財，すなわち，財を購買した消費者が実際に消費しているかどうかをチェックできるような財ならば，転売を避けることは可能である。たとえば，消費者自身が直接受けるサービス，具体的には映画やアミューズメントパーク，理容，外食，交通などではそのようなチェックが可能であるし，ガス，電気，水道，電話なども，おおむね可能といえるだろう。

《需要に関する情報》　価格差別の本質は，同じ財であっても高い価格を支払ってくれる顧客に対して，できるだけ高い価格を付けることである。したがって，誰が，どのような状況で，同じ財に対してどのような価値をもっているかという情報を詳細に得ることが何よりも重要である。あまり現実的とはいえないが，個人レベルの需要曲線を完全に把握しその情報に基づいて価格差別できれば，非常に高い利益を得ることが可能となる。より現実的には，グループレベルの需要曲線，たとえば，性別，年齢，職業などの属性で仕分けられた需要情報が得られるなら，利益を高めるために価格差別が有効になる。個人やグループの需要を知ることは容易ではないが，市場調査，過去の購買履歴などを通じて何らかの情報を得ることはできるだろうし，たとえば実験的な価格付けを期間限定で行い，そのデータを分析することによって，需要曲線の形状や性質について，より正確な情報を得ることが可能となるだろう。

　価格差別にはその方法や用いる情報の違いによって，第1種（完全価格差別），第2種（スクリーニング），第3種（市場の細分化）という3つの分類がある。以下では，裁定機会の欠如の範囲や需要に関する情報の程度に応じて，これまでの議論と関連付けながら価格差別を論じる都合上，第3種，第1種，第2種の

順番にみていくことにしよう。

市場の細分化（第3種価格差別）

グループ分け可能な市場

価格差別の第1のケースとして，次のような条件が成立する場合を考えてみよう。

① 消費者をはっきりした特性によりグループ分けでき，特性に応じた取引が可能である
② グループ間では裁定の機会がない
③ グループ間で需要曲線が異なる

①の条件は，地理的な特性（販売する国や地域など），あるいは職業，年齢，性別などの特性であれば満たされるだろう。もちろん，証書などを偽造し，特性について虚偽の申告が簡単にできるようならば満たされない。②の条件も先ほどみたように，転売の費用が大きい場合や，映画館での映画鑑賞や交通手段の利用などのように消費自体を顧客ごとに直接管理できる場合なら，問題なく満たされる。

グループ間の裁定機会の欠如から，同じ財の市場がグループによって分断されていると考えることができる。グループ数が2ならば，この状況は企業が<u>2つの異なる財</u>を販売していることと同じである。よって，最適な価格決定については，前章の後半にみた複数種の財の生産・販売と同じ考え方を用いることができる。同一種の財の生産であるから，規模の経済・不経済によって生産費用に補完・代替性が発生する可能性もあるが，仮に需要・生産にグループ間の連関がないならば，単純なラーナーの公式をグループごとに当てはめればよい。すなわち，各市場が独立ならば利潤を最大化する価格は，

$$\frac{p_1 - MC}{p_1} = \left[-\frac{\Delta p_1/p_1}{\Delta q_1/q_1} \right], \quad \frac{p_2 - MC}{p_2} = \left[-\frac{\Delta p_2/p_2}{\Delta q_2/q_2} \right]$$

という条件を満たす。マークアップ率を各グループの需要の価格弾力性の逆数

CHART 図 2.1 第 3 種価格差別

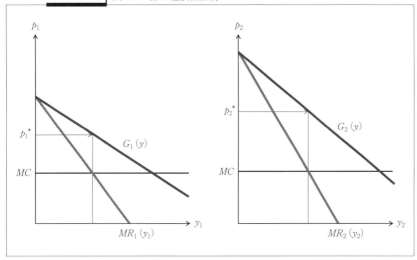

に等しくなるように調整するのが，この場合の最適な価格になる。なお，同一の財を1つの企業が生産しているので，限界費用はどちらのグループでも同じにならなければならないことに注意しよう（図 2.1 も参照）。

このような価格差別が可能であれば，同じ財でも弾力性の高いグループの消費者には低価格，弾力性の低いグループには高価格を付けるのが，利潤最大化の観点から望ましい。弾力性の高いグループの消費者は，価格を下げると購買量が比較的大きく増加するため，この効果を利用して「薄利多売」するメリットが大きくなるが，弾力性の低いグループの消費者は，価格を上げても購買量の減少が比較的小さいので，高いマージンを取るメリットが大きい。これらの効果を最大限に生かした価格付けが，ラーナーの公式による価格である。

このように，消費者のもつはっきりとした特性を利用して市場を細分化（セグメント化）し，分断された市場で異なる価格を付けることを**第 3 種価格差別**と呼ぶ。

第 3 種価格差別の例

第 3 種価格差別の典型的な例は，学割，シニア割である。学生や高齢者（シニア）は一般の社会人と比べて，時間やスケジュールの柔軟性が高いと考えられる。価格が安くなったからといって，急に映画をみにいく予定を組めるよう

な一般の社会人は限られているだろう。すなわち，学生やシニアは価格に対する感応度が大きく，一般の社会人は比較的小さいと考えられる。すなわち，学生やシニアのほうが需要の価格弾力性が高いため，価格を低く付けることは企業にとって合理的である（このように学割やシニア割は企業の合理的な価格付けである程度説明できるが，他の社会的理由から設定されている可能性もあるので注意が必要である）。

また，国際的な自動車メーカーによる自動車の販売価格は，国によってバラツキがみられる。興味深いのは，自動車販売価格のマークアップ率は，各国産の高級車について高くなる傾向があり，国産車に対する忠誠心のようなものが需要の価格弾力性を下げている可能性があることが示唆されている（Verboven, 1996）。

3 完全価格差別（第1種価格差別）

第3種価格差別の考え方を発展させ，究極的には財の市場を顧客ごと，かつ販売単位ごとに別々の「市場」に細分化すれば，企業は利潤を高めることができる。**完全価格差別**（または**第1種価格差別**）と称されるこの「究極」の市場の細分化は現実的でないので，そういった環境下での企業の価格戦略の分析は役に立たないように思うかもしれない。しかし，完全価格差別による価格戦略と，現実によく用いられているいわゆる2部料金制と呼ばれる価格戦略には深い関連があり，この分析により現実の価格戦略に関する興味深い示唆を得ることができる。

完全価格差別の分析のため，次のような条件が成立する状況を考えてみよう。

① 各顧客の需要曲線を企業が完全に把握している
② 顧客間で裁定機会がない
③ 顧客に価格交渉の余地はない

企業の生産する財に対する顧客レベルの需要曲線とは，企業が提示する販売価格のもとで顧客がどれだけ財を購入するかという関係を表す。これまでみて

CHART 図2.2 顧客レベルの階段状の需要曲線

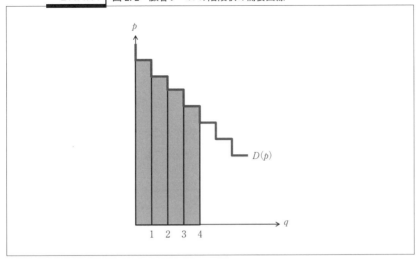

きた市場需要曲線は，顧客レベルの需要曲線を市場に参加している顧客について全部足したものである。議論を単純化するために，この財が量ではなく1単位ごとの数で売買されるとすると，顧客の需要「曲線」は図2.2のような右下がりの階段状のグラフになる。グラフの高さは，1単位ごとにこの顧客が払ってもよいと考える最大の支払額を表していて，貨幣価値で測った**限界効用**，または各単位に対する**支払意思額**と呼ばれる。たとえば，2単位から3単位に購入量を増やす際には，3単位目の支払意思額分までならこの顧客は追加して支払う用意があることがわかる。通常の市場取引ではすべての単位を同じ価格で売買するから，顧客は支払意思額が価格を超えないような単位まで財を購入することになる。

完全価格差別を実行すると，企業は顧客に対して，単位ごとにそれぞれ別々の価格を付けることができる。また，顧客には価格交渉力がないとしているので，<u>企業は単位ごとに支払意思額と等しい価格を付けて，顧客に購入させることができる</u>。では，企業はどこまで顧客に買ってもらえば利潤最大化できるだろうか。各単位を支払意思額に等しい価格で売ると，販売単位ごとの利益は，

【その単位に対する支払意思額】-【限界費用】

である。つまり，支払意思額が限界費用を下回らない限り，企業は販売単位を

3 完全価格差別（第1種価格差別） ● 57

増やすことにより利益を増加させることができる。したがって，階段状の需要曲線のもとでは，「支払意思額が限界費用を下回る直前の単位まで，各単位を支払意思額に等しい価格で販売すること」が完全価格差別による企業の利潤最大化行動になる。

完全価格差別のもとでの利潤最大化行動を取られると，顧客にとって取引からの「利益」は全くないといえる。顧客にとっての単位ごとの取引からの利益は，その支払意思額と実際の支払額との差で表すことができるだろう。たとえば10万円支払う準備のある財を1万円で買うことができれば，9万円分得をしたということができるからである。経済学では，支払意思額と支払額の差を**余剰**と呼ぶ。完全価格差別のもとでは，単位ごとに支払う準備のある金額がすべて価格として徴収されているので，顧客の余剰はゼロになり，取引をすべてキャンセルする場合の余剰と全く変わらない。見方を変えると，完全価格差別は取引利益をすべて企業に与える取引の方法ということができる。

2部料金による第1種価格差別

このような完全価格差別，つまり販売単位ごとに価格を変えるという方法を実際に適用するのは面倒であるし，顧客の反発も買いやすいだろう。そのような販売方法の代わりに，「購買にあたってまず定額料金を徴収し，その後は単位当たり一定価格で販売する」という，2部料金制と呼ばれる方法を用いるのはどうだろう。実は，以下にみるように適切な2部料金を設定すると完全価格差別と同じ結果を得ることができるのである。

まずは2部料金に直面した顧客が，どのように合理的な行動を選ぶのかをみてみよう。顧客の意思決定問題を，定額料金を支払ってから，取引単位を決定するという2段階の問題とみなすと，合理的な顧客は各段階で最適な行動を取っているはずである。つまり，定額料金を支払った後，第2段階で何単位購入するのが合理的か，また，第2段階の合理的な行動を考慮したうえで，はたして定額料金を支払うのは望ましいかを判断すればよい。定額料金を支払った後，財を1単位購入して余剰が増えるのは，支払意思額が価格を上回る場合である（図2.3も参照）。したがって，単価が支払意思額を超えないすべての単位を購入することにより，定額料金支払い後の余剰を最大化することができる。定額料金を支払うのが望ましいか否かは，支払った後の合理的な行動によって得ら

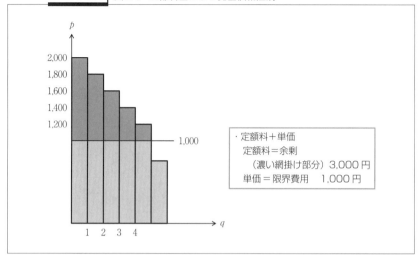

CHART 図2.3 2部料金による完全価格差別

・定額料＋単価
　定額料＝余剰
　　（濃い網掛け部分）3,000円
　単価＝限界費用　1,000円

れる余剰が定額の料金以上か否かで決定される。よって，顧客の合理的な行動は「単価が支払意思額を超えない範囲で買うことにより発生する余剰の総和が，定額料金以上となるならば2部料金のもとで購入する」とまとめることができる。

　2部料金をうまく設定すると，完全価格差別と同じ購買行動・利益の分配を実現できることをみてみよう。それには，単価を限界費用に設定し，購入される各単位から発生する顧客の余剰の総和を定額料金にすればよいのである（図2.3の囲みを参照）。顧客は各単位の支払意思額が限界費用を下回らない範囲で購入し，余剰をすべて企業に渡すことになる。

　「定額料金＋単価」の組み合わせは，現実のビジネスでもよく観察される。倉庫型小売チェーンであるコストコは会員制であり年会費を支払う必要があるが，単位当たり価格が非常に低く設定されている。限界費用を下げるために，大量の仕入れを行って仕入れ価格を下げ，郊外に大きな倉庫型の店舗を構えてその他の費用を下げる工夫を重ねて，他社，他業種からの競争優位に立っていると考えられる。食べ放題・飲み放題の飲食店も，単価をゼロとした2部料金制である。しかし，単価をゼロとするのは利潤を増加させる観点から考えるとあまり合理的ではない。飲食物を提供する際の限界費用（食材費，人件費等）はゼロではないからだ。もし顧客が「自信過剰」で，食べ放題・飲み放題の場合

に自らの利益を見誤って，実際の余剰以上に定額料金を払ってしまう傾向があるか，企業が限界費用を限りなくゼロに近付けられるかのどちらかでなければ，食べ放題・飲み放題の設定は合理的な価格戦略ではないのかもしれない。

ところで近年，単価をおそらく限界費用に近い水準に設定した，合理的な2部料金制を用いたビジネスがみられるようになった。「原価酒場」と呼ばれる居酒屋では入場料を取り，飲食物を原価で販売していると謳っている。「原価焼肉」とよばれる焼肉店は，入場料を取って飲食物を原価で販売するか，入場料なしで通常の販売価格で提供するかを顧客が入店時に選ぶ。非常に興味深い価格戦略だ。もちろん，顧客の需要を完全に知ることの難しさや，顧客の非均一性から，顧客の入場料を完全価格差別と同じ結果を生むようにすることはほぼ不可能である。入場料や年会費を高くすると，入店する客が減り利潤が減少する。また，同じ形式でのビジネスを他社が採択し競合が起きると，入場料の引き下げ競争が起きやすく，このビジネスモデルのメリットが相当小さくなる。本章では他社との競争を考慮しない場合について価格戦略を検討しているので，実際にこの方法を適用する際には注意が必要である。コストコが費用を切り詰めるだけでなく，顧客から徴収する年会費をかなり低めに設定しているのは，競合する他社が同様のビジネスに参入してくるのを阻止するためではないかと考えられる。

4 スクリーニング（第2種価格差別）

企業が各顧客の需要情報を完全に把握し，たとえば顧客ごとの2部料金を設計し需要情報を生かすことができれば，各顧客から利益を最大限取れることをみた。問題は，顧客の需要関数の情報をどのように得るかである。いま，顧客の需要情報が完全には把握されていない場合について考察してみよう。つまり顧客情報が十分でなく，顧客によって市場を分断することに障害が発生している場合である。

では，需要についてわからないことは顧客に直接聞いてみるのはどうだろうか。いや，不利な価格付けをされるから，顧客が自分の支払意思額などの需要情報を正直に話すはずがない，と考えるだろう。確かに，顧客が自分に不利に

なる情報を尋ねられて正直に話す道理はない。ところが，顧客に需要情報を表明させその情報を価格に反映させるという，一見無理難題に思われることも，実はちょっとした工夫によって実現可能である。つまり，顧客が安心して，すなわち顧客に不利にならない形で情報を表明させる方法がある。それは，あらかじめ決めておいた価格付けのメニュー（たとえば，いくつかの異なる定額料金と単価からなる2部料金制のメニュー）を顧客に提示し，そのなかからの選択を通じて情報を表明してもらう，というものだ。選択肢を複数用意し，顧客に選ばせることによって情報を獲得することを，スクリーニング（第2種価格差別）と呼ぶ。スクリーニングは「ふるい分ける」ことを意味する。ただし，スクリーニングを機能させるためには，メニューの選択を通じて顧客が情報を明らかにするインセンティブを，提示するメニューにあらかじめ組み込まなければならない。また，メニューにより需要情報を反映した価格付けが可能になるといっても，情報提供のインセンティブを与えるために発生する追加的費用のため，完全価格差別のように企業側が100%有利になることは困難である点に注意しておこう。

　スクリーニングのための条件は以下のとおりである。

① 各顧客の需要曲線を決定する情報を，顧客のみがもっている
② 顧客間で裁定機会がない
③ 顧客に価格交渉の余地はない

　効果的なスクリーニング方法について，簡単な設定を通じてくわしくみよう。顧客は上客と一般客の2種類とし，上客の需要曲線のグラフが常に一般客のグラフの上方にあるとする（図2.4参照）。すなわち，各単位に対する支払意思額は常に上客のほうが高く，上客はどんな消費量に対しても一般客より高い支払いをする用意がある（それが上客たる所以である）。企業にはある顧客が上客か一般客かを直接区別する手段がないが，上客と一般客がどのくらいの割合でいるかは知っている。これまでと同様，限界費用一定で財を提供できるとしておく。

　ここでは，顧客レベルの需要曲線が階段状ではなく滑らかな曲線の場合を考える。滑らかな需要曲線は，階段状の需要曲線で想定した取引の最小単位を，1単位から0.5単位，0.2単位と徐々に細かくし，階段のギザギザがみえなくな

CHART 図2.4　顧客ごとの需要

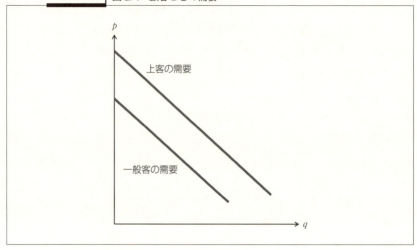

った状態とみなせばよい。階段状の需要曲線と同様に，ある需要量での需要曲線の高さは，その需要量から少量追加する場合に追加分に支払うことのできる最大の単位当たりの価格，すなわちその追加分に対する単位当たりの支払意思額を表す。またある価格で需要曲線に従って財を購入する際，需要曲線と価格，縦軸で囲まれた部分は，消費者の余剰を表す。

まずはあえてスクリーニングしない場合から論じる。企業は次のような単一の2部料金を提示するとしてみよう（図2.5参照）。この2部料金は，一般客のみが顧客である場合の完全価格差別で用いられるものと同じである。

【単価】＝【限界費用】，【定額料金】＝【単価のもとで一般客が得る余剰】

この価格の提示に応じ，一般客も上客もゼロ以上の余剰が得られるため購入する。一般客との取引を通じて発生した余剰はすべて定額料で吸い上げられるので，一般客の余剰はゼロとなる。一方で，上客は一般客よりも支払意思額が高いためにプラスの余剰を得る（図2.5参照）。上記の2部料金では「単価＝限界費用」であり，単価だけをみれば顧客にとって魅力あるプランである。定額料金は一般客にとって損得ゼロになるように設定されており，上客に余剰を残している。

この2部料金を起点に，スクリーニングにより企業の利益を高められるか

CHART 図2.5 単一2部料金

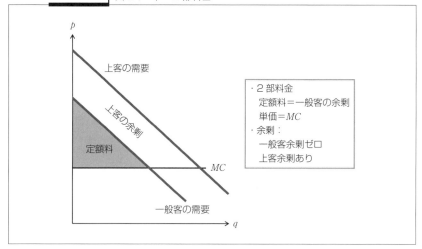

うか考えてみよう。そこで，一般客をターゲットにしたXプランと，上客をターゲットにしたYプランによるメニューを次のように設定する（図2.6参照）。

Xプラン：【単価 (p_X)】＞【限界費用】，【定額料金】＝【単価のもとで一般客が得る余剰】
Yプラン：【単価】＝【限界費用】，【定額料金】＝【X, Yが上客にとり等利益となるような額】

　このメニューを提示された顧客が，意図されたプランを自発的に選ぶことをみよう。まず，一般客はXプランを選ぶと余剰がゼロになり，Yプランを選んでもマイナスの余剰しか得られないため，Xプランを選ぶことを示そう。Xプランを選ぶ場合，最適な購入量は単価p_Xの水平線と需要曲線の交わる点で決まる。定額料を除くと一般客の余剰は図2.6のAで測られるが，定額料が領域Aに等しいので，結局一般客の余剰はゼロになる。Yプランを選ぶ場合，最適な購入量はMCの水平線と需要曲線の交わる点で決まる。この場合の定額料を除いた一般客の余剰は，同じく図2.6の領域A＋Bで測られるが，Yプランの定額料は領域A＋B＋Cなので，領域Cの分だけマイナスとなる。したがって，一般客にとってYプランよりXプランが望ましい（どちらのプランも選ばないなら余剰はゼロなので，Xプランを選ぶことはかまわない）。同様に考えることによって，上客は選んだプランがXプランでもYプランでも，ちょうど図2.6の「上客の余剰」の領域の大きさで測られる余剰を得られることがわか

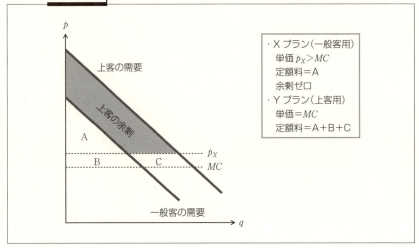

CHART 図2.6 スクリーニング

る。したがって、どちらを選んでも同じなのでYプランを選ぶのは合理的である（なお、Yプランの定額料をほんの少し下げると、上客はYプランをXプランより確実に好むようにできる）。

単一2部料金のケースと比べ企業が得る利益がどのように変わるか、顧客ごとにみてみよう。Xプランを選ぶ一般客から得る定額料Aは、単一2部料金の定額料（図2.6における領域A＋Bに等しい）と比べて領域Bだけ小さくその分だけ利益が減少する。一方、単価 p_X は限界費用 MC よりも高いので、「購入量×（単価−限界費用）」だけ企業は追加の利潤を得る。この追加利潤の大きさは、図2.7で示されているように、図2.6における領域Bから右端の黒い三角形を取り除いた部分と等しい。したがって、定額料の減少と追加利潤を合計すると、利潤の純減がちょうど黒い三角形の部分であることがわかる。一方、Yプランを選ぶ上客は、単一2部料金の場合と単価が同じなので同じ量だけ購入することに注意すると、支払いの差は定額料金のみで、図2.7のCの部分だけ企業の利益が増加していることがわかる。

顧客ごとにみると、一般客からの利益は減少し、上客からの利益は増加するのだから、総効果がプラスになるかは、単価 p_X の設定や上客と一般客の割合による。すなわち、

CHART 図2.7 スクリーニングの効果

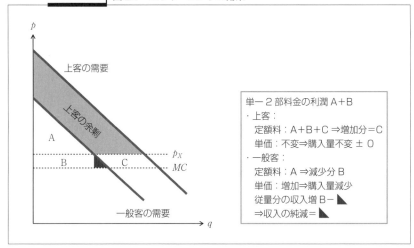

【一般客1人当たりの利益減】×【一般客の割合】＜【上客1人当たりの利益増】×【上客の割合】

$$\Leftrightarrow \frac{\text{【一般客の割合】}}{\text{【上客の割合】}} < \frac{\text{【上客1人当たりの利益増】}}{\text{【一般客1人当たりの利益減】}} \quad (2.1)$$

であれば総効果はプラスになる。ところが（注1で示すように），Xプランの単価 p_X を限界費用 MC に近づけていくと，(2.1) 式の右辺の値をいくらでも大きくすることができるため，左辺がどんな値であっても，総効果がプラスになるようにプランを設計することができる。すなわち，企業の利益を高めるようなスクリーニングの方法が必ずみつかるといえるのである[1]。

これまでの議論をふまえて，スクリーニングのメカニズムを直観的に解釈してみよう。その本質は「損して得とれ」である。一般客向けプランの単価をあえて高くして，プラン自体の魅力を下げると2つの効果を生む。1つ目は，魅力の小さくなったプランを選ぶ一般客からの利益が低下するという効果である（図2.7の黒色三角形）。2つ目は，単価を限界費用に据え置いた，上客向けプランの魅力が相対的に高まることにより，そのプランに対して上客に設定できる定額料金を高められるという効果である（図2.7の領域C）。1つ目の効果は企業にとってマイナスだが，一般向けプランの価格設定を適切に行うことにより，それ以上のプラスの効果を第2の効果を通じて得ることができる，ということ

なのである。

　この議論は，旅客機の座席・サービスのクラス分けについて考えるとわかりやすい。エコノミークラスのサービスの質や快適性を下げると，エコノミークラスの料金をそれなりに下げる必要がある一方で，エコノミークラスを好まない，ファースト・ビジネスクラスを利用する上客に対して，料金を高めることができる。エコノミークラスの質が必ずしも悪いとはいわないが，あえて上位クラスとの格差を広げることによって，上位のクラスを利用する顧客からの支払額を高め，全体の利益を高めることに大きな貢献をしているといえるのである。

　また，インテルは1980年代終盤に486DXというCPUを開発したが，その後486DXをベースにし，あえてコストをかけて機能を制限した486SXを廉価版として製造し販売した。すなわち，性能が低く，低価格で販売されるCPUにかえって高い生産費をかけていたことになる（Frenkel, 1991; Deneckere and McAfee, 1996）。はじめに開発されたCPU（486DX）は高品質であったが，その1種類だけを販売する場合には市場を細分化できず，高品質を要求するユーザーのみを取引相手として高価格で売るか，その他のユーザーも取り込んで比較的低価格で売るかのどちらかにせざるをえない。そこで，あとから一部の機能を無効化することにより，通常版を高価格で，機能を制限したものを低価格で販売することによって顧客のスクリーニングを行っていたと考えられる。このような機能制限によるスクリーニングの他の事例として，ソニーのミニディスク（記憶媒体自体は同じ性能をもつにもかかわらず，録音可能時間をわざと短く制限した廉価版を販売）もある。

☆ 注

1　(2.1) 式の右辺を調べるため，一般客1人当たりの利益減（図2.7の黒色三角形）と上客1人当たりの利益増（図2.7の領域C）を対応する図形の面積で比較しよう。2つの図形の高さは $p_X - MC$ で共通ゆえ，面積比は三角形の底辺と台形Cの「上底＋下底」との比に等しい。いま，単価 p_X を限界費用 MC に近づけてみよう。このとき，黒色三角形の底辺の長さがゼロに近づく一方で，台形Cの「上底＋下底」は「下底×2」の値に近づくことが確認できる。したがって「台形Cの面積/黒色三角形の面積」の分母はゼロ，分子は一定値に近づくため，(2.1) 式の右辺は無限大に向かって大きくなることがわかる。

SUMMARY ●まとめ

☐ 1 価格差別とは，同じ財に対して顧客の属性や販売単位によって異なる価格を付けることをいう。裁定取引の機会がないという条件のもとで価格差別は可能である。

☐ 2 第1種価格差別とは，顧客ごと，取引単位ごとに異なる価格を付けることである。企業は2部料金を用いて，第1種価格差別と同じ利潤を実現することができる。

☐ 3 第2種価格差別とは，複数の料金プランから顧客に自発的に選択させることを通じて，結果的に直接観察できないような顧客の属性にしたがって異なる価格を付けるという，洗練された価格差別である。

☐ 4 第3種価格差別とは，識別可能な属性にしたがって異なる価格を付けることである。

EXERCISE ● 練習問題

2-1 次の価格差別は第1〜3種のどれに当てはまるか論じなさい。また，価格差別を有効にする要因についても述べなさい。
  (1) 価格は店主が顧客ごとに決定
  (2) 自動車の国際価格差
  (3) 旅客機のエコノミークラスの普通料金と格安料金

2-2 第3種価格差別：映画館が映画を上映するにあたり，学生割引をいくらにするか考えよう。上映の限界費用はゼロで，簡単化のため映画館のキャパシティは十分に大きいとする。学生の需要関数は $D^1(p)=1-p$，その他の一般客の需要関数は $D^2(p)=2-p$ とする。
  (1) 価格差別しない場合の利潤最大化価格を導きなさい。
  (2) 価格差別する場合の利潤最大化価格をそれぞれ導きなさい。
  (3) 価格差別によってどの程度利潤が高まるか。

2-3 第2種価格差別：携帯電話のプランを考え，1時間当たり p 円とした場合の携帯サービスへの一般客の利用時間の需要を $D^1(p)=1-p$，上客の需要を $D^2(p)=2-p$ とする。また上客の割合は全体の10%とする。携帯サービスの利用時間に対する限界費用は0.3とする。
  (1) 単一の2部料金を考える。一般客にも上客にも両方販売できるようなもので，利潤を最大化するものを導きなさい。

(2) 本文中のスクリーニングの方法を用いて，単一の 2 部料金よりも利潤が大きくなるようなプランのメニューを 1 つ求めなさい。またそのようなメニューのなかで，利潤を最大化するものを求めなさい。

CHAPTER

第 3 章

垂直的な企業間関係

取引先の行動をいかに制御するか

新聞と販売店

INTRODUCTION

　多くの企業は生産から販売までを一貫して行っているわけではなく，一連の企業から構成される「垂直的」な関係のなかでの分業を担う存在である。垂直的な企業間関係とは，最終消費財を市場に提供するまでの生産・流通・販売の過程において，原材料・中間財・最終消費財が直接取引される企業の連鎖を指している。具体例として，製紙業者と出版社および書店，生産者と卸売業者および小売業者，部品業者と自動車生産業者および自動車のディーラーの関係などを挙げることができる。本章では，垂直的企業間関係に起因する生産や取引のムダや歪みの原因を調べ，どのような対策によって問題を軽減できるかについて論じる。

1 垂直的な企業間関係の問題

垂直的な企業間関係では，生産者と販売者の間，販売者と消費者の間の取引というように，段階的・階層的な取引が行われる（図3.1参照）。各企業がそれぞれの業務に特化することから，分業の利益が生じ効率的な生産・販売活動が促進されるというメリットがある一方で，このような関係のもとでは，複数の意思決定者が介在することによる歪みも発生しやすい。というのは，各企業の意思決定において自社の利潤最大化を目的とした場合，関係企業の利益を十分に考慮しないため，他企業の不利益になる行動を取りがちで，関係企業全体でみた場合の利潤が最大化されるという意味での全体最適にならないからである。

垂直的な企業間関係のもとで，財が最終消費者に届くまでの間に，各企業はそれぞれの段階における価格や販売量の決定，その他生産物の質や費用に影響を与える行動を選択している。このような状況を分析・評価するためには，段階的な意思決定の問題に直面している企業の合理的行動を的確に捉える必要がある。そこで，複数の意思決定者（プレーヤー）が，段階的にどのように意思決定を行うかを論じる手段として有用な，ゲーム理論の**展開型ゲーム**という分析アプローチを用いることにしよう。展開型ゲームにおける合理的行動とは，各プレーヤーが先を読んだうえで行動を選ぶこと，すなわち，自分の行動に他のプレーヤーがどのように応じるかを予測・考慮して，意思決定を行うことである。まず次節では，展開型ゲームについて簡単に解説する。

2 展開型ゲームと後ろ向き帰納法

複数のプレーヤーがあらかじめ決まった順序に従って意思決定を行うような状況を考えよう。展開型ゲームとは，各プレーヤーの選択を通じてゲームがどのように進展し，最終的に各プレーヤーがどのような利得を得るかを，樹形図（「ゲームの木」と呼ばれる）を用いて表したものである。

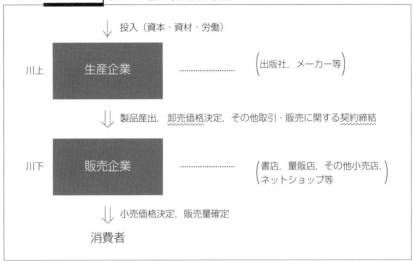

CHART 図 3.1 垂直的な企業間関係

展開型ゲームの記述

　最もシンプルな形の垂直的企業間関係を，展開型ゲームで表現してみよう。いま，財を生産する企業と販売する企業が各 1 社あり，それぞれが独占的に生産・販売を行っているとする。生産企業は卸売価格を決め，販売企業による仕入れ数量の注文に応じて生産する。販売企業は卸売価格をみた後，仕入れ数量を決め，また最終消費者のいる市場での販売価格を設定し，販売する。ここでは，販売企業は仕入れた財を加工することなしにそのまま販売し，販売促進などの業務はしばらくの間は考慮しないことにする。販売価格と販売量の関係はこれまでと同様，需要関数によって表されている。ゲームの木を用いてこの状況を表せば，図 3.2 のようになる。

　図 3.2 では，議論の単純化のために，それぞれが付ける価格が 2 とおり（高価格，低価格）に限定されている。各プレーヤーが行動を選ぶ機会はゲームの木の枝分かれによって表現される。なお，仕入れ数量は販売量と等しくなるため，販売企業が決めるのは販売価格のみとしてよい。というのは，仕入れた財を売り残すことは利益にならないし，仕入れた財以上に売ることもできないので，「仕入れ数量＝販売量」であり，かつ，市場の需要関数によって販売量と

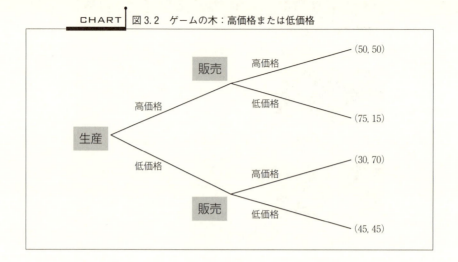

図 3.2 ゲームの木：高価格または低価格

販売価格は対応しているからである。さて，販売価格によって取引量が決まり，販売価格と卸売価格の組み合わせによって各企業への収入が決まる。各企業の収入からそれぞれが負担する費用を引けば，卸売・販売価格の組み合わせに応じた各企業の利潤がわかる。ゲームの木の右端にある数字の組み合わせは，生産企業と販売企業が選んだ価格に応じて，生産企業と販売企業が得られる利潤を表している。

ここで展開型ゲームの構成要素の名前を定義しておく。ゲームの木において最初に枝分かれする点はゲームが開始する点を表しているが，これを初期点と呼ぶ。初期点を含む，枝分かれの起きる各点は意思決定の機会を表していて，手番と呼ぶ。手番では，意思決定を行うプレーヤーと，その点で選択可能な行動が決まっている。終点に達するまで，行動の選択によって枝分かれをたどるが，各終点ではプレーヤーの損得を表す利得が定まっている。

合理的な行動——後ろ向き帰納法

展開型ゲームにおける合理的な行動の特徴は，過去と未来を適切に考慮する点である。すなわち，プレーヤーが手番を迎えると，その手番に至る経緯をふまえ，かつ後のプレーヤーの行動を合理的に予想して，自らの利得が結果的に最大となるよう行動を選択する。他のプレーヤーの行動を適切に読むための前提として，プレーヤーがすべて合理的であるとし，そのことをプレーヤー同士

が理解しているとしよう。このような状況では，手番が最終となるプレーヤーの行動から合理的な行動を考え，順々に巻き戻して解いていく。このような方法を**後ろ向き帰納法**，または**巻き戻し戦略**と呼ぶ。

　最終手番のプレーヤーは，行動を取るとゲームが必ず終了するので，他のプレーヤーの行動を考慮する必要がない。したがって，自らの利得を最大にする合理的な行動を容易に選ぶことができる（利得が同じ複数の選択がある場合，そのなかから1つを選ぶ）。このような「最終の手番」はそれまでに起きた経緯に依存して，たくさんの可能性があるという点には注意しておこう。これらはすべて実現するわけではないが，起こりうる行動の機会と考えなければならない。

　つぎに，最終の手番の1つ前の手番で意思決定を行うプレーヤーに着目する。このプレーヤーが行動を選んだ後，最終手番のプレーヤーの行動が残されているが，そのプレーヤーの合理的な行動が何かはすでにみたとおりである。もちろん，それを正しく予測するために，最終手番のプレーヤーの利得の構造を知っていることは前提となっている。最終手番のプレーヤーの合理的な行動を織り込むことによって，1つ手前の手番のプレーヤーは自らの選択の最終的な結果がどうなるかわかり，どの行動が合理的か判断することができる。このプロセスを繰り返すと，各手番での合理的な選択が何かを決定することが可能となり，いずれゲームの初期点に到達する。このような「後ろ向き帰納法」によって，展開型ゲームの合理的な行動を確定することができる。

　図3.2の例を使って，具体的にゲームの後ろ向き帰納法の解を求めてみよう。まず，図3.3の上側に注目して，販売企業の合理的な行動を導こう。生産企業が高価格をとった場合，販売企業が引き続き高価格なら利得は50，低価格なら15であるので販売企業は高価格を選択する。同様にして，生産企業が低価格をとった場合，販売企業が高価格なら利得は70，低価格なら利得は45であるので，販売企業は高価格を選択する。さて，意思決定を行う最終のプレーヤーの合理的な選択がすべて特定されたので，1つ戻って生産企業の行動を考えよう（図3.3の下側参照）。販売企業がいずれの手番においても高価格を選択することを織り込んで考えると，生産企業が高価格を選択した場合の利得は50，低価格を選択した場合の利得は30になる。したがって，生産企業の合理的な行動は高価格を選択することになる。つまり，後ろ向き帰納法の結果は，生産企業が高い卸売価格を選択し，販売企業も高い販売価格を選択することである。

2　展開型ゲームと後ろ向き帰納法　● 73

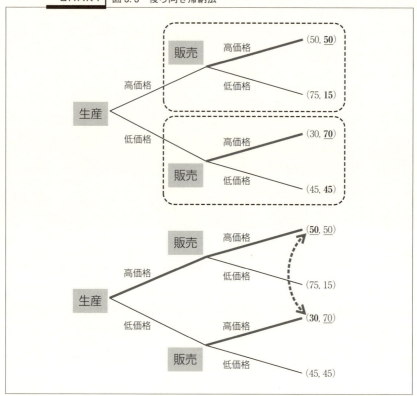

CHART 図3.3 後ろ向き帰納法

3 垂直的な企業間関係における意思決定の歪み(1)
▶▶二重限界化による価格の歪み

　一連の生産・流通・販売のプロセスにおいて，それらを分担する複数の企業が介在すると，各企業の個別の合理的な意思決定が必ずしも垂直的関係企業全体の利潤最大化を達成しないという意味で，意思決定の歪みが発生しやすい。一方，企業が統合され一連のプロセスが一企業の内部で行われる場合は，生産・流通・販売の各部門の行動を全体最適の観点から調整可能なため，歪みが発生しにくい。垂直的関係における意思決定の歪みとして最も典型的なのは，意思決定が階層化することによる，いわゆる**二重限界化**の問題である。二重限

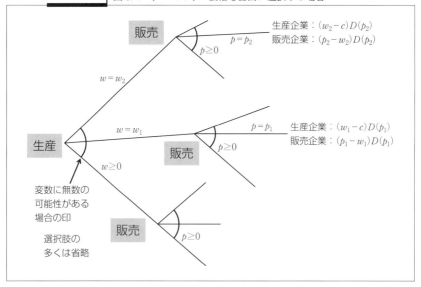

CHART 図3.4 ゲームの木：価格を自由に選択する場合

界化とは，各階層がそれぞれ独立した企業として利潤最大化を行うことから，「限界収入＝限界費用」という条件が多重化される状況を指す。本節では，垂直的な企業間関係のゲームを定式化して，二重限界化の起こるメカニズムを分析する。

垂直的な企業間関係のゲーム —— 価格の選択肢が無数にある場合

垂直的な関係のある生産企業と販売企業の意思決定を分析するために，前節で用いたシンプルな形の垂直的企業間関係のゲームを以下のように拡張することにしよう。とはいっても，生産企業，販売企業が設定できる価格が，高価格・低価格の2つではなく，ゼロ以上の価格を自由に選んでよいということを除き，すべて元のゲームと同じ想定を考える。図3.4は，垂直的な関係においてそれぞれの企業が選べる価格を，ゼロ以上なら自由に設定できる状況を表したゲームの木である。価格の選択肢が無数にあるのだが，それを樹形図に書くことは不可能である。そこで，意思決定の機会を表す枝分かれの点に扇形の印をつけて枝分かれの可能性が無限に多くあることを示し，枝分かれの大部分を省略する。このようなゲームにおいては，たくさんの枝分かれが隠れている点に注意する。

後ろ向き帰納法の適用

このゲームにおける合理的な意思決定を，後ろ向き帰納法で求めよう。まず販売企業の合理的な行動を考えるために，販売企業の収入と費用がどのように決まるかみていこう。収入は第1章の独占の場合と同じで，販売価格にその価格で販売できる需要量をかけたものである。販売の費用は単純に仕入れの総額と考えているので，固定費用がゼロで限界費用は卸売価格に等しい。卸売価格を w と書くことにしよう。第1章でみたように，利潤を最大化する企業は限界費用と限界収入を均等にするように価格ないしは取引量を決定する。限界収入の導出は第1章と全く同じである。すなわち，

【販売の限界費用（$=w$）】=【販売の限界収入】

となるよう販売量を決定し，需要関数から販売価格を導く。ただし，販売企業は生産企業が設定する卸売価格に応じて，異なる販売価格を設定できるという点に注意する。これは，価格を高価格と低価格の2つに制限した例において，卸売価格に応じて販売企業が別々の価格を設定可能であったことに対応している（図3.5）。

生産企業の合理的な卸売価格の決定も，「限界収入＝限界費用」の原理を用いて考える。ただし，生産企業は消費者の需要 $D(p)$ に直面しているのではないために，その限界収入を導く際には注意しよう。そこで，生産企業にとっての需要関数，すなわち卸売価格 w を設定するときに，どのくらいの数量を販売企業に仕入れてもらえるかを考える。これは，卸売価格 w のときに，販売企業の利潤最大化条件（$MR=MC=w$）によって求められる仕入れ数量であり，$y(w)$ と表される。生産企業にとっての限界収入は，この「需要関数 $y(w)$」から導出されるものである。一方，生産企業の限界費用 MC は，生産企業の費用関数からすでに決まっている。したがって，生産企業が選ぶ合理的な取引量は，このようにして得られた，

【生産の限界費用】=【生産の限界収入】

という条件により決定される。すなわち，後ろ向き帰納法の結果は，生産企業と販売企業がそれぞれ，対応する $MR=MC$ の条件を満たすような価格を選ぶ

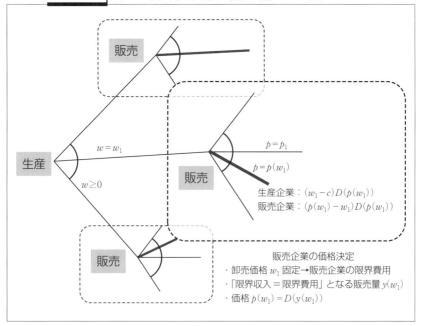

図3.5 後ろ向き帰納法：価格の制限がない場合

ことである。

二重限界化

では，生産企業と販売企業の選ぶ取引量が，2つの企業の利潤の総和を最大化しないという点を確認してみよう。企業が統合されているときの利潤最大化は，2つの企業の利潤の総和を最大化していることと同じとみなせることに注意しよう。いま，生産企業の限界費用はcで表すとすると，統合された企業は，

$$【販売の限界収入】=【生産の限界費用(=c)】$$

という条件を満たすように生産量と対応する価格を決定する（図3.6の左側参照）。

つぎに，垂直的な関係のもとでの生産企業と販売企業の意思決定を考察しよう。図3.6の右側の図にある販売企業の限界収入曲線$MR_1(y)$は，左側の図にある統合企業の$MR(y)$と同じものであるが，重要なのは，限界収入曲線$MR_1(y)$と生産企業にとっての需要曲線$y(w)$は同一視できるという事実であ

3 垂直的な企業間関係における意思決定の歪み(1) ● 77

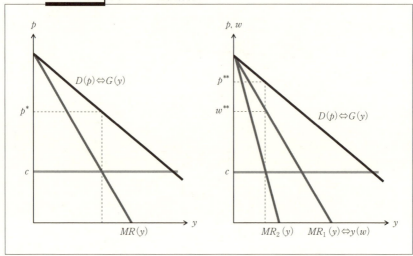

CHART 図3.6 二重限界化

る。というのも，販売企業の利潤最大化の議論でみたように，条件 $MR_1(y) = w$ によって仕入れ数量 $y(w)$ が決定されるため，あたかもこれが生産企業にとっての需要曲線と考えてよいからである。この需要曲線 $y(w)$ から導かれる，生産企業にとっての限界収入曲線 $MR_2(y)$ は需要曲線 $y(w)$ よりも必ず下側にくる。そうすると図3.6の右側の図が示すように，生産企業の利潤最大化条件 $MR_2(y) = c$ となる生産量は，統合された企業が利潤を最大化する点 $MR(y) = MR_1(y) = c$ となる生産量よりも，小さくなることがわかる。すなわち，垂直的な関係のもとにある企業は，全体の利潤を最大化するような取引量，つまり企業が統合された場合に選ぶ取引量よりも少ない取引量を選択する，ということである。このように，当事者全体にとって望ましい意思決定から乖離(かいり)する問題の原因は，$MR = MC$ に相当する条件が重層化することであることがわかる。これが二重限界化の問題である。

二重限界化の問題は，第1章5節で登場した外部効果の議論から捉え直すことができる。生産企業の卸売価格の決定は，最終的に販売企業の利潤の大きさを左右するが，生産企業が意思決定するにあたっては，販売企業の利潤を考慮していない。もし，卸売価格を生産の限界費用に等しくし，最終的な取引量を大きくするならば，販売企業は高い利潤を上げることができるが，生産企業の利潤はゼロになる。一方，卸売価格を上げ取引量を小さくするなら，販売企

業の利潤は下がっていくが生産企業の利潤はプラスになる。つまり，生産企業の取引量は販売企業に正の外部効果をもたらしている。生産企業はこの効果を考慮せず，自らの利潤を最大化するので，取引量を増やすよう卸売価格を下げるインセンティブが低い。つまり，統合された企業の意思決定と比較すると，生産企業が過小な取引を誘発し，販売価格が上昇すると結論できる。

二重限界化の解消や軽減

　垂直的関係にある企業は個別に意思決定することによって二重限界化が発生し，生産と販売が統合された1つの企業として意思決定していれば獲得できたはずの利潤を，全体としては逃してしまっている。ではどのようにすれば，各企業が関係企業全体の利潤を低下させるような行動を取らないようにコントロールできるだろうか。本節では，二重限界化の解決策・軽減策を説明しよう。

2部料金による二重限界化の解消

　最も単純にしてかつ強力な方法は，前章で論じた2部料金制を利用することである。生産企業と販売企業で，次のような取引契約を結ぶとしよう。

　　2部料金契約：販売企業は，取引量にかかわらず定額料金 F を支払い，取引量に応じて「取引量×単価 w」を生産企業に支払う。単価 w は生産の限界費用 c とする。

　販売企業が「取引量＝販売量」を決定するにあたっては，「販売の MR ＝販売の MC」の条件を満たすようにするのであった。したがって，上記の2部料金契約を結ぶなら「販売の MC ＝単価 w ＝生産の MC」となり，垂直的関係企業の全体最適の条件が満たされることがわかる。なおこのように，2部料金制を用いれば，二重限界化の問題を回避することが可能である。定額料金の F は，販売企業と生産企業が利益を分配するために適切に設定すればよい。
　2部料金の設定をきちんと考慮した展開型ゲームを考え，プレーヤーの合理的な行動から上述の2部料金が選ばれることを示そう（図3.7参照）。そのため

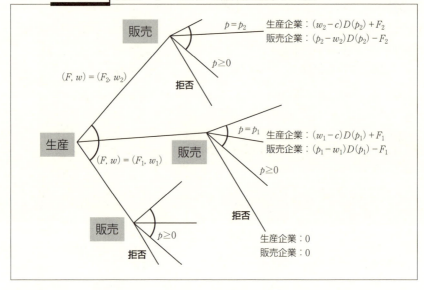

CHART 図3.7 ゲームの木：2部料金を提示する場合

　に第②節でみた生産企業の選択を，単なる卸売価格 w の設定から，2部料金の設定に変更する。すなわち，生産企業はさまざまな形の2部料金を自由に設定可能とし，販売企業側は，提示された2部料金を拒否するか，受諾して販売するかを選ぶ。販売企業は，2部料金 (F, w) を提示されると，$MR = MC = w$ の条件によって最大化される利潤を求め，定額料金も考慮したうえで利潤がゼロ以上であれば契約を受け入れる。

　生産企業の2部料金の選択 (F, w) は卸売価格のみを決める場合と比べて複雑にみえるが，生産企業の利潤を最大化する2部料金は，比較的簡単にみつかる。まず，生産企業は定額料金 F を設定するにあたり，販売企業の得る利潤がゼロ以上になる範囲にする必要がある。そうすると，単価 w の水準に応じて，販売企業の利潤がゼロとなるまで，定額料金 F を上げるのが生産企業にとって望ましい。

　そのように定額料金を決めるなら，販売企業の利潤はゼロになり，生産企業の利潤が統合された企業の利潤と等しくなる。よって，統合された企業の利潤を最大化するように単価 w を決めればよい。本項の初めでも確認したように，単価 w を生産の限界費用 c と等しくすれば，統合された企業の利潤が最大化されるのであった。したがって，生産企業の利潤を最大化する2部料金とは，

卸売価格 $w=c$，定額料金 F を販売企業の利潤がゼロとなる水準に設定することである。

　後ろ向き帰納法の解において「定額料金 F =販売企業の利潤がゼロとなる水準」となる理由は，販売企業が2部料金を拒否すると事業は休止し利潤ゼロとなると想定しているからである。仮に販売企業に従事可能な次善のビジネスの機会があり，そこから正の利潤を得られるならば結論は異なる。次善の機会からの利潤未満しか得られないような2部料金は拒否し，次善のビジネスに従事するのが合理的になるからだ。このケースの後ろ向き帰納法の解は，卸売単価はそのままで（全体利潤の最大化），販売企業に次善の機会の利潤以上を保証するために，定額料金 F を「統合された企業の利潤 − 次善の機会の利潤」に調整したものである。

　2部料金制は，流通におけるフランチャイズ契約のロイヤリティ，すなわち加盟利用料と関連がある。ロイヤリティには定額制や売上または収益の一定割合を徴収するといったさまざまな形があるのだが，とくに定額制に着目すると，2部料金制の利点を一部活用していると考えられるだろう。定額料金 F を親会社が徴収し，卸売価格を限界費用に近く設定することによって二重限界化の歪みを回避・緩和可能だからである。ただし，フランチャイズ，すなわち加盟店方式のビジネスにおける二重限界化の問題がどの程度大きいかについては，事業の性質に依存する。そもそも，本部が価格を決め，加盟店が価格を自由に決められないようなものならば，以下で述べるような再販価格維持が行われていると考えられ，二重限界化の問題は発生しないからである。本項でみた2部料金は，垂直的な企業（下流）の行動を<u>卸売価格・定額料金の契約のみ</u>でコントロールするための手段，と理解することが重要である。

企業の統合，プライベート・ブランドによる二重限界化の解消

　いま，生産，販売（または小売）のほかに，卸売という中間業者が介在するような垂直的な企業間関係を考えてみよう。このような状況では，階層が2つから3つに増えていることから，前節でみた二重限界化の問題がより深刻になることがわかる。このような多重限界化の問題を軽減するには，階層を減らすことができればよいだろう。そこで，大手のコンビニエンス・ストアやスーパーなどで，プライベート・ブランド（PB）の商品を販売するような，販売側か

らの開発・委託によって卸売業の介入を阻止することを考えると，垂直的な企業間関係における階層を減らすという意味で効果があることがわかるだろう。

　実は，このような手段がもつ効果は階層を減らすことによるものにとどまらないことをみてみよう。まず，商品の差別化による需要を高める効果（第 **6** 章を参照），規模の経済性による費用を削減する効果が認められるだろう。それに加えて，PB のようなケースでは販売企業が生産企業に対して交渉力をもち，仕入れ価格（前節での卸売価格）を抑えられる可能性に着目してみよう。前節で説明したように，2 階層の垂直的な企業間関係から発生する二重限界化の本質は，生産企業が仕入れ価格（前節での卸売価格 w）を高く設定することにあり，生産企業が仕入れ価格を生産企業の限界費用まで引き下げられれば，問題は解消されるのであった。したがって，PB のようなケースでは仕入れ価格を抑えられることにより，二重限界化の問題が前節で考えた状況と比べても緩和されていることがわかる。

再販価格維持による二重限界化の解消

　つぎに，契約によって販売価格を固定化することによって二重限界化を回避できることをみよう。次のような契約により販売価格を拘束することを「再販価格維持」と呼ぶ。

> 再販価格維持契約：販売企業は卸売価格 w で財を任意の数量購入することができる。ただし，販売企業は消費者に対し価格 p で販売しなければならない。

　ここで，販売価格 p を，販売と生産が統合した場合に利潤最大化する価格（すなわち，卸売価格が生産の限界費用 c に等しいときに，販売企業の利潤が最大化するような価格）に設定する。一方，卸売価格 w は「生産の限界費用 $(c) < w \leq p$」の範囲から選ばれるとする。

　上記の再販価格維持契約が歪みを解消する点をみよう。契約が実行されるなら，販売企業は価格 p で販売する。価格 p の定義から，全体の利潤が最大化されるような販売量 $D(p)$ を実現するため，二重限界化による過少生産は必ず解消されることがわかる。残された問題は，契約が締結されるかどうかである。

各々の企業は，契約を締結しない場合と比べて同等以上の利潤が得られる場合に限り契約を締結するとし，いま，契約を締結していない場合に得られる各々の企業の利潤をゼロとしよう。生産企業と販売企業は，契約に従うと単位当たりそれぞれ $w-c$，$p-w$ のマージンを得られるから，卸売価格 w が $c \leq w \leq p$ の範囲にある場合にはマージンは必ずゼロ以上となり，契約を締結することがわかる。

　2部料金制の場合と同じように，生産企業が一方的に再販価格維持契約を提示することができる場合を考えよう。後ろ向き帰納法による解の導出は，生産企業が2部料金を提示する場合と同様なので，くわしい説明は省略するが，結果として卸売価格は販売価格と同じになり，生産企業がすべての余剰を取ることになる。これは販売企業が契約を締結しない場合の利潤をゼロとしているためだが，販売企業が契約を締結せず，次善のビジネス機会に従事する場合の利潤はプラスである場合がある。このような場合，後ろ向き帰納法の解から導かれる卸売価格は，販売企業が受諾した際に得られる利潤が次善のビジネス機会の利潤と等しくなるように調整されることになる。

　再販価格維持は，日本国内では独占禁止法により原則禁止されており，例外的に，書籍，雑誌，新聞，音楽ソフトなどについて許可されている。また国によって，再販価格維持が許可されている財の範囲や維持の程度が異なるが，現状では再販価格維持契約を垂直的な企業間関係のなかで結ぶことは原則違法であるといってよい。その根拠として挙げられるのは，再販価格維持を用いる企業談合が，社会的な問題を引き起こすというものである。いま，垂直的な企業間関係にある生産企業と販売企業の組み合わせが複数あり，各々の最終消費財は市場で競合していると考えよう。販売企業が最終消費財の市場で自由に競争するなら，販売価格は引き下げられなければならない（企業の価格競争については第 **4** 章でくわしく説明する）。垂直的関係にある販売企業に有利に競争してもらうためには，生産企業は卸売価格を引き下げる必要が生じ，結果的に低い利潤を得ることになる。そこで，企業が談合を通じて次のような合意を形成すると，最終消費財の市場での競争が回避されることがわかる。それは，すべての垂直的関係において販売価格を高めに設定した再販価格維持を行う，というものである。このような談合によって当事者企業の利潤が高くなる一方で，消費者利益が著しく低下することによる社会的な問題が発生するのである（第 **5** 章

を参照)。

5 垂直的な企業間関係における意思決定の歪み(2)
▶販売企業の品質管理や販売促進努力のインセンティブ低下

販売促進努力のインセンティブ

　垂直的な企業間関係のもとで発生しうる意思決定の歪みは，価格決定における二重限界化にとどまらない。いま，財の需要を決める要素が販売価格だけでなく，売上を上げるためのさまざまな**販売促進努力**も含まれるとしよう。たとえば，財の品質管理，販売企業が行う広告，財の効果的な展示，財の特性の説明をする販売員の配備といった行為を挙げることができる。では，これまで取り扱った垂直的な関係における価格決定に加えて，販売企業に販売促進努力の決定を任せた場合，販売企業が努力を歪みなく適切に行使できるだろうか。結論からいえば，販売促進の努力のインセンティブは関係企業全体にとって最適な水準と比べて低下する。というのは，価格決定における二重限界化と同様に，販売企業による販売促進努力の便益の一部が，生産企業に横取りされてしまうことによりインセンティブが低下するからである。本稿では，垂直的な関係のもとでの販売促進努力のインセンティブについて分析してみよう。

　販売企業が販売促進努力を行使すると，消費者の最終消費財の需要が高まり，販売収入が増えることからの便益が発生する。一方で，販売促進努力の行使には費用がかかるため，最適な販売促進努力の水準は，努力による便益から費用を差し引いたものを最大化するものである。仮に企業が統合されているならば，販売促進努力による便益と費用を適切に考慮するために，最適な水準の販売促進努力が選択される。すなわち，販売促進努力の水準を高めることからの便益は，関係企業全体で，

$$【販売価格 - 生産の限界費用】×【努力水準上昇による需要増】$$

であり，統合されている企業はこの便益と，努力水準上昇による費用の増分を正しく考慮して，最適な努力水準を選択するのである。ただし，最適な努力水準を定義するためには，上の式の「販売価格」は二重限界化の影響を受けない，

歪みのない価格でなければならないことに注意する。

一方，垂直的な企業間関係において，販売促進努力を高めることから得られる販売企業の便益は，

【販売価格－卸売価格】×【努力水準上昇による需要増】

となることに着目しよう。関係企業全体で得られる便益と比較すると，

【卸売価格－生産の限界費用】×【努力水準上昇による需要増】

の分だけ，便益が生産企業に取られていることがわかる。もちろん，卸売価格が生産の限界費用と一致すれば，販売企業が努力の便益をすべて受け取ることになるが，生産企業が卸売価格を生産の限界費用と等しくすることは，利潤がゼロになるのでありえない。さらにいえば，販売価格も二重限界化により歪みのない水準と比べて小さくなる。したがって，販売企業が得る努力による便益は，統合された企業が得る便益と比較してより小さくなり，努力を行使するインセンティブが低下し，選択される努力水準は過少になることがわかる。

販売促進努力の歪みに対する解決策

前項で分析した品質管理または販売促進努力の歪みの問題に対して，解決策を考えよう。二重限界化で用いた解決策が適用できるかというと，2部料金はOKだが再販価格維持はNGである。この点をくわしくみてみよう。

2部料金については，二重限界化の場合と同様に考える。まず，単価を生産の限界費用に等しくする。定額料金については，販売企業が2部料金によって得られる利潤と，販売企業が2部料金を拒否した場合に得られる次善の機会からの利潤が等しくなるように調整する（定額料金に販売促進努力の費用は含まれる）。このような2部料金が販売促進努力の歪みを解消することを説明しよう。これまで何度もみてきたことであるが，定額料金は取引量の選択に直接の影響を及ぼさないのであった。一方，「単価＝生産の限界費用」という設定から，販売企業は統合された企業と同じように販売量や販売促進努力を選択するインセンティブをもち，結果として歪みのない意思決定を行うことにより，全体利潤を最大化することがわかる。

つぎに，二重限界化の場合とは異なり，再販価格維持が意思決定の歪みの修

正には十分でないことを説明しよう。二重限界化の場合と同様に考えて，再販価格を統合された企業が合理的に付ける販売価格としてみよう。もし生産企業が卸売価格 w を生産の限界費用に等しくするならば，販売企業は統合された企業と全く同じインセンティブをもつことになり，歪みのない取引量と販売促進努力を選択できる。しかし，これでは生産企業の利潤がゼロになってしまうため，生産企業は卸売価格を生産の限界費用を超える水準に設定することになる。したがって，販売促進努力の便益の一部が生産企業に横取りされることになるため，努力のインセンティブが低下することがわかる。もちろん，再販価格をさらに高めるなら，販売企業が得る努力による便益が上昇し，努力のインセンティブを高めることはできる。しかしこの場合には，価格決定に歪みが発生することになる。いずれにせよ，販売価格を拘束することによって，努力による便益は向上するかもしれないが，価格決定と販売促進努力の歪みを同時に解消することはできないのである。

販売促進努力のただ乗り

販売促進努力のインセンティブ低下の問題は，前項までにみた垂直的な関係によって引き起こされるものだけではない。たとえば，同じブランドの商品を複数の販売企業が販売する「ブランド内競争」と呼ばれる状況では，ある企業の販売促進努力が他の販売企業にただ乗りされるという懸念から，努力のインセンティブが低下するという問題が発生する。本項ではこの点を説明しよう。これまで生産企業に対して販売企業が1つであるケースをみてきたが，ここでは販売企業ないしは独立した営業店が複数あるケースを考える。典型的なイメージとして，家電製造企業と家電販売，出版社と書店などを想定するとよいだろう。

販売促進の努力のなかには，商品の説明，機能や内容のデモンストレーション（書籍の立ち読みを含む）など，消費者の購買を促進するために大きな役割を果たすものがある。このようなサービスの提供は，消費者が財を購入する前に行われるが，サービスを受けた後に，サービスの提供者から購入しなければいけないという縛りはない。このような場合には，消費者としては販売促進の努力によるサービスを受け，購入すると決めたなら最も安く販売する店で購入したいと考えるはずである。

すぐにわかるように，このような状況ではサービスを提供するインセンティブがなくなる。販売企業の努力行使のインセンティブを考えてみよう。自分のところでそのような販売促進のサービスを提供しても，結局価格の低い店に顧客を取られてしまうのであれば，努力が無駄になる。一方で，サービスを提供しなくても，他の販売企業のサービスを受けた顧客を価格競争を通じて自社に引き寄せることが可能なら，他社の販売促進努力にただ乗りし，価格を下げて顧客を引き寄せることが有効である。したがって，こういった状況においては企業が販売促進の努力を行使するインセンティブはなく，誰もが他の販売店のサービスにただ乗りしようとして，努力水準は最低になることがわかる。

インセンティブの低下ないし欠如は，垂直的な関係企業全体の利益の観点から歪みがあるために改善が必要である。努力のインセンティブを高めるための障害となっているものは，サービスを提供した後に，顧客を奪い合うことが可能であるという事実である。したがって，サービス提供後の価格競争を制限ないし無効化するような手段があれば，状況を改善することができるだろう。そのような手段として次の3つが考えられる。

第1に，再販価格維持を用いることである。再販価格維持によって販売価格を固定すると，サービス提供後の価格競争による顧客奪取はできない。第2に，顧客が別の販売企業から購入する費用を高め，実質的に不可能とするために，販売企業を地域ごとに1社に限定することが考えられる（テリトリー制という）。顧客は他の地域にある販売企業から買うことはできるとしても，地域をまたいで購入することのコストを考えると，多少の価格差があっても購入しない。したがって，販売企業は価格を下げて顧客を奪い合う必要がなくなるのである。第3に，生産企業が販売企業を統合し，すべて直営店によって販売するなら，販売企業による顧客獲得のための価格競争はそもそも発生しない。

ただし，現実には，上記の方法には法律上あるいは経済性の問題が伴う点を注意しておこう。まず再販価格維持であるが，前節で説明したとおり，適用できる財は競争法でかなり限定されている点が問題である。またテリトリー制や直営を採択する場合には，販路が限られる可能性が高く，十分に顧客をカバーできないことによって損失が発生するかもしれない。

販売促進努力を高めるために現実にとられている他の方法として，次のような興味深いものがある。たとえば家電量販店では，生産企業から派遣された者

が販売企業に代わって商品説明のサービスを提供することが多くみられる。ここで，生産企業は卸売価格が一定なら，自社の財がどの販売企業で販売されるかは問題とはならない点に注意しよう。つまり，消費者が実際に購入する販売企業によらず，販売促進努力によって全体の需要が高まるなら，努力を行使する生産企業にとっては好ましいのである。よって，販売企業が促進努力を行使する場合と異なり，販売促進努力をただ乗りされるということ自体がなくなってしまうため，販売促進努力のインセンティブを高める一定の効果を見込むことができる。

　ブランド内競争に関連して近年問題となっているのは，Amazon に代表されるネットショップ・通信販売との競争・競合である。ネットショッピングの利便性の向上スピードは非常に速く，従来の流通のビジネスモデルは大きな転換を迫られているといえるだろう。ネットショッピングに起きうる問題点は，商品の品質の確認（粗悪品をつかまされないか），返品，保証などアフターサービスへの不安，送料・配送時間の問題などが考えられ，通常の店舗販売はこれらの点で優位であると思われていたが，いずれの問題についても現在では十分に改善されている。Amazon など大手はすでに高い評判を確立しているので，商品をみなくても安心して購入することができるだろう。また最近は返品に対する負担も非常に小さくなっている（筆者は自分のミスでサイズの異なるタブレットのカバーを購入してしまったが，返送料も企業の負担で返品がスムーズにできた）。また，近年はビッグデータを用いた消費者の需要分析が進んでおり，注文を受ける前に地域の配送センターやトラックに商品を備え，注文に迅速に対応するというシステムが発展しつつあるようだ（坂口孝則「アマゾン受注前予測発想の衝撃」日経ビジネスオンライン，2014 年 10 月 8 日）。送料無料または送料を含めても店舗販売のケースと同等か安い場合も多く，店舗での販売の優位性は非常に小さいといえるだろう。

SUMMARY ●まとめ

□ 1 垂直的な企業間関係とは，生産・卸売・販売といった階層的な取引関係を指す。

- □ 2 展開型ゲームは時間を通じて順々に意思決定を行う状況の表現であり，そのような状況における合理的な意思決定は，後ろ向き帰納法によって導かれる。
- □ 3 垂直的関係下では，各企業が自社の利潤最大化を考えて価格を決定する結果，関係企業全体でみた利潤が低下するという，二重限界化と呼ばれる問題が発生する。
- □ 4 二重限界化を解消するには，意思決定を適切にコントロールする必要がある。そのため，企業の統合や 2 部料金制や再販価格維持といった契約の締結が有効である。
- □ 5 垂直的関係下では，価格決定に加えて品質管理や販売促進努力が適切に行われるよう，2 部料金制，再販価格維持，テリトリー制などを用いることが有効である。

EXERCISE ● 練習問題

3-1 以下の展開型ゲームを，後ろ向き帰納法によって解きなさい。なお，利得は潜在的企業，既存企業の順に記されているとする。

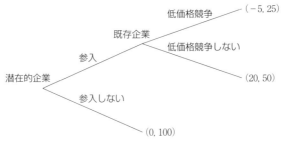

3-2 最終消費財の需要関数を $D(p)=10-p$，生産の限界費用を 2 とする。
  (1) 1 つの企業が生産も販売も行う場合，利潤を最大化する価格を求めなさい。
  (2) 生産企業と販売企業の垂直的関係を考える（販売企業が追加の費用なしで販売する）。各企業がそれぞれ利潤最大化行動を行った場合の卸売価格と最終財価格を導きなさい。
  (3) 二重限界化を解消するための 2 部料金，および再販価格維持契約を求めなさい。

3-3 最終消費財の需要関数を $D(p, e)=10-p+e$ としよう。ここで，e は販売促進努力を表し，e を行使する費用を $e^2/2$ とする。また，生産の限界費用を 2 とする。

(1) 販売価格 p，卸売価格 w とするとき，販売企業にとって最適な販売促進努力が $e^*=p-w$ であることを確かめなさい。
(2) 統合された企業が選ぶ販売価格と販売促進努力を求めなさい。
(3) 垂直的関係のもとで選ばれる販売価格，卸売価格，販売促進努力を求めなさい。
(4) 卸売単価を 2 とする 2 部料金のもとで，歪みが解消されていることを確かめなさい。

3-4 生産企業から販売企業に至るまでの階層が増えると，価格決定の歪みはどのようになるか，論じなさい。

3-5 以下に挙げた垂直的関係では，価格決定や販売促進努力においてどのようなことが懸念されるか，論じなさい。
(1) 自動車メーカーと車両販売ディーラー
(2) 化粧品メーカーとデパート

3-6 生産企業と販売企業からなる垂直的関係のもとで，販売企業が卸売価格，販売価格，取引量を決め，生産企業はゼロ以上の利潤が得られる場合に取引を受諾すると考えよう。このような状況で，価格決定の歪みは発生するか，論じなさい。

CHAPTER

第 **4** 章

寡占市場での企業競争

価格競争と数量競争

INTRODUCTION

　ほとんどの企業は，市場において競合する他社との顧客の奪い合い，すなわち顧客獲得の競争にさらされている。前章までの独占企業や垂直的な取引関係の議論では，いくつかの派生的なケースを除きそういった競争を考慮しなかった。本章では，競合する財を生産する企業間の「水平的」な関係に着目し，比較的少数の企業が競争する寡占市場における企業の意思決定を分析することにしよう。本章ではまず，寡占市場における企業の価格決定について分析する。その後，競争を避け，自社の利潤を高めるための価格以外の面での競争，とくに，生産キャパシティ（企業が抱える設備による生産量の上限）の拡大競争について考察し，いわゆる数量競争（クールノー競争）との関連について解説しよう。

1 寡占市場と戦略的行動

寡占市場とは

　ある企業が独占的に市場を支配しつづけることができる状況は，現実には非常に少ない。というのも，当該市場における厳しい規制，高い参入費用，特殊な技術の必要性，といった特別な事情がない場合には，他の企業もその市場で利益を得ようと参入してくることが予想され，独占的な状態を維持しつづけることが困難となるためである。実際，エネルギーなどいくつかの特殊な産業を除いて，通常の市場では複数の競合する企業が操業している。

　各々の企業の意思決定が，他社の取引に無視できない程度の影響を与えるかという基準を用いて，市場を企業数の比較的多い競争的市場と，企業数が比較的少ない**寡占市場**に分類することにしよう。競争的市場では，個々の企業の意思決定が他社の取引に与える影響が十分に小さい。そのため，各企業は意思決定の際に個々の競合他社の動向を考慮する必要はない（自社の価格を決定するために必要となる，他社の全体的な動向がわかれば十分である）。一方，寡占市場では，個々の他社の意思決定が自社の取引に無視できない影響を与えるため，各企業は意思決定の際に個々の競合他社の意思決定を考慮する必要がある。つまり寡占市場においては，各社がそれぞれ，他社の意思決定に配慮しながら利潤最大化を行っていることから，相互に連関する意思決定問題を同時並行で考えなければならないのである。この点において，寡占市場と競争市場の間には著しい対比があることがわかる。

自社と他社の戦略的な相互連関

　寡占市場における企業の意思決定についてもう少し具体的に考えてみよう。前項における競争市場と寡占市場の分類からわかるように，寡占市場では互いに他社の意思決定を考慮しながら各社が意思決定を行うため，次のような意味での**戦略的な相互連関**関係が発生する。まず，自社にとってベストな戦略は，他社がどのような戦略を選ぶかによって異なる。その一方で，他社が選ぶと予想される戦略は，他社にとってのベストな戦略であるはずだが，これも同様に

自社がどのような戦略を選ぶかに依存する。このような形で自社と他社の意思決定は相互に連関していて，堂々めぐりの関係になっている。このように説明すると，この関係からどのような意思決定が行われるかについて，解決することは困難であるようにみえる。しかし，ゲーム理論における「ナッシュ均衡」という解を用いれば，このような関係においても相互に合理的な意思決定を論じることができる。本章では企業の寡占市場における競争の議論を通じて，ナッシュ均衡の考え方についても学んでいくこととしたい。

 価格競争

オークションを通じた顧客獲得競争

まずは複数企業が操業する市場での**価格競争**から話を始めよう。ここでは具体的に状況をイメージするため，ある街で営業する2店の理容室が1人の顧客を獲得するために競争する状況を想定する。なお，この2店のほかには理容室やその代わりとなるサービスを提供する業者は存在せず，新たな参入もないと想定する。2店はカット等のサービスの質に差がないうえに，近隣に出店しているとする。つまり，顧客にとってはどちらの理容室で散髪をしても同じであり（このような財・サービスを「同質財」という），価格に差があれば，それが唯一の実質的違いとなる。このとき顧客となる消費者は，理容サービスの価値が価格を上回っている限りサービスを購入するが，価格に差があれば必ず安いほうの理容室を利用する。なお，顧客1人にサービスを提供するためにかかる費用（限界費用）は理容室ごと一定額に決まっているが，費用自体は店によって異なっていても構わない。

価格競争を理解するためには，次のような思考実験が有効である。いま，1人の顧客が現れ，2つの理容室にいくらで散髪をするかを，競り下げオークションで決めてもらうとする。すなわち，どちらかの店がオークションから降りるまで価格を下げ，競り下げが止まったときの価格でサービスを受けるという状況である。このルールに従わなければならないとすれば，各理容室の取るべき戦略は次のような簡単なものになる。「散髪サービスにかかる自店の限界費用 c 以上の価格がついている限り，オークションに参加しつづけ，価格が限界

CHART 図4.1 オークションにおける限界費用と価格の関係

① ② ③
$c=p$ p'

(注) 丸数字は，本文中の説明に対応．

費用 c を下回った時点で降りる」。各理容室がこの戦略に従うとすると，オークションで勝った場合には価格が費用を必ず上回るために利益が発生し，負けた場合には顧客を失うのみで直接的な損失は発生しないので，少なくとも損することはない。

それでは，2店の理容室はこの戦略を変更することで，利益が大きくなる可能性はあるかをみてみよう。実は，損することはあっても，得になることは絶対にありえないことが，以下の議論によってわかる。たとえば，限界費用より高い価格 p' でオークションから降りるという戦略に変更したとしよう。なお，戦略の変更は相手に知られないように行い，それをみて相手が戦略を変えることはない。つまり，相手がオークションから降りる価格は，自店の戦略の変更前も変更後も変わらないとする。こう考えると，図4.1に示したように，相手がオークションから降りる価格に応じて，状況を次の3つに分けることができる。

① 相手の降りる価格が，自店の限界費用 c 未満
② 相手の降りる価格が，自店の限界費用 c 以上かつ戦略変更後に自店が降りる価格 p' 未満
③ 相手の降りる価格が，戦略変更後に自店が降りる価格 p' 以上

まず①または③の場合には，戦略の変更前も変更後も自店にとって結果が変わらない点に注意しよう。①の場合には戦略変更前も変更後も結局相手が落札し，自店は落札できない。③の場合には戦略変更前も変更後も自店が落札するが，落札時の価格は相手の降りる時点で決まるため，結局変わらない。したがって，これらの状況では自店の利益は変化しない。問題となるのは②の場合で，

戦略変更前は自店が落札し，価格が費用を超えていたので利益が発生していたにもかかわらず，戦略変更後は相手が落札してしまうため，得られたはずの利益を逸してしまうことになる。したがって，この例のように戦略の変更をする場合，利益が減る可能性があっても，増える可能性はないことがわかる。同様に考えることによって，限界費用より低い価格で降りるような戦略の変更についても，結果的に限界費用未満の価格で落札する可能性がある点のみに違いがあり，こちらも損失の機会を増やすだけである。

　上記の議論から，1人の顧客を2店の理容室が価格競争によって獲得しようとする場合には，サービスの限界費用がより低い理容室が顧客を獲得すること，加えて競争の結果実現する価格は，相手が降りる価格（すなわち，競争に敗れた理容室のサービスの限界費用）と等しくなることがわかる。このように，序章3節でみた「大間マグロの初競り」の事例での公開競上げ入札と全く同じ考え方を，価格競争を通じて1人の顧客を奪い合うケースに当てはめて考えることで，競争の帰結とそこで実現する価格についても分析することができるのである。

市場における価格競争

　ここまでは1人の顧客の獲得競争に基づいて議論してきたが，つぎに2つの企業が複数の顧客に同質なサービス（財）を提供できる市場を想定し，その市場における価格競争の議論に移ることにしよう。オークションで考えた場合との唯一の違いは，顧客数が需要曲線に従って決まることである。各企業は顧客によって価格差別することなく，すべての顧客に対して同じ価格で取引を行う。2つの企業が価格を提示すると，当然，より低い価格を提示する企業に顧客が集中することになる。このとき，サービスを提供できる能力（キャパシティ）に制約がなければ，低価格でサービスを提供する企業がすべての顧客を獲得することになる。

　まずはこのような，キャパシティに制約がないときの価格競争を考えよう。先ほどの理容室の例を考えるなら，それぞれの店舗が十分な数の理容師とスペースを備えており，顧客が殺到しても対応ができるような状況である。また，先ほどの設定と同様に，各理容室のサービスの限界費用は一定とする。競争を通じて価格は少しずつ下げられていき，いずれかの理容室が下げるのをやめるまで，価格競争は続くとする。

この状況においては，価格競争の結果，限界費用の低い企業がすべての顧客を獲得することになる（限界費用が等しい場合には，顧客を企業間で分けあう）。また価格は，基本的には次のいずれかとなる。

① 限界費用が等しい場合：価格＝限界費用
② 限界費用が異なる場合：価格＝高いほうの限界費用

　市場では，価格を下げると顧客数が増える。価格が限界費用を上回っている限り，価格競争で勝つことによって，企業は利潤を得られる。一方，価格が限界費用を下回っている場合には，自社が競争に勝っても明らかな損失が発生するため，先に価格競争から退くほうがよい。

　このことから，①のケースのように各企業の限界費用が同じ場合には，互いに価格が限界費用に等しくなるまで競争を続けることが合理的となるため，競争の結果，価格は限界費用まで下がることがわかる。つまり，企業が2企業に増えただけで，利潤ゼロ（「価格＝限界費用」の状況，固定費用はなし）となるまでの徹底した価格競争が起きることが予想されるのである。この予想はいささか現実離れしているようにみえるため，価格競争におけるこの帰結はベルトラン・パラドックスと呼ばれる（経済学では，寡占市場における価格競争を，先駆者であるベルトラン〔J. L. F. Bertrand〕の名前にちなんでベルトラン競争と呼ぶ）。ただし，序章3節で述べた牛丼の価格競争を考えると，このような激しい価格競争の状況もまったく非現実的であるというわけではないだろう。牛丼は各チェーンによって若干の違い（製品の差別化）があるものの，他の財と比較すればかなり同質的なものであるといえるため，価格競争による顧客奪取が激しくなる傾向があるといえるだろう。もちろん現実には，企業はさまざまな競争回避の方策を用いて競争の緩和を画策するため，ベルトラン・パラドックスは起きにくい。本章ではこうしたさまざまな方策のうち，キャパシティの調整という代表的な競争回避策について論じる。

　一方，②のケースのように限界費用が異なる場合には，高い限界費用で生産する企業が価格競争から退く水準，すなわち高い限界費用と等しい価格で競争は止まることになる。ただし，この価格は勝者にとってまだ高すぎて，さらに競り下げが行われる場合がある点を注意しておこう。というのも，1人の顧客

を獲得するオークションの想定と異なり，価格をさらに下げることで顧客が増え，利潤を高められる場合があるためである。このような状況における価格は，第1章③節でみた独占企業の利潤を最大化する水準まで下がると考えればよい。すなわち，低い限界費用をもつ企業の独占価格が，敗者が退いたときの価格を下回るならば，利潤最大化のため，

② 価格＝低い限界費用をもつ企業の独占価格

となるまで価格は下がることになるのである。

③ 戦略的な相互連関関係とナッシュ均衡

　第①節でふれたように，寡占市場における競争では，各企業は他社がどのように意思決定を行うかを考慮しながら，自社の意思決定を考えているという意味で，相互に連関した意思決定を同時並行で行っている。戦略的な意思決定を研究するゲーム理論では，このような状況における意思決定問題の解として次のナッシュ均衡を考えるのがスタンダードとなっている。ナッシュ均衡とは「各意思決定者が選ぶ戦略の組み合わせのなかで，互いに自分の戦略が他者の戦略に対して，最適反応となっているもの」と定義される。産業組織論だけでなく，広く経済学一般において，ナッシュ均衡は基礎的な分析ツールとして扱われている重要な概念である。以下では，「チキン・ゲーム」「囚人のジレンマ」と呼ばれるゲームを用いて，ナッシュ均衡について説明することにしよう。

チキン・ゲーム

　チキン・ゲームとは，2台の車を一直線上で向かい合わせに運転するプレーヤーを考え，先に避けたほうが「チキン」（弱虫）と呼ばれて負け，避けなかったほうが勝つのだが，双方ともに最後まで避けなければ衝突してしまい，互いに大惨事となる，というものである。2人のプレーヤーをA，Bと呼ぶことにしよう。各プレーヤーがとることができる戦略は，ここでは議論の簡単化のために時間の要素は無視し「直進」「回避」の2つであるとする（時間の要素を

CHART 表4.1 チキン・ゲームの利得表

A＼B	直進	回避
直進	−100, −100	1, −1
回避	−1, 1	0, 0

取り入れたチキン・ゲームの分析は，第**8**章で分析する)。プレーヤーの得る利得を次のように決めることにしよう。勝者は利得 1，敗者は−1，2 人が同時に回避したときは引き分けでそれぞれ利得 0，2 人が直進して大惨事に見舞われた場合は大きな損失を被ることになり，それぞれ利得は−100 である。この状況をゲームの行列を使って表すと表 4.1 のようになる。

この表を利得表（または利得行列）という。表の左側にある「直進」「回避」は A の戦略を表し，表の上側にある「直進」「回避」は B の戦略を表している。それぞれの戦略の組み合わせごとに，A と B の利得の組み合わせが決まっている。たとえば，A が直進，B が回避に対応するのは（1，−1）であるが，これは A が勝者，B が敗者であることを表している。

囚人のジレンマ

囚人のジレンマとは，ある犯罪の容疑で捕まった 2 人の容疑者が個別に取り調べを受けている状況を記述したゲームである。犯罪の証拠が不十分であるために，有罪を確定するためには少なくとも一方の自白が必要で，取り調べで自白するか黙秘するかが各容疑者の選択となる。それぞれの容疑者が自白するか黙秘するかの組み合わせによって，容疑者がどのような刑を科せられるかが決まるのだが，それは次のようになっているとしよう。まず，2 人とも自白した場合にはどちらも 5 年の懲役，また 2 人とも黙秘した場合でも軽度の余罪があるためそれぞれ 1 年の懲役を科せられる。もし 1 人だけ自白した場合は，司法取引により自白した容疑者は無罪放免され，黙秘した容疑者は非協力的であったとして懲役 10 年を科せられるとする。この状況をチキン・ゲームと同じように利得表で表すと表 4.2 のようになる。

CHART | 表 4.2　囚人のジレンマの利得表

A ＼ B	自白	黙秘
自白	−5, −5	0, −10
黙秘	−10, 0	−1, −1

ナッシュ均衡の導出

　まず，チキン・ゲームのナッシュ均衡を求めてみよう。そこで，4つの戦略の組み合わせ（直進, 直進），（直進, 回避），（回避, 直進），（回避, 回避）のなかで，「各自が選ぶ戦略は，相手の戦略に対して最適な反応となっている」というナッシュ均衡の条件を満たしているものを探してみよう。

- ×（直進, 直進）：A にとって，B が直進するなら，直進すれば大惨事となり，回避すれば敗者になるが，回避の利得のほうが高い（−100 ≦ −1）。したがって，相手の戦略に対し，直進は最適な反応ではない。
- ○（直進, 回避）：A にとって，B が回避するなら，直進すれば勝者，回避すれば引き分けとなるので，直進が最適な反応。B にとっては，A が直進するなら，直進すれば大惨事，回避すれば敗者になるが，回避が最適な反応である。
- ○（回避, 直進）：A と B の立場を入れ替えると，（直進, 回避）の場合と同様に最適な反応を導ける。
- ×（回避, 回避）：A にとって，B が回避するなら，直進すれば勝者，回避すれば引き分けなので，直進が最適な反応である。

　したがって，（直進, 回避），（回避, 直進）の2つの組み合わせがナッシュ均衡である。
　このようにナッシュ均衡は，お互いに相手が選ぶ戦略に対して最適な反応を取り合っている状況である。さらにこの状況では，どちらのプレーヤーも自分

CHART 表4.3 チキン・ゲームの最適反応

(a) Aの最適反応

A\B	直進	回避
直進	−100, −100	<u>1</u>, −1
回避	<u>−1</u>, 1	0, 0

(b) Bの最適反応

A\B	直進	回避
直進	−100, −100	1, <u>−1</u>
回避	−1, <u>1</u>	0, 0

(c) AとBの最適反応の重ね合わせ

A\B	直進	回避
直進	−100, −100	<u>1</u>, <u>−1</u>
回避	<u>−1</u>, <u>1</u>	0, 0

から戦略を変えるインセンティブを持たず，安定した状況であるといえる。言い換えれば，ナッシュ均衡でない戦略の組み合わせは，少なくとも1人のプレーヤーは戦略を変えることによって自身の利得を上げることができるのである。そのような戦略の組み合わせが，何らかの事情で間違って選ばれていたとしたら，各プレーヤーが相手の戦略に対して最適な反応を選び直す過程を通じて修正されることになるだろう。よって，ナッシュ均衡となる戦略の組み合わせのほうが，そうでない戦略の組み合わせよりも選ばれる可能性が高いと考えられるので，ゲームの結果の予測として妥当であるといえよう。

　ナッシュ均衡が「相互の最適反応」という条件を満たす戦略の組み合わせであるという事実は，ゲームにおけるナッシュ均衡を探す際に役に立つ。以下では各プレーヤーの**最適反応**を考える。たとえば，Aの最適反応とは「Bのそれぞれの戦略に対してAが利得を最大にするためにとるべき戦略を対応させるもの」である。このケースであれば，Bが直進するなら，Aは回避が最適で，Bが回避するならAは直進が最適である。したがって，「Bが直進なら回避，Bが回避なら直進」という対応関係がAの最適反応である。このようなAの最適反応を，**表4.3**（a）のように，利得表で対応する利得に下線を引くことによって表してみよう。

　同様に，Bの最適反応を求め，上記と同様に利得表に明示すると**表4.3**（b）

CHART 表 4.4　囚人のジレンマの最適反応とナッシュ均衡

A＼B	自白	黙秘
自白	<u>−5</u>, <u>−5</u>	<u>0</u>, −10
黙秘	−10, <u>0</u>	−1, −1

のようになる。最後に，最適反応の明示された2つの利得表を重ね合わせると**表 4.3 (c)** のようになる。

ここから，戦略の組み合わせ（直進，回避），（回避，直進）は，どちらのプレーヤーも最適に反応していることがわかる。一般にナッシュ均衡は，各プレーヤーの最適反応を導き，どちらにとっても最適反応となる戦略の組み合わせを求めることによって探し出すことができる。

同様にして，囚人のジレンマのナッシュ均衡を求めてみよう。各プレーヤーの最適反応を考えると，それぞれのプレーヤーは相手の選択に関係なく自白を選ぶことが望ましいということがすぐにわかる。というのも，容疑者 A としては，相手が自白するなら自分は自白することによって懲役 10 年から 5 年に短縮でき，相手が黙秘するなら，自分は自白することによって懲役 1 年から無罪放免にできるからである。容疑者 B も同じで，利得表に最適反応を組み込むと**表 4.4** のようになる。

したがって，囚人のジレンマのナッシュ均衡は，どちらも自白することであることがわかる。このゲームが「囚人のジレンマ」と呼ばれる理由は，2人とも黙秘するという容疑者たちにとってもっと望ましい結果があるにもかかわらず，個々のプレーヤーのインセンティブに従って選択をする結果，望ましくない結果に陥ってしまうということによる。このような，戦略的な意思決定を通じて望ましくない結果が発生するという状況は，さまざまな経済分析で現れる非常に重要なものであるので，よく覚えておこう。

ここまでナッシュ均衡について説明してきた。ナッシュ均衡は合理的なプレーヤーの行動予測としては妥当な考え方であるが，限界もある。限界の1つは，必ずしもゲームの結果の予測を1つに絞り込むことができるとは限らない点である。たとえば本節で紹介したチキン・ゲームでは，結果の予測は（直進，回

避)，(回避，直進)の2つまでしか絞り込まれていない。つまり，(互いに大惨事は避けたいので)どちらかが勝つということはナッシュ均衡を通じて予測されるものの，どちらが勝つかについては現状の設定では予測できないのである。予測がどの程度絞り込めるかは想定するゲームの構造に依存して決まるが，どのような場合に予測の精度が高まるかについては，実は簡単に結論を出すことができない難しい問題である。複数のナッシュ均衡がある場合に，それらの均衡の予測上の優劣に対する研究が一時期盛んであったものの，決定的な結果はいまだに得られていない。したがって本書では，複数のナッシュ均衡が存在するケースにおいて，いずれの均衡も起こりうる予測の1つとして取り扱うこととする。

4 キャパシティ制約と価格競争

第2節では，価格が限界費用まで下がったとしてもその価格で需要する顧客数に1社で対応できる状況，すなわち生産量がキャパシティには到達しない状況を考えた。生産においてキャパシティの制約がかかるとなると，企業が顧客に十分に対応できなくなるために，損失が発生するようにみえる。しかし，企業の価格競争を念頭に置くと，実はそれは必ずしも正しくない。なぜなら，生産のキャパシティに制約をもたせることで，結果として激しい価格競争が緩和され，高い価格，高い利潤が実現できる場合があるからである。これは一見すると意外な結論であるが，本節でこの点についてくわしく説明しよう(なお本節の議論は Kreps and Sheinkman, 1983, の議論を簡略化したものである)。

▍キャパシティ制約によるコミットメント効果▍

キャパシティ制約のもとでの価格競争として，基本的に第2節と同様に，2社による競り下げオークションを用いて考えることにする。取引価格が決まった後，オークションに勝った企業がその価格で先に顧客に財を販売する。しかし，キャパシティ制約があるため，その取引価格で取引を希望する顧客の数が勝った企業のキャパシティを超えている場合，負けた企業が残った顧客に対し同じ取引価格で販売する(自社にとって価格が低すぎる場合はあえて取引しなくても

よい)。オークションで同時に降りた場合には原則として顧客を折半して販売することになるが，折半した顧客数が一方の企業のキャパシティを超える場合には，残った顧客に対してキャパシティ限度に達していない企業が販売することができるとする。またここでは簡単化のために，各企業は価格競争が始まる前から，他社のキャパシティについても知っているとしよう。

キャパシティの制約下における価格競争で非常に重要な点は，<u>需要量が各企業のキャパシティの合計を超えてしまうような価格まで価格競争を継続するのは，企業にとって全く得にならない</u>ということである。企業はそれぞれのキャパシティを超えた数の顧客とは取引ができないため，そのような状態で価格競争を続けても各企業ともに販売できる顧客数は増加しない。すなわち，この状態からさらに競争を続けたとしても顧客数は変わらないので価格の低下による収入減しかもたらさないのである。よって，そのような「顧客数＝両企業のキャパシティの合計」となる価格に達したなら，即座に価格競争をやめることが合理的である。

企業がキャパシティを制限するというような，あえて自らの行動範囲を狭める手段は，**コミットメント**と呼ばれる。ゲーム理論の立場からは，コミットメントの真価はそれによって他者の行動を変えるという点にある。このことを理解するために，「退路を断つ」または「背水の陣」とよばれる状況をゲーム理論的に解釈してみよう。退路となる道や橋等を破壊すると退却不可能になるため，味方は必死で戦う覚悟をもつだろう。重要なのは，敵がそのような必死の覚悟をもった相手を前にすると，対戦すれば相当な痛手を被ると予想し，対戦するインセンティブが低下することである。結果として，敵は対戦せずに自発的な撤退を選択することが考えられ，退路を断った側は大きな損害を被らずに進軍でき，高い利益を得ることになる。このように，コミットメントの役割として大切なのは，自分自身を奮い立たせることより，他者の行動を自分に有利な方向に誘導することなのである。

キャパシティと競争撤退のインセンティブ

キャパシティ制約のもとでの価格競争について，もう少しくわしくみてみよう。この考察は，事前にキャパシティを決めるにあたって重要な点となる。前項でみたように，キャパシティの制約のある企業が一定の価格を下回るまで価

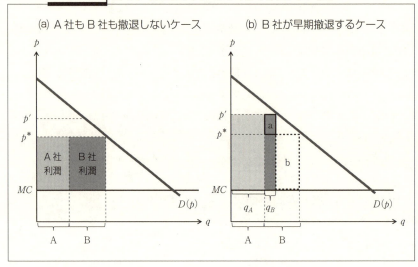

図4.2 2社ともキャパシティが十分に小さい場合

格競争を継続することは合理的でない。しかし，だからといって企業が歩調を合わせて「顧客数＝企業のキャパシティの合計」となる価格まで価格競争を続けるとは限らないという点には注意しよう。実は，キャパシティが大きくなるに従って，「顧客数＝企業のキャパシティの合計」となる価格は徐々に低くなっていくため，早期に価格競争から撤退するインセンティブが各企業に発生するからである。そこで，限界費用が等しい2企業（A社とB社）のキャパシティの組み合わせが変わるとき，企業の競争撤退のインセンティブがどのように変化するかみてみよう。

まずは，キャパシティが2社ともに十分に小さい場合には，早期に価格競争から撤退するインセンティブがないことを説明しよう。各企業のキャパシティの大きさは図4.2 (a) の横軸におけるそれぞれA，Bで表されるとし，「顧客数＝企業のキャパシティの合計」となる価格を p^* とする。念のため前項の議論を確認しておくと，価格が p^* を下回ると，需要量がキャパシティの合計A＋Bを超えてしまい，両企業とも顧客は増えず価格のみが下がってしまうため，p^* を下回るまで価格競争を継続することは合理的でない。

価格競争から早期に撤退する場合，p^* よりも高い価格であればどんな水準でもよいのだが，さまざまな水準で撤退する可能性を許すと議論が非常に複雑

になってしまう。そのため，ここでは価格競争から早期に撤退する場合の価格を p'（$>p^*$）と固定し，議論を簡略化しよう。まず，B社が単独で価格競争から早期に撤退した場合に，利潤が増えるか考えてみよう。B社が価格 p' で価格競争から撤退すると，市場価格は p' に決まり，A社が勝者となって自社のキャパシティ限度いっぱいまで生産・販売する。またB社はA社のキャパシティを超えた分の顧客 q_B に販売することができる（図4.2 (b) 参照）。

早期に撤退した場合のB社の利潤は，「（価格 p' －限界費用 MC）×顧客数 q_B」で表される四角形の面積で表される。したがって，価格上昇による多少のメリットはあるものの（図4.2 (b) の領域a），早期に撤退することによって失う顧客から発生する利潤の喪失がかなり大きい（図4.2 (b) の領域b）ことがわかる。このケースでは，メリットよりもデメリットが大きく，したがって利潤が低下してしまうため，B社にとって早期撤退は合理的ではない。

なお，このケースではA社もB社もキャパシティが同じであるので，A社が単独で早期撤退するインセンティブもないことも自明である。さらにいえば，ここでは両社が同時に早期撤退することもないことは容易にわかる。というのも，もし他社が早期に撤退する場合には（この場合に自社も撤退すると引き分けとなり，顧客を折半），自社が撤退しないことを選ぶと，取引価格は p' と変わらないにもかかわらず価格競争に勝つことができ，自社のキャパシティ限度いっぱいになるまで生産・販売できるからである。

つぎに，一方の企業のキャパシティが大きくなるに従って，キャパシティの大きい企業には早期撤退のインセンティブが生まれることをみてみよう。いま，A社のキャパシティは変わらずB社のキャパシティのみ大きくなったとする（図4.3を参照）。まず，A社の早期撤退のインセンティブを考えてみよう。図4.3 (a) からわかるように，A社のみが価格 p' で早期撤退すると，キャパシティの大きいB社に多くの顧客を取られてしまうため，A社が販売できる顧客は少なくなることがわかる。したがって，価格上昇のメリット（図4.3 (a) の領域a）よりも顧客を失うデメリット（図4.3 (a) の領域b）のほうが大きくなるため，A社は早期撤退しない。一方，図4.3 (b) のように，B社のみが価格 p' で早期撤退しても，B社が販売できる顧客は多い。したがって，顧客を失うデメリット（図4.3 (b) の領域b）よりも価格上昇のメリット（図4.3 (b) の領域a）が大きくなるために，B社には早期撤退するインセンティブがある

4 キャパシティ制約と価格競争 ● 105

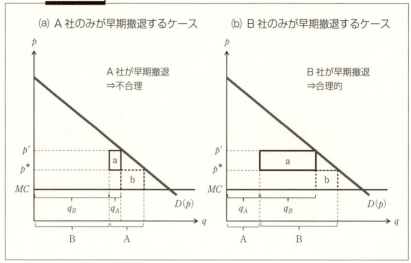

CHART 図4.3 B社のキャパシティのほうが大きい場合

ことがわかる。よって，このような状況においては，より大きなキャパシティをもつ企業のみが早期撤退するインセンティブをもつといえる。

　最後に，両方の企業のキャパシティが十分に大きいケースを考えよう（必ずしもキャパシティが同じでなくてもよい）。上のケースのB社のキャパシティを固定して，A社のキャパシティを大きくした場合を考える（図4.4参照）。このような場合には，両企業ともに他社が早期撤退し自社が価格競争に勝つことを望んでいるのだが，もし他社が早期撤退しないのであれば，自社としては早期撤退したほうがマシになる。図4.4は，B社が早期撤退しないならA社は早期撤退するほうが望ましいことを先ほどと同様の考え方で表している。A社が早期撤退するときの価格上昇のメリット（図4.4の領域a）が顧客を失うデメリット（図4.4の領域b）を上回っているからである。もちろん，この議論はB社についても同じように成り立つ。したがって，第3節で紹介したチキン・ゲームのように，原理的にはどちらの企業が早期撤退するのかを前もって知ることは難しいという意味で，複数の均衡が存在する状況であるということができる。

　そこで，最後のケースのように2つの均衡の存在する場合には，キャパシティの大きい企業が先に撤退する均衡が選ばれる，と想定しよう（キャパシティ

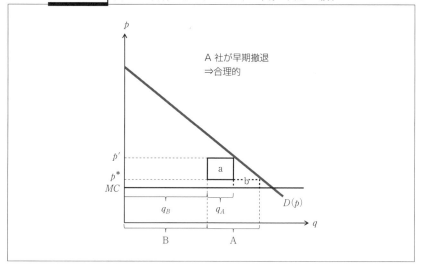

CHART 図4.4 両者ともキャパシティが十分に大きい場合

が同じならば,各均衡がそれぞれ確率2分の1で選ばれる)。というのも,キャパシティの大きい企業のほうが早期撤退のメリット,すなわち図4.4における領域aとbの面積の大きさの差が大きくなるために,早期撤退するインセンティブが大きいと考えられるからである。

　ここまでの分析をまとめておこう。

① 2つの企業のキャパシティがともに小さいときには,各企業は「顧客数＝企業のキャパシティの合計」となる価格まで価格競争を続ける。
② 一方のキャパシティが小さく,他方が大きいときには,キャパシティの大きい企業のみが早期に撤退するインセンティブをもつため先に撤退する。
③ 両方の企業のキャパシティが大きい場合には,どちらも早期に撤退するインセンティブをもつが,より大きいキャパシティをもつ企業のほうが相対的により大きいインセンティブをもつため,そちらが先に撤退する均衡が選ばれると想定する。

キャパシティの決定に対する価格競争の影響

本節ではここまで，各企業のキャパシティはすでに固定されたものと想定してきたが，本来は，企業がどのようにしてキャパシティの水準を決めるのかについても考える必要がある。他社との関係のなかで各企業が戦略的にキャパシティを決める方法については次節で詳しく説明するが，ここで本節の議論から導かれるキャパシティの決定と市場価格に関する関係を指摘しておく。すなわち，企業が選ぶキャパシティの水準とその後の価格競争で生じる市場価格は必ず，

【市場価格】＝【「顧客数＝企業のキャパシティの合計」となる価格】

という関係を満たす，ということである。というのも，企業が自ら早期撤退するような水準まではじめからキャパシティを拡大するのは，決して合理的な選択にならないからである。早期撤退するのはキャパシティが大きい場合で，撤退により利用しないキャパシティが発生している。仮に，そのような利用しないキャパシティの分だけ，はじめめからキャパシティの水準を減らすと，価格競争のステージで得られる利潤は早期撤退する場合と同じになるはずである。しかし，キャパシティを拡大するためには費用が発生するので，キャパシティの水準を減らしたほうが価格競争に先だって負担する費用を節約できる分だけ利潤を高められる。よって，企業にとってキャパシティの水準を早期撤退するほど高くしておくことは合理的とはならない。つまり，前項の②，③のケースが発生するようなキャパシティの組み合わせを企業が選ぶことはなく，①のケースの組み合わせのみが起きるということがわかる。この関係は次節で議論する，企業の戦略的なキャパシティ決定におけるカギとなるためよく覚えてほしい。

5 数量競争

キャパシティは短期的な価格競争の観点からみたときには固定された定数と考える一方で，中長期的な観点では事業計画の策定・変更を通じて拡大や縮小

が可能であり，企業の意思決定の対象となる。当然のことながら，このような状況では競合する他社も事業計画を策定するので，他社との駆け引きを考慮しながら合理的なキャパシティの水準を決定することになる。すなわち，キャパシティの決定に関しても，戦略的な相互連関関係のなかでその意思決定をとらえる必要があるのである。本節では，ナッシュ均衡の考え方を用いて，企業が合理的な水準のキャパシティをどのように決めるのかについて考えよう。

前節の最後でも述べたが，企業がキャパシティを決めるにあたっては，後の価格競争で早期撤退するような過大な水準を選択することはない。したがって，「各企業のキャパシティ＝各企業の生産量」となる。そのため，<u>キャパシティを決めた後の価格競争で決定される価格は「顧客数＝企業のキャパシティの合計」となる価格</u>となる。結果として，キャパシティと生産量は一致するため，企業の意思決定は**生産量**による**市場競争**（すなわち**数量競争**）と同等とみなせることがわかる。

企業が価格ではなく生産量を選択し，総生産量によって市場価格が決定されるような企業の競争は，先駆者であるクールノー（A. A. Cournot）の名前にちなんで**クールノー競争**と呼ばれ，ベルトラン競争（価格競争）と並び，経済学で扱われる寡占市場の代表的な競争形態である。標準的なミクロ経済学のテキストでは，価格競争と数量競争のどちらの競争モデルを選択するべきかについて，財や市場の特性の差に着目することが多い。しかし，本章で強調したいのは，競争の形態は必ずしも財や市場の特性だけで決定されるのではなく，短期的な意思決定（価格）と中長期の意思決定（キャパシティ＝生産量）のどちらに着目するかによっても決定される，という点である。本章の議論は，同質的な財の市場における競争の形態が短期と長期で異なるという点，またベルトラン競争とクールノー競争という2つの代表的な競争の形態がどのように連関しているのかという点について明らかにしているといえるだろう。

数量競争のモデル

それでは，前節で分析した価格競争をふまえた，2つの企業によるキャパシティの拡大競争を分析してみよう。いま企業をA，Bと呼ぶことにしよう。各企業が選ぶキャパシティの水準をk^A，k^B，市場価格をp，市場需要量をQとしたときの逆需要関数を$p=G(Q)$と表す。生産の限界費用をc_1，またキャパ

シティの拡大にかかる限界費用を c_0 とする。

まずは企業 A のキャパシティの決定に焦点を当てよう。前節で論じたように，キャパシティいっぱいまで生産せずに早期に撤退するような状況は合理的な選択にならないので，各企業は「キャパシティ＝生産量」となる状況を考える。企業 A が，企業 B の決めたキャパシティの水準を k^{Be} であると予想したうえでキャパシティ k^A を選択するとき，価格競争によって実現する価格は，逆需要関数を用いて $p = G(k^A + k^{Be})$ と表せる。キャパシティの拡大と生産の両方で限界費用がかかるので，総費用は $(c_0 + c_1)k^A$ である。企業の利潤は収入マイナス費用なので，

$$[p - (c_0 + c_1)]k^A = [G(k^A + k^{Be}) - (c_0 + c_1)]k^A$$

と表すことができる。この式のもとで企業は利潤を最大化するようにキャパシティの水準を決定する。なお，企業 B の意思決定についても同様に，

$$[p - (c_0 + c_1)]k^B = [G(k^{Ae} + k^B) - (c_0 + c_1)]k^B$$

として，利潤を最大化する k^B を求めればよい。

利潤を最大化するキャパシティの水準は，独占企業の利潤最大化と同様にキャパシティ拡大の限界収入 MR が，その限界費用 MC に等しくなる点で決定される（$MC = c_0 + c_1$；キャパシティ拡大だけでなく，その後の価格競争における生産の限界費用も含む点に注意）。キャパシティの拡大を Δk^A，拡大後の価格を $p' = G(k^A + \Delta k^A + k^{Be})$ とすれば，収入は以下の ΔR 分だけ変化する。

$$\Delta R = \Delta k^A \times p' + \Delta p \times k^A \tag{4.1}$$

ここで，$\Delta p = (p' - p)$ である。キャパシティを拡大することで得られる限界収入 MR は，Δk^A を非常に小さく取ったときの収入の変化率である。そのため近似的に，

$$\Delta R \simeq MR \times \Delta k^A \quad \text{または} \quad MR \simeq \frac{\Delta R}{\Delta k^A} \tag{4.2}$$

と表すことができる。ここから，限界収入は，

$$MR = p'\left(1 + \frac{\Delta p}{p'} \middle/ \frac{\Delta k^A}{k^A}\right) = p'\left\{1 + \left[\frac{\Delta p}{p'} \middle/ \left(\frac{\Delta k^A}{k^A + k^{Be}}\right)\right] \frac{k^A}{k^A + k^{Be}}\right\}$$

と表せる。なお2つ目の等号による変形は，数量競争における需要の価格弾力性を用いるために整理したものである。企業 A が想定する市場の需要量は，企業 A が予想する企業 B のキャパシティ水準と合計した $k^A + k^{Be}$ である。よって，企業 A が自らのキャパシティ水準を変化させることによって引き起こされる需要の変化率は $\Delta k^A/(k^A + k^{Be})$ となる。ここから右辺にある $(\Delta p/p')/(\Delta k^A/(k^A + k^{Be}))$ は，需要の価格弾力性を -1 倍してさらに逆数をとったものである。上の式を用いて利潤最大化条件 $MR = MC$ を変形すれば，

$$\frac{p' - MC}{p'} = -\left[\frac{\Delta p}{p'} \bigg/ \left(\frac{\Delta k^A}{k^A + k^{Be}}\right)\right] \frac{k^A}{k^A + k^{Be}} \quad (4.3)$$

となる。すなわち，マークアップ率が価格の弾力性の逆数と市場シェアで決まることがわかる。この式は，独占企業の利潤最大化を論じる際に頻繁に登場した，**ラーナーの公式**をクールノー競争にあてはめたものである。

クールノー競争では，ラーナーの公式で表現される企業の価格支配力（マークアップ率）が，各企業の市場シェアと関連している。各企業は，キャパシティを制約することによるコミットメント効果を通じて価格支配力をもつことになるが，その程度は企業の市場シェアが大きくなるに従って高まることがわかる。当然だが，寡占市場における企業の市場シェアは独占企業の市場シェア（＝1）よりも小さいので，価格支配力は独占企業のものを下回ることになる。一方で，価格支配力をもちえないベルトラン・パラドックスの状況（価格＝MC）が回避されているという点は，とくに注意すべきである。

反応関数と戦略的代替性

上記の利潤最大化行動の分析では，企業 A が企業 B の決めたキャパシティの水準を予想したうえで，どのように自社のキャパシティの水準を合理的に決定するかを説明した。企業 B についても同様の意思決定を考えることができるのだが，互いに予想している相手のキャパシティ水準が，実現するキャパシティの水準と一致するかどうかについては，まだ考えていなかった。互いの予想が実現するキャパシティの水準と一致しないなら，各企業によってさらなるキャパシティの調整がなされるはずであり，調整が十分になされた後に落ち着く先は，キャパシティの予想と実現する水準が一致するような状態である。これは，互いに予想する相手の戦略に対して，最適に反応している戦略の組み合

わせ，すなわちナッシュ均衡の状態である。クールノー競争におけるナッシュ均衡を求めるために，第3節で議論したように，それぞれの企業が相手の意思決定の予想に対してどのように最適に反応するかを考える。そのような最適な反応を対応させる関数を**反応関数**と呼ぶことにしよう。各企業の反応関数を導き，そのグラフの交点，すなわち互いに最適な反応となるキャパシティの組み合わせを求めれば，ナッシュ均衡である。まず，本項では企業 A の反応関数 $R_A = (k_B^e)$ がどのような形になるか考えてみよう（企業 B の反応関数についても，同様にして導ける）。

反応関数の形状を確かめるために，企業 A が予想する企業 B のキャパシティの水準が上昇するとき，企業 A の利潤を最大化するキャパシティの水準が上昇するのか，下落するのかを考えよう。企業 A は必ず「限界収入 MR = 限界費用 MC」という条件を満たすようにキャパシティの水準を決定している。そこで，企業 B のキャパシティ水準が上昇するときに，企業 A の MR と MC の関係がどう変わるかに着目してみる。もし，$MR > MC$ となれば，企業 A はキャパシティを拡大することにより，収入の増加が費用の増加を上回り必ず利潤を高められる。一方，$MR < MC$ となれば，企業 A はキャパシティを縮小することによって利潤を高められる。

では，企業 B がキャパシティの水準を上げたときに，企業 A の MR や MC がどのように変わるかをくわしくみてみよう。まず，企業 A の限界費用 MC は，企業 B のキャパシティの水準とは無関係なので，変化しない。一方，企業 A の MR は緩い条件のもとで低下することを確かめてみよう。企業 A の限界収入は，(4.1)，(4.2) 式から，

$$MR = p' + k^A \frac{\Delta p}{\Delta k^A}$$

である。企業 B のキャパシティ水準が上昇すると，価格 p' も価格の変化率 $\Delta p / \Delta k^A$ も変化する。まず価格の変化をみると，需要曲線が右下がりであれば企業 B のキャパシティの水準の上昇は需要量を増やし価格を低下させることがわかる。ここで，価格の変化率 $\Delta p / \Delta k^A$ が企業 B のキャパシティ水準の上昇に応じて低下するか，上昇するにしてもその程度があまり大きくないとしてみよう。この条件は，逆需要曲線の（負の）傾きが需要量の増加に伴ってより急になるか，または緩やかになるとしてもその程度が小さい状況に対応する。

CHART 図4.5 企業Aの反応関数

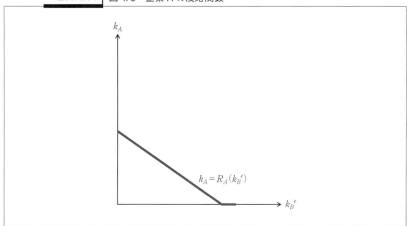

もし価格の変化率自体が低下するなら，企業Bのキャパシティ水準の上昇は MR を確実に低下させる。もし変化率が上昇するとしても，価格の低下の影響が価格の変化率に与える影響を上回るなら，やはり MR は低下するのである（微分を用いた数学的な議論については本書のウェブ付録 4A-1 を参照）。

したがって，上の条件のもとでは企業Bのキャパシティ水準の上昇に従って，企業Aのキャパシティを据え置くと $MR<MC$ となるため，企業Aは利潤を最大化するためにキャパシティを縮小することがわかる。つまり，企業Bのキャパシティ水準に対する企業Aの最適反応は，おおむね図4.5に示されているような減少関数である。

ゲーム理論においては，相手の戦略変数が大きくなるにつれて，プレーヤーの利得を最大化するような戦略変数が小さくなるという関係があるとき，プレーヤー間の戦略には**戦略的代替性**があるという。クールノー競争において，他の企業の生産量またはキャパシティ水準が大きくなると，各企業は自らの生産水準を下げることが緩い条件のもとで最適なのだから，特別な場合を除き戦略的代替性がある。戦略的代替性は，第**6**章で扱う戦略的補完性とともに，ゲーム理論的な議論をする際に有用なコンセプトであるので覚えておこう。

クールノー・ナッシュ均衡

上記で求められた2社の反応関数を連立すると，互いに相手の選択に対して

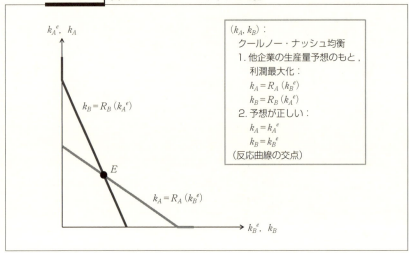

CHART 図4.6 クールノー・ナッシュ均衡

最適なキャパシティを取りあっている状況が描写できる。これらの式を解いて得られるのがナッシュ均衡である。図4.6 に示されているように，縦軸と横軸に企業 A，B のキャパシティの水準をそれぞれ取り，反応関数のグラフ（戦略的代替性から右下がり）を描いて求められる，両者の交点がナッシュ均衡である。

クールノー競争における均衡を単なるナッシュ均衡と呼ぶのは，クールノーの貢献を過少に評価することになってしまうだろう。実際，この均衡解はクールノー均衡，または**クールノー・ナッシュ均衡**とも呼ばれている。ナッシュ（J. F. Nash, Jr.）が 1950 年に定式化したナッシュ均衡解により，戦略的な意思決定の問題を広範に取り扱うことが可能となったのは事実だが，相互に最適反応をする戦略の組み合わせという均衡解のアイデアをナッシュより 100 年以上も前に提示していたクールノーの業績（『富の理論の数学的原理に関する研究』1838 年）を考えると，クールノーの名を冠するのがふさわしいだろう。

このようにして合理的に選ばれる「生産量＝キャパシティ」は，価格競争におけるコミットメント効果を考慮して選ばれたものであり，過度な価格競争を排除する一方で，それぞれの企業が利潤を高めるために慎重に選ばれたものである。当然ながら，ベルトラン・パラドックスが起きるケースと比べて，各企業が得られる利潤は高くなる。このクールノー・ナッシュ均衡における利潤や

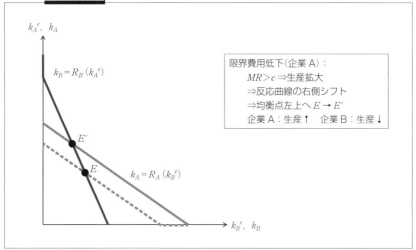

CHART 図4.7 限界費用が低下した場合の反応関数と均衡の変化

生産水準に対して，どのような要因が影響を与えるかを考えてみよう。

技術革新による限界費用の変化

　企業 A が技術革新に成功し，生産にかかる限界費用，またはキャパシティ拡大にかかる限界費用が引き下げられたとしよう。このような変化がもたらすナッシュ均衡の変化をみるためには，反応関数がどのように変化するかをみればよい。MC が低下すると変化前の「生産量＝キャパシティ」を用いた場合には $MR>MC$ となるので，企業 A はキャパシティを拡大することによって，利潤が増える。したがって，企業 A の最適なキャパシティの水準は MC の低下によって大きくなる。すなわち，反応関数のグラフは右上にシフトする（図4.7）。企業 B の技術水準が変わらず反応関数が変化しないとすれば，2つのグラフの交点は企業 B のグラフに沿って左上に移ることになる（$E \to E'$）。すなわち，MC が下がった企業は生産規模を拡大し，他の企業は戦略的代替性から生産規模を縮小することがわかる。

企業数が3社以上のケース

　ここまで2企業で議論してきたが，企業の数を3社以上に拡張することはそ

れほど困難ではない。企業数が増えても，自社以外の企業の総生産量（総キャパシティ）をまとめて，あたかも1つの企業の変数とみなしてしまえば，少なくとも反応関数については2企業での議論を形式的にはそのまま当てはめることができ，そこから（4.3）式のようなラーナーの公式を導くことができる。とくに，同じ技術をもった企業数が3社以上ある場合を考えてみよう。ナッシュ均衡で各企業が同じ生産量を選ぶ，対称均衡にのみ着目するならば均衡では各社のシェアは等しくなることがわかる。ラーナーの公式から，クールノー・ナッシュ均衡における各企業のマークアップ率は企業数の増加にしたがって低下する。マークアップ率の低下は価格の低下に対応しているので，クールノー・ナッシュ均衡での市場全体での生産量は増加することを示唆している。

何か特別な理由で市場支配力を維持できる企業がない限り，企業数が多くなるにつれ各企業の市場シェアはどんどん小さくなる。したがって均衡における企業のマークアップ率もどんどん小さくなり，企業数を無限に大きくするときの極限では，マークアップ率ゼロ，すなわち「価格＝MC」が成立する。これは**クールノーの極限定理**と呼ばれるもので，企業数が増えると寡占的な市場が完全競争に近づくことが示唆される，興味深い事実である。

SUMMARY ●まとめ

- ☐ 1 寡占市場では，各企業の意思決定が他社の取引価格に無視できない程度の影響を与えるため，意思決定が企業間で相互に連関するという特徴がある。そのような問題の解としてのナッシュ均衡は，各意思決定者の戦略の組み合わせで互いに自分の戦略が他者の戦略に対し最適であるようなものである。

- ☐ 2 同質財の市場において価格のみを用いて顧客を奪い合うベルトラン競争では，激しい価格競争が起きる（ベルトラン・パラドックス）。しかし，企業のキャパシティが適度なら価格競争が緩和されるため，キャパシティを抑えることが有効な非価格戦略となる。

- ☐ 3 企業がキャパシティ水準を選択しその後価格競争をする状況において，最適なキャパシティが生産量に一致するような環境を考えることができる。これは，企業が生産量を選ぶクールノー競争と同等とみなせる。

- ☐ 4 クールノー競争では，各企業は他社の行動の予想のもと $MR=MC$ という条

件で生産量を選ぶ。この条件は反応関数に書き換えられる。クールノー・ナッシュ均衡は反応関数のグラフの交点で求められる。均衡は企業数が増えると完全競争の状態に近づく。

EXERCISE ● 練習問題

4-1 同質財のクールノー競争を考える。逆需要関数は $P=12-Q$ である。2企業A，Bがあり，限界費用は一定でそれぞれ2，5とする。
(1) 企業A，Bの反応関数を求めなさい。
(2) クールノー・ナッシュ均衡における各社の生産量，および市場価格を求めなさい。
(3) 企業A，Bがベルトラン競争をしている場合の競争の結果を論じなさい。

4-2 同質財のクールノー競争を考える。逆需要関数は $P=12-Q$ である。企業は n 社あり，各企業の限界費用はすべて2であるとする。
(1) クールノー・ナッシュ均衡において，各企業の生産量は $10/(n+1)$ であることを確かめなさい。
(2) クールノー・ナッシュ均衡における価格は企業数が増えていくと，完全競争のときの価格 $p=MC$ に近づくことを確かめなさい。

4-3 ベルトラン競争やクールノー競争に近い競争状況であると考えられる寡占市場を，現実の市場のなかからそれぞれ挙げ，その理由も述べなさい。

4-4 引越し産業では，時期的に（3月など）高い価格を付けることができても，それ以外の時期では価格競争が激しくなる理由について，論じなさい。

4-5 技術革新による限界費用の低下に応じ，キャパシティをどのように変えるべきか，またその結果，どのような価格競争が起きるかについて論じなさい。

CHAPTER

第 5 章

競争政策の基礎

効率性・公平性の追求

公正取引委員会

INTRODUCTION

　国内および国際経済におけるビジネス環境は,企業の利潤獲得機会の向上だけではなく,消費者の利益を含めた社会的な価値の創造や向上,および公平性を考慮して設計・整備されていることを忘れてはならない。したがって,法律違反や行政処分を避けるために,市場での競争のルールを規定する競争法(日本では独占禁止法)や政策当局による運用方針がどのような観点に基づいているのかを十分に理解することは,企業にとって重要である。本章では,そのような競争政策の基礎について,経済学の立場から議論することにしよう。

1 経済政策をどう評価するか
▶ 効率性と公平性

　本書では経済学の標準的な考え方に従い，経済活動によって生ずる社会的状況に対する評価基準として，経済構成員が得る利益の合計として定義する**社会的余剰**を用い，それを高めることを政策の目標とする。社会的余剰による評価は，経済効率，すなわち現状の生産技術が無駄なく活用され経済利益が生み出されているか，という評価と言い換えてもよい。ここで定義される社会的余剰は通常，貨幣（お金）の単位で測られるため，企業の利潤だけでなく消費者の利益についても貨幣で測る必要がある。そこで基本的に，取引で獲得した財を消費することによって生ずる満足度を貨幣金額で測り，そこから支払った金額を差し引くことによって消費者の利益（消費者余剰）を定義する。これは，第**2**章で扱った個々の消費者に定義された余剰を，市場で取引するすべての消費者について足し合わせたものである。

　社会的余剰を用いて社会状況を評価するという立場では，経済効率に関心・重点を置き，余剰が公平に分配されているかどうかについてはあまり問題にしない。このような立場は公平性を軽視しているようにみえるが，必ずしもそうではない。あくまで原則論ではあるが，ある経済政策が不公平な状況を生んだとしても，政府が合わせて課税・補助金などの再分配政策を行うことを通じて，公平性に十分に配慮することが可能だからである。規制緩和などの政策と合わせて，影響を受ける生産者や消費者に対して補助金や減税措置などがなされるのは，このような理由によるものと考えられる。つまり，適切な再分配政策を用いることができれば，経済効率と公平性の問題は独立して別個に取り扱うことが可能であるため，経済学では経済効率の向上について重点的に議論しても大きな問題がないのである。

　ただし，そのような再分配政策が機能するためには，経済政策を通じて企業や消費者が受ける利害に関する正しい情報を，政策を立案・実行する立法府や政府がもつ必要があるし，公平な再分配政策を実現するためには，適正な課税・補助金額を算出するだけではなく，不適切な受け取りや支払いが生じない

ような管理運営体制が整備される必要もあるだろう。さらにいえば，政治的な権力によって公平な再分配が歪められることがないようにチェックする必要もある。これらの要件が満たされない場合には，再分配政策が機能しないために，経済効率を高めようとすると，かえって不公平が高まる可能性がある。そういった状況で公平性を重視するのであれば，あえて経済効率を犠牲にしなければならない場合もあるだろう。実際，各国の競争法では，消費者利益や雇用の促進が明示されていることが多いが，その理由は，企業側が政治的な権力を用いて不当な利益を得ることがないよう，消費者や労働者側の利益に重点を置くことを明示して公平性に配慮しているから，と捉えることができるだろう。

社会的余剰の最大化

消費者余剰

前節で述べたように，市場における消費者の利益を評価するにあたって，個々の消費者の余剰を求め，それをすべての消費者について足し合わせることによって定義する消費者余剰を用いる。ここでは，消費者余剰の定義と市場需要関数との関連を説明しよう。

個々の消費者がある財を x 単位消費するにあたり，支払ってもよい最大の貨幣額を財 x 単位に対する**支払意思額**と呼ぶ。これは，第 **2** 章で登場した，追加的な 1 単位に対する支払意思額，または**限界効用**（英語で marginal utility，または *MU*）を用いて表すことができる。すなわち，財 x 単位に対する支払意思額は，はじめの 1 単位から x 単位までの限界効用を合計したものと等しい。そのような支払意思額がどのように表されるか，第 **2** 章で示した図 2.2（57 ページ）の個人の需要曲線のグラフで確認しよう。階段状の需要曲線では，*MU* はその消費量に対応する需要曲線の高さで測られるのだから，x 単位まで *MU* を合計すると，需要曲線のグラフと縦軸，横軸，および x を通る垂線に囲まれた範囲の面積に一致する。たとえば，図 2.2 において財 4 単位に対する支払意思額は，網掛け部分の面積である。需要曲線が滑らかな曲線の場合も同様に考えて，財 x 単位に対する支払意思額は需要曲線，縦・横軸と購入量を通る垂線に囲まれた範囲の面積で表される。

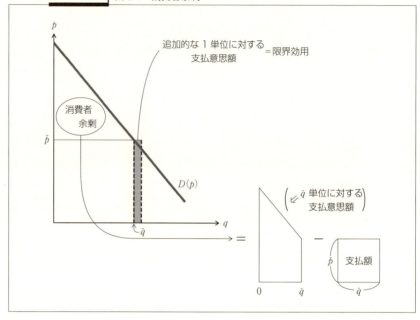

図5.1 消費者余剰

　このようにして導かれた財 x 単位に対する支払意思額から，財の購入に際しての支払金額を差し引いたものは，個々の消費者の余剰と呼ばれるものであった。個々の消費者の余剰を，市場で取引するすべての消費者について合計したものを**消費者余剰**と呼ぶ。ここで，消費者余剰を，個々の消費者の需要関数ではなく第 1 章で導入した市場需要関数のグラフで表そう。市場需要関数は，市場価格に対してどのくらいの需要量があるかを対応させる関係であるから，その価格に対する個々の消費者の需要を，すべての消費者について足し合わせることによって得られるものである。グラフとしては，第 **2** 章 57 ページで示した図 2.2 のような個々の需要曲線のグラフを横軸の方向に足していくことによって，市場需要曲線のグラフが得られる。このことをふまえて，消費者が市場需要曲線に従って購入する際にどのくらいの消費者余剰が発生しているかを，図 5.1 から読み取ってみよう。市場需要関数 $D(p)$ は，価格 p によって需要量 $q = D(p)$ を決めるものであるが，個々の需要関数の場合と同様に，$\bar{q}$ 単位の財に対する（消費者全体の）支払意思額を市場需要曲線と縦軸，横軸，また数量 $\bar{q}$ を通る垂線に囲まれた面積で測ることができる（図 5.1 における台形の面積）。価

格 $\bar{p}$ のもとで $\bar{q}$ 単位の財を購入するとその支払額は，高さ $\bar{p}$ 底辺 $\bar{q}$ の長方形の面積にあたる。したがって，価格 $\bar{p}$ のときに需要量 $\bar{q} = D(\bar{p})$ を取引することで生ずる消費者余剰が，需要曲線と縦軸，および価格 $\bar{p}$ を通る水平線で囲まれる範囲の面積によって測られることがわかる。

生産者余剰

取引から生じる企業の利益は，これまでと同様に利潤すなわち「収入 − 費用」で測ることが基本である。ただし，企業の利益を測る際には，一度支払ってしまうと回収できない費用である埋没費用（サンクコスト）の観点から注意するべき点がある。生産費用のなかに埋没費用が含まれている場合，埋没費用を除外して考えるからである。

短期的に考えると，企業の固定費用は埋没費用であると考えられる。企業が操業することを前提とすれば，固定費用は回収できない費用だからである。たとえば，工場の土地の賃貸料支払いは，契約解除できない期間中はやめることができない。このような回収不可能な費用については，事業開始後の行動から発生する利益には無関係に負担するものであり，合理的な行動を考える際に考慮するべきではない。したがって，取引からの企業の利益を考える際には，総費用から固定費用を差し引いて，可変費用を用いることが適当である。この考えに基づいて，収入から可変費用を引いた「純利潤」を企業の余剰と定義して，これまでの利潤と区別することにしよう。そして，個々の企業の余剰を市場で取引するすべての企業について合計したものを**生産者余剰**と呼ぶことにしよう。

上記の議論は，あくまでも固定費用が埋没費用となる短期的な視点に基づいている。中長期的には，既存企業が事業から撤退することも考えられるし，新規参入企業が操業を始めることもありえるので，短期の固定費用は中長期では可変的な費用と考えることができる。したがって，中長期の時間軸で考える場合には，社会的な余剰を算出する際に短期における固定費用を含めなければならなくなる点にも注意しておこう。

社会的余剰

消費者余剰と生産者余剰は，市場取引によって生じる消費者と生産者の利益の金銭的評価である。これらの消費者余剰と生産者余剰の合計を社会的余剰と

呼び、社会全体で発生する取引からの利益と考える。実は社会的余剰は一定の条件のもとで、市場での取引量のみによって決定されることが次のようにしてわかる。いま、生産後に未販売となっている在庫がないとすれば「消費量＝生産量＝取引量」であり、また常に、「消費者の支払額＝生産者の収入額」という関係が成り立つことに注意しよう。このとき、

【社会的余剰】＝【消費者余剰】＋【生産者余剰】
　　　　　＝【取引量に対する支払意思額】－【支払額】
　　　　　　＋【収入額】－【取引量に対する可変費用の合計】
　　　　　＝【取引量に対する支払意思額】－【取引量に対する可変費用の合計】

という関係が成立する。この式は、社会的余剰が取引量のみによって決定されることを示している。

　社会的余剰の最大化について考えよう。市場で取引される財が1種類の場合には、限界効用 MU（追加的1単位に対する支払意思額）と限界費用 MC によって、最大化の条件を単純に述べることができる。いま、どこでもかまわないので取引量をある水準に固定する。この取引量に対する社会的余剰は上記の式から求めることができる。さてここで、取引量を1単位追加することを考えてみよう。このとき、追加的1単位に対する支払意思額、すなわち限界効用 MU が、1単位追加するためにかかる可変費用、すなわち限界費用 MC を上回っているとすると、取引の追加により社会的余剰が必ず増加することがわかる。したがって、このような場合には取引量を増やすことが望ましい。同様に考えると $MU<MC$ の場合には取引量を減らすことが望ましく、社会的余剰が最大化されている点では $MU=MC$ が成立しなければならないことがわかる。

　需要曲線は取引量に対して通常、右下がりであるので、MU は取引量が増えるに従い減少するという関係があり、また MC は通常、取引量に対して一定、ないしは取引量が増えるに従って増加する関係があることに注意しよう（この点については、次項で述べる）。そうすると、ある取引量で $MU>MC$ であったとしても、取引量を増加すると、左辺は減少し右辺は一定または上昇することから、いずれ $MU=MC$ となる取引量がみつかる。逆に、ある取引量で $MU<MC$ とすれば、取引量の減少を続けることによって、上記の場合と同様にいずれ $MU=MC$ となる取引量がみつかる。したがって、社会的余剰の最大化の条

CHART 図 5.2 社会的余剰

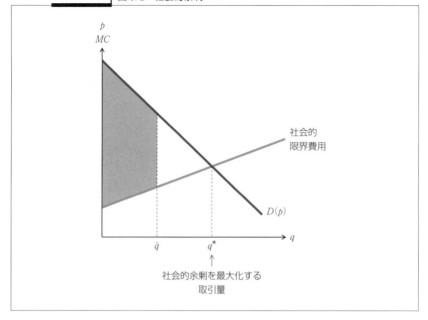

件となる.

$$MU = MC$$

という関係が成立する取引量を必ずみつけることができる.

社会的な限界費用

　市場需要曲線と「社会的な」限界費用のグラフを用いて，社会的余剰を表せば，図 5.2 のようになる。市場需要曲線は，これまでと同様である一方，ここでの社会的な限界費用がどのようなものかについては，市場環境によって異なるために注意が必要である。社会的な限界費用を考えるために，そもそも，ある取引量を実現するために市場での費用の合計が最小になるような生産とは何かから考える。市場が独占の場合には，1 社しかないため独占企業の費用関数をそのまま用いればよい。市場で複数の企業が操業する場合には次のように考える。まず，総生産量をある一定の水準に保ったままで，各企業の可変費用の合計が最小になるよう生産を考える。そのときの各企業の可変費用の合計を社

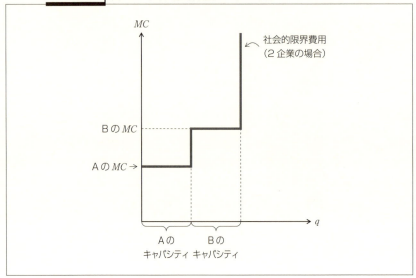

CHART 図5.3 社会的限界費用：2社の場合

会的な可変費用と呼ぶ。このようにして導かれた社会的な可変費用を考え，個々の企業の可変費用と限界費用の関係を当てはめることによって，社会的な限界費用を自然に導くことができる。すなわち社会的な限界費用とは，総生産量を追加するときの社会的可変費用の増加率である。

　具体的に考えるために，次のような2企業（A, Bとする）のケースをみてみよう（図5.3参照）。それぞれの企業の限界費用は一定だが，企業Aの限界費用のほうが小さいとする。また両企業はそれぞれキャパシティに制約をもつとする。このような場合，総生産量が企業Aのキャパシティまでは，企業Aのみで操業するほうが費用は小さい。総生産量が企業Aのキャパシティを超えてはじめて，限界費用の高い企業Bが操業し，総生産量がAとBのキャパシティの合計に達するまで生産が行われる。したがって，社会的な限界費用曲線は，生産量がAのキャパシティまではAの限界費用と等しく，Aのキャパシティを超えてAとBのキャパシティの合計まではBの限界費用と等しい（それを超えた生産量については便宜的に限界費用を無限大と置く）。このように，各企業が一定の限界費用で生産できる場合でも，各企業のキャパシティに制限があると社会的限界費用が「右上がり」になることがわかる。

独占・寡占市場における効率性の評価

独占企業による効率性の歪み

　独占企業の利潤最大化行動を社会的観点から評価してみよう。第 1 章でみたように，1 つの財を生産する独占企業の利潤最大化は，

$$MR = MC$$

となる取引量において達成されるのであった。限界収入（MR）は，生産を追加した際の収入の増加率であるが，その内訳は「追加分 1 単位当たりの収入増」と「価格が下落することによって発生する収入減」を合わせたものである。追加分 1 単位当たりの収入増はちょうど価格に等しいが，需要関数から「価格＝限界効用（MU）」という関係があるため，

$$MU > MR = MC$$

が成立することとなる。限界効用が限界費用を常に上回るため，独占企業の行動の結果は社会的余剰を最大化しないことがわかる。

　つまり，独占企業の利潤最大化行動は，社会的な意味で効率性を欠くのである。その理由は，独占企業が価格を吊り上げることにより，支払意思額の高い消費者のみを取引対象として，支払意思額の低い消費者を取引から排除することが，利潤最大化のために有効だからである。そのような排除された消費者のなかには，支払意思額が限界費用を上回るものがあり，取引を行うとそのような消費者には余剰が発生するため，社会的余剰も高まる。つまり，独占企業がもたらす社会的な「歪み」の原因は，そのような消費者の利益を企業が顧みないこと，ということができる。

　企業による市場の独占が社会的な非効率性の源泉になるという上記の議論には，いくつかの留意するべき点がある。第 1 に，企業に開発努力のインセンティブを与えるためには，ある程度独占的な地位を保証することが正当化されるという点である。企業が消費者の需要を喚起するような新しい財を開発したり，画期的な技術によって既存の財の利便性向上や生産費用削減などを成し遂げた

りすることによるメリットは大きい。したがって，このような開発投資に相応の「報酬」を与え，開発努力のインセンティブを高めることが重要となる。そのために，たとえば一定期間，開発に成功した企業が独占的に市場で操業することを認めるなら，市場支配力による高い利潤が開発投資への報酬の役割を果たす。実際，特許や著作権といった知的財産権は，そのような目的をふまえて設計されているといえる（第10章参照）。

　第2に，上記の議論では価格は取引量によらず一定であったが，2部料金を課すことが可能な場合には，独占でも社会的余剰が最大化される可能性がある。たとえば，個々の消費者が右下がりの需要曲線で表されるような需要をもつケースを考えると，2部料金の定額料金があまり高くなければ消費者はそれを支払い，単位当たり料金と限界効用が等しくなる点まで消費する。したがって，単位当たり料金を限界費用と等しく設定するならば，社会的余剰を最大化するような取引が行われる（第2章3節の第1種価格差別の議論を参照）。ただし，独占企業が定額料金を高く設定しすぎる場合には，定額料金を支払わず何も購入しない消費者が現れることにより非効率性が発生することや，そうでなくとも発生する余剰の大半が企業側に帰属するという分配の問題などに注意すべきである。

垂直的関係による効率性の歪み

　垂直的関係において，各企業が下流の取引相手に対して独占企業としてふるまうような場合には，生産のプロセスが分割されずに1企業で生産・販売を行う場合と比較して，全体での利潤を減少させる二重限界化と呼ばれる問題が発生することを第3章でみた。二重限界化による総利潤減少は，独占企業が社会的な非効率性を発生させる論理を垂直的関係に応用することにより容易に説明できる。垂直的な関係にある2社の総利潤を最大化することは，生産・販売が1つの企業内に統合されている場合の利潤最大化と同じである。これは垂直的な関係にある2つの企業を「社会」とみなし，川下企業をあたかも消費者のように見立てたときの，「社会」的余剰の最大化と捉えられる（もちろん，本来の社会的余剰は最終消費者の余剰を含まなければならない）。垂直的な関係下では，川上企業が川下企業に対して独占的にふるまい，市場支配力を行使して川上企業自らの利潤を高めようとする。その結果，川下企業の利潤を無視するため取

引において歪みが発生し，2社の総利潤は減少する。そのことに加え，さらに川下企業は最終消費者に対して独占的にふるまうことを考えると，本来の意味での社会的余剰の観点からみれば，垂直的関係は二重に歪みをもたらしているということがわかる。

　第 **3** 章では，二重限界化の解消の方法として，2部料金制，再販価格維持，企業の統合などを論じた。2部料金制による企業の総利潤の改善は，前項で述べたように独占企業が2部料金を用いるケースと同等である。企業の統合についても，垂直的関係で規定される「社会」の利益，すなわち統合された企業の利潤を最大化するのだから，二重限界化による歪みが少なくとも企業側については解消されるのは自明である。

　再販価格維持によっても企業側の歪みは解消されるのだが，2部料金の場合とは論理が異なっている点に注意しながらみてみよう。再販価格維持が適用されると，川下企業が販売価格を拘束され，市場需要曲線からその価格で販売できる数量の上限が決まってしまう。販売数量を上限未満にしてもかまわないが，「再販価格＞限界費用＝卸売単価」である限りは取引を追加すると利潤が発生する。再販価格維持契約は，総利潤を最大化するように再販価格を設定するとともに，上記の条件が満たされるように卸売価格を設定するので，販売企業は販売可能な数量の上限まで取引を実行することになる。

　二重限界化の回避は，企業の利潤を改善するだけでなく，最終消費財価格を低下させて取引量を増やすため，生産者余剰および消費者余剰の両方から社会的余剰を改善している。ただし，これらの改善策はあくまでも企業側の歪みのみを修正するものであり，消費者余剰を含めた社会的余剰が最大化されているわけではない点に注意したい。消費者の余剰も含めて改善するには，たとえば，川下企業の市場支配力を制限するか，最終消費財の販売に2部料金制を用いるなどといった，いっそうの工夫が必要である。

競争による効率性の改善

　企業の競争が激しくなることは，市場に参加している各企業の市場支配力を弱めることにつながり，その結果社会的な余剰が高まることを議論しよう。第 **4** 章で議論したように，寡占市場における企業の行動は価格競争と数量競争（またはキャパシティの拡大競争）のどちらとみるかで大きく異なるが，競争が効

率性に与える影響はどちらの場合もプラスである。キャパシティ制約のないベルトラン競争では，非常に激しい価格競争が起こり，価格は企業全体のなかで2番目に低い限界費用の水準まで下がる。限界費用が最も低い企業が1社であれば，その企業だけが操業して2番目に低い限界費用の水準で取引することで正の利潤が発生するが，そのような企業が2社以上であれば，操業している2社とも自社の限界費用の水準で取引することになり，利潤はゼロになる（固定費用はゼロとする）。このとき，消費者は企業の限界費用に等しい価格に直面するので，その需要量は，

$$MU = MC$$

となる点で決まる。すなわち，社会的余剰を最大化する条件を満たしている。キャパシティ制約のないベルトラン競争では，社会的余剰は高まるが，企業の取り分は少なく，消費者余剰が大きいことがわかる。

また第4章で，キャパシティに制約がある場合のベルトラン競争においては，価格の引き下げ競争に一定の歯止めがかかることをみた。当然，価格は企業の限界費用まで下がらないため，その分非効率性が発生することがわかる。キャパシティの制約を利用したコミットメントは，この意味でも市場競争を緩和するような行為であると解釈できる。

クールノー競争，すなわち生産数量を戦略変数とする競争では，各企業は他社の生産数量をある水準と想定して，その残余需要から得られる限界収入を限界費用と等しくするように自社の生産量を決める。その結果，マークアップ率は市場シェアに比例して小さくなるのであった。クールノー競争では，各企業が数量の調整を通じて間接的にコントロールできる価格の範囲が，独占企業と比較して狭くなっていることに注目しよう。つまり市場支配力が独占企業の場合と比べて小さくなり，その程度は市場での競合他社の数またはシェアが大きくなるにつれて縮小する（第4章111ページのラーナーの公式（4.3）を参照のこと）。その結果，クールノー・ナッシュ均衡では市場価格が独占と比較して低くなり，均衡における取引量は拡大する。社会的余剰の計算で述べたように，「限界効用＝限界費用」となるまでは取引量を拡大するにつれて社会的余剰が高まるため，クールノー競争においても，競争が効率性を改善することが示された。

経済学において，競争を促進し企業の市場支配力を弱めることが望ましいと

主張する理由は，競争を通じて限られた資源が社会的にみて効率的に利用される可能性が高まるからである。第4章の最後にみたように，クールノー競争で企業数が限りなく大きくなった場合の極限は，いわゆる完全競争市場と同等に捉えることができる。その均衡では「限界効用＝限界費用」という条件が必ず成立し，社会的余剰が最大化されていることがわかる。先にも議論したように（研究開発のインセンティブなど），効率性は必ずしも企業競争の側面のみで捉えることができないが，他の条件を一定とすれば，競争を高めることは社会的に望ましいという理論的な根拠は，上記のように説明される。

4 価格差別と社会的余剰

本節では，第2章で論じた企業の価格差別を社会的余剰の観点からどのように評価できるのかを，説明の都合で第1種，第3種，第2種価格差別の順にみてみよう。ケースバイケースではあるが，価格差別は社会的余剰の観点からみて必ずしも悪いこととはいえないという，興味深い論点が見出せるだろう。

第1種価格差別と効率性

第1種価格差別（完全価格差別）が可能なケースでは，独占企業は各消費者，各取引単位に対してその支払意思額に合わせた価格を提示して，その価格を支払ってもらえるのであった。その結果，独占企業は限界費用と等しい水準の支払意思額をもつ取引単位まで取引し，発生するすべての余剰を得る。社会的余剰の観点からすれば，取引は「限界効用（＝支払意思額）＝限界費用」という条件になるまで行われているので，社会的余剰が最大化されるが，消費者は全く余剰を得られないという不公平な結果になっている。もちろん，公平性の観点からは介入が必要と考えられるが，第1種価格差別が可能なケースはあまり現実的な状況ではないので，さほど気にする必要もないだろう。

第3種価格差別と効率性

第3種価格差別を行った場合の効率性の評価も興味深い。価格差別ができる場合とできない場合を比較すると，社会的余剰が増加または減少するという，

両方のケースがあるからである。価格差別ができる場合には、それぞれの市場で独占企業は価格支配力を行使し、歪みが発生する。一方、価格差別ができない場合には、共通の価格を設定することになるが、独占企業は結局すべての市場をひとまとめにしたうえで、利潤を最大化する価格を設定する。この場合でも、もちろん歪みは発生する。どちらの場合も社会的余剰は最大化されていないが、両者を比較すると、価格差別できる場合のほうがかえって社会的余剰が大きくなる場合がある。

典型的なケースは、独占企業が操業するそれぞれの市場の規模に、次のような意味で大きな差がある場合である。たとえば2つの市場があり、1つの市場は規模が小さく、また消費者の支払意思額も比較的低いとし、他方は市場規模が大きく、支払意思額も比較的高いとしよう。まず、価格差別できない場合、利潤最大化する価格において結果的に小さい市場の消費者を排除してしまう場合がある。それは、大きな市場における独占価格を付けたときに、小さな市場で取引しようとする消費者がおらず、小さな市場で取引するためには価格を十分に引き下げる必要がある場合である。さて、価格差別できる場合、企業は各市場でそれぞれ独占価格を付ける。すると、大きい市場では価格も取引量も変化しない一方で、小さい市場では価格が下がって取引が行われるようになる。よって、小さい市場における取引によって消費者余剰も企業の利潤も増加し、その結果、社会的余剰は増加する。つまり、<u>価格差別が純粋に取引の拡大を引き起こし、社会的余剰を増加させる</u>可能性があるのである。

価格差別によって取引が拡大するような観察事例は多い。序章でも触れた英語の教科書が国際版(international edition)として別装丁で安価に販売されていることは、途上国での需要の喚起につながりうる。研究用の統計処理・数式処理などのソフトウェア(たとえばStata, Mathematica)の通常価格は非常に高いが、アカデミック・パッケージや学生割引価格はかなり安くなるので、学生にも手が届くようになる。相対的にみて、途上国や学生の市場の規模はその他の取引相手と比べて小さいことが見込まれるので、これらの価格差別により、上で述べた需要拡大効果が生じ社会的余剰は増加すると考えられる。

より一般の場合として、価格差別ができないとき独占企業がどちらの市場も排除せず両方の市場で取引する状況を考えよう。この状況で、価格差別ができるようにすると社会的余剰が増えるか減るかはケースバイケースであることを

みてみたい。まず，価格差別ができず，2つの市場をひとまとめにする場合の独占価格は，価格差別ができる場合に各市場で付ける独占価格の中間の水準であることに注意する。つまり，価格差別ができるようになると，一方の市場では価格が上昇し，他方では価格が下落することがわかる。このような価格の変化に従えば，消費者余剰は一方で減少，他方で増加することになる。また，価格差別ができない状況からできる状況に変わるとき，それに伴って企業の利潤が減るということがないのは明らかだろう。社会的余剰は，このような消費者余剰の増減と企業利潤の変化を合計して評価するのだから，プラスの効果がマイナスの効果を上回るかどうかが問題である。したがって，価格差別ができるようになることが社会的余剰の観点からみて推奨すべきか避けるべきかについては，より詳細な検証が必要となるのである。

第2種価格差別と効率性

　第2種価格差別における社会的余剰の分析はもう一段複雑である。第**2**章で考えた第2種価格差別では，需要曲線の異なる2つのタイプの消費者を考え（同じ取引量でも支払意思額の高いタイプと，低いタイプ），独占企業は2種類の2部料金を提示し各タイプをふるい分ける（スクリーニングする）のであった。このような価格差別は，グループ別に料金を提示するという点では第3種価格差別と類似しているが，2部料金のメニューから消費者に自主的に選んでもらうという点に本質的な差があることに注意する。本項では，2部料金を用いてスクリーニングすることが許されず単一の2部料金のみが提示できる場合と，スクリーニングできる場合とで，社会的余剰がどう変化するかみてみよう。

　まずは単一の2部料金のみが提示できる場合に，利潤を最大化する2部料金はどのようなものになるか，という問題から考えよう。第**2**章でも述べたように，単一の2部料金で利潤を最大化するときには「単価＝限界費用」という関係が満たされなければならない。定額料金については，企業はなるべく高く設定しようとするが，その水準は支払意思額の低いタイプを取引から排除するかどうかによって変わる。低いタイプを排除せず，すべての消費者と取引するのが最適である場合，低いタイプの消費者がギリギリ2部料金を受け入れるように「定額料金＝定額料金支払い後に低いタイプが得る余剰」とする（第**2**章における単一2部料金のケース）。一方，低いタイプを排除して，支払意思額の高

いタイプのみと取引するのが最適である場合には，高いタイプの消費者が得る余剰がゼロとなるまで定額料金を引き上げ「定額料金＝定額料金支払い後に高いタイプが得る余剰」とする。どちらのケースが利潤を最大化するかは，高いタイプと低いタイプの消費者がどれくらいの割合でいるかによって変わる。低いタイプの消費者の割合が一定以上であるときには彼らを排除するべきでなく，それ未満なら排除するべきである，ということがわかる。

では，単一2部料金のみの場合とスクリーニングできる場合で，社会的余剰がどう変わるのかをみよう。単一2部料金のもと，すべての消費者と取引するのが最適な場合には，各消費者は「限界効用＝単価」となる数量まで取引する。そのため，「限界効用＝限界費用」という条件が成立し，社会的余剰は最大化される。したがってスクリーニングできる場合に，すでに最大化されている社会的余剰がそれ以上増えるということは起こりえないことがわかる（実際，企業はスクリーニングによって取引の効率性を歪めるインセンティブをもつので，社会的余剰が減少する傾向がある）。

つぎに，単一の2部料金のもと，低いタイプの消費者を排除するのが最適な場合を考えよう。この状況でタイプをスクリーニングできるようになっても，独占企業は低いタイプを排除することを好み，結局社会的余剰は改善しないことをみよう。もしスクリーニングするなら，低いタイプに向けては，低いタイプの消費者がギリギリ受け入れられるように，その余剰がゼロになるような2部料金を設定することになるだろう。ところが，高いタイプの消費者はあえてそのような低いタイプに向けた2部料金を選ぶことができ，しかも低いタイプより支払意思額が高いために余剰は必ずプラスになる，ということに注意しよう。したがって，スクリーニングするためには，高いタイプの消費者に向けた2部料金は，あえて低いタイプ向けの2部料金を選んで得られる余剰かそれ以上のものを，高いタイプに保証するものでなければならないことがわかる。しかし，高いタイプに一定の余剰を与えるためには，企業が設定する定額料金を低くしなければならず，結果として企業の利潤を低下させる。そのような利潤の低下を，低いタイプから得られる利潤によってカバーできればよいのだが，実際は以下の理由から困難である。第1に，単一2部料金のもとで低いタイプが排除されているのだから，そもそも低いタイプの割合が小さいということ，第2に，低いタイプは支払意思額が低いので，取引をしても得られる収入が低

く，そこから得られる企業の利潤は大きくないということである。結果として，スクリーニングができる場合でも，独占企業はスクリーニングを実行することが最適とならず，低いタイプを排除する単一の2部料金の場合と同じ状況となり，社会的余剰も変化しないことがわかる。

5 競争法と競争政策

　市場経済の拡大や成熟に伴って，企業の寡占化が進み，市場の経済効率を歪める，または中小企業が退出を余儀なくされるなどといった弊害が，19世紀後半あたりから顕著になった。そのような弊害を取り除くために，各国で独占禁止法・反トラスト法などのいわゆる**競争法**が制定され，市場競争のルールを設定し，違反者には指導，勧告，場合によっては処罰を行うことで対応してきた。

　経済学的な立場からいえば，第1節で述べたように経済効率（おもに社会的余剰による評価）を高めることを目的としたルールが設定されるべきということになるが，実際には消費者余剰を重視することを明言している国もある（アメリカ，とくに合併のケース）。この1つの論拠としては，消費者は多数でその利害が広く拡散しているため，ある特定の消費者が代表して政治的な圧力をかけるインセンティブが弱い一方で（いわゆるただ乗りの問題），企業側の利害は当事者に集中しているため，ロビー活動を積極的に行うインセンティブが強く，結果として政治的に有利な立場を築きやすくなり，生産者余剰を過度に重視した政策が策定されやすくなるから，というものである。また，EU（欧州連合）については，消費者余剰と社会的余剰のどちらを重視するのか，競争法の条文からは明確ではない一方，カナダやオーストラリア，ニュージーランドなどについては社会的余剰重視である。イギリスについては，「公共の利益」というだけで，どのような意味で経済効率が重視されているのか，明らかではない（Motta, 2004）。

　各国の競争法にはその目的として，経済効率以外の要素も組み込まれている。たとえば，中小企業保護，公平・公正性，また，市場統合の推進（とくにEUの場合）などである。これらの目的の背景には，経済効率につながる点も認め

られるものの（たとえば，中小企業保護は多様なイノベーションを促進するなど），多くは社会運動や政治活動としての意味合いが大きいと考えられる。EUでは域内統合がより促進されるように，域内での価格差別の禁止や域内の各国の労働環境の改善などを考慮した判断がなされている。

　日本の競争法である独占禁止法は，第1条において「公正且つ自由な競争を促進し，事業者の創意を発揮させ，事業活動を盛んにし，雇傭及び国民実所得の水準を高め，以て，一般消費者の利益を確保するとともに，国民経済の民主的で健全な発達を促進すること」を目的と定めている。国民全体または消費者の利益，事業活動の促進，雇用や公正な競争など，さまざまな要素が万遍なく盛り込まれている。歴史的にみればこれまでの司法や公正取引委員会の判断においては，条文の解釈の問題が主で，経済学的な論点，たとえば消費者余剰や社会的余剰に裏付けられた議論は少なかったようである。しかしながら，近年は経済学者・法学者を中心に構成された公正取引委員会の競争政策研究センターが発足し，過去の事例の経済学的再評価などが行われ，経済学的な観点が重視される傾向があるといえる。

　競争環境の整備にあたり，経済学的な観点が重視されるようになったという動きは，アメリカやEUをはじめ，世界的に認められる傾向である。たとえばアメリカでは，FTC（連邦取引委員会）やDOJ（司法省）といった政府機関に著名な経済学者が在籍し，カルテルや企業合併のケース等，競争法に関わる事例について分析や助言をし，それぞれのケースの是非に関する最終判断に影響を与えている。これは，とくに1970年代以前に行われた競争制限の判断にあたって，機械的に過去の判例やそれに基づく基準を当てはめたことにより，事後的には不適切と評価されるような判決を多く生み出したことに対する反動である。これはすなわち，現実の事例が競争法に反しているか否かを，市場シェアの上限というような数値基準を単純に当てはめるのではなく，その精神（経済学の観点からすれば，競争を妨げる市場支配力の制限・撤廃）に照らし合わせて慎重に判断するようになったということである。その判断には，さまざまな異なるシナリオが考えられるため詳細な検討が必要であり，利用可能なデータを用いて，どのシナリオがもっともらしいか評価しなければならない。このような観点から，経済学の理論や実証の方法は，事案是非の判断に際して積極的に用いられるようになってきている。

とはいっても，独占力の行使や企業談合の認定と対応，企業合併の許認可などといった競争政策の実際では，その是非の判断は容易ではない。理想的なデータを用いれば，企業が実際に影響力をもつ市場の範囲がどの程度かを画定し（市場の画定），その需要，とくに価格弾力性を測定し，マークアップ率などから市場支配力を測ることができるが，はたしてマークアップ率がどのくらい高くなると問題ありとするべきだろうか。また合併の審査にしても，シナジー（第 9 章 3 節参照）がどのくらいか，合併後の市場支配力がどの程度高まり，価格はどのくらい上昇するのかなど，定量的な評価とそれに基づく判断が必要となる。最終的な判断は「合理の原則」といって，十分な証拠・論拠があるかどうかに基づき，競争政策担当者や司法が行っている。企業はこういった競争法や競争政策を理解し，適切な市場競争を推進していく義務があるといえよう。

SUMMARY ●まとめ

- □ 1 経済活動による社会的状況の評価基準として，消費者余剰と生産者余剰を合計した社会的余剰を用いる。消費者余剰は消費者が得る取引からの貨幣的な利益の合計，生産者余剰は各企業の収入から可変費用を差し引いたものを合計したものである。
- □ 2 社会的余剰を最大化するためには，取引からの限界効用が社会的にみた限界費用に等しくすることが必要である。社会的にみた限界費用とは，総生産量を産出するための費用を最小にするように企業間で生産を調整するときの，対応する限界費用である。
- □ 3 独占や寡占，垂直的な関係など，企業が市場支配力をもつ市場では，企業が他者の利益を考慮せずに価格を決定するため，社会的余剰は最大化されない。
- □ 4 2 部料金を用いることができれば，限界効用と社会的な限界費用を均等化する余地があるために，独占市場でも社会的余剰を最大化できる可能性がある。
- □ 5 価格差別が社会的余剰を改善する場合がある。
- □ 6 競争法や競争政策は，企業行動によって歪められる経済効率を是正するために，また公平な経済状況を実現するために制定・運用されている。

EXERCISE ● 練習問題

5-1 第 2 章 59 ページの図 2.3（「2 部料金による完全価格差別」）のような需要曲線をもつ消費者が，2000 円払って 3 単位を消費したときの余剰を求めなさい。

5-2 市場（逆）需要関数を $P(q)=10-q$，企業の限界費用は一定で $MC=2$ とする。

(1) 市場での取引量が $q=5$ で，価格が需要関数によって決まるときの消費者余剰，生産者余剰，社会的余剰を求めなさい。

(2) 社会的余剰を最大にする取引量，およびそのときの社会的余剰を求めなさい。

(3) 市場が独占であるときの社会的余剰を求めなさい。

(4) 市場が複占（2 社による寡占）であるとき，クールノー・ナッシュ均衡における社会的余剰と，ベルトラン競争で実現する社会的余剰をそれぞれ求めなさい。

5-3 市場（逆）需要関数を $P(q)=10-q$，企業の限界費用は一定で $MC=2$ とし，生産企業と販売企業が垂直的な関係のもとで操業しているとする。

(1) 二重限界化が発生しているときの社会的余剰を求めなさい。

(2) 二重限界化が解消しているときの社会的余剰を求めなさい。

5-4 第 3 種価格差別を考える。ある財には 2 つの分離した市場があり，一方は市場需要関数 $D(p)=5-p$，他方は $D(p)=10-p$ であるとする。独占企業の限界費用は $MC=2$ とする。

(1) 価格差別しない場合の社会的余剰を求めなさい。

(2) 価格差別する場合の社会的余剰を求めなさい。社会的余剰は高まるかどうか，論じなさい。

5-5 伝統的なエネルギー産業は固定費用が大きく，生産規模を拡大することによって平均費用（総費用/生産量）を削減できる。このような産業では，1 社に独占を許し，価格を規制することが社会的余剰の観点から望ましいことを論じなさい。

CHAPTER 第6章

競争緩和のための非価格戦略

製品差別化, スイッチング・コスト, 広告

アパレル, ファッション業界

INTRODUCTION

　本章は, 企業が価格競争を緩和するための戦略について, 「製品の差別化」という観点から議論する。そこで本章ではまず, 企業の間で製品が差別化されるとどのような価格競争が展開されるのかについて, そのような市場競争のモデルとして代表的な「ホテリング・モデル」を用いてくわしく説明する。つぎに, そのような価格競争を踏まえたうえで, 企業がどの程度他社と差別化しようとするかを議論する。本章ではホテリング・モデルをベースにして, 製品差別化のパターン, 製品差別化との関連が深いスイッチング・コストや広告などについても解説する。

1 製品差別化と競争

製品差別化とは

　第4章では，企業の利潤を大きく減らす主要な要因が価格競争であり，いかにして価格競争を避けるかが企業にとって重要となるかを解説した。とりわけ，価格競争を避けるために，各企業の生産キャパシティに制限を設けることが有効であることを論じた。その議論では，<u>企業の生産する財が同質的，すなわち消費者にとってどの企業の財も全く同じ性質をもつものであるとした</u>。当然，価格以外に差異がないため，消費者は最も安い価格を付ける企業から買うことになる。また，企業としても価格以外に消費者を惹きつける手段をもたず，キャパシティに制約がない場合には，価格競争によって消費者を奪い合い，利潤を大きく減らすことが避けられないのであった。実際，牛丼など特定の財の市場では，各企業の生産する財に大きな質的差異を付けることが困難であり，そのような市場ではおおむね激しい価格競争が観察されてきた。

　しかしながら，企業の生産する財が同質的であるという想定は，いつでも成立するわけではない。同種の財であっても，実際にはさまざまな質的な差異がみられるからである。具体的には，品質の高低，デザイン（形や色など），味や香りの特徴（甘み・酸味・苦みが強いかなど），サービスの特徴の違い（高齢者向け，若者向け，一般向けなど）といったものがあるだろう。<u>財の質や特徴に差異があるなら，消費者は質や特徴も考慮して需要行動を決定するため，価格のみによって購買行動が左右されることはない</u>。そのような場合には，価格の操作を通じた顧客の奪取が難しくなり，価格競争が利潤を高める効果は低下することになる。その結果，企業が価格を引き下げるインセンティブも低下し，価格競争が緩和されることがわかる。

　ここで，財の異質性（質的差異や特徴）の内容やその程度は，企業が自ら調整できるという点に着目しよう。実際の企業は，どのようなタイプの顧客をターゲットとするかを考えて，新しい製品の開発・生産において財の特徴やデザインを設定・調整するとともに，それに合わせたマーケティングなども工夫する。ここでの想定は，そうした点をふまえたものであるともいえる。このように，

財の異質性を自ら決定する行為を**製品差別化**と呼ぶ。ただし，企業が製品差別化を行うにあたっては，競合する他社がどのような差別化を行おうとしているかという点にも注意しなければならない。というのも，企業間の財の差別化の程度がどのくらいになるかは，自社だけでなく競合する他社の差別化戦略の結果にも左右されるからである。すなわち，差別化の問題はゲーム理論的な問題，言い換えれば，相互に連関する意思決定の問題なのである。

製品差別化の効果

企業が製品差別化の程度を高めたときに，その後の価格競争のステージでどのような効果を生むのかについて，簡単にまとめておこう。まず，上記の議論から明らかなように，差別化の程度が高まると，企業間の価格競争が緩和されることがわかる。このことから差別化には，企業の価格支配力を高め，マークアップ率を上げることができるという効果があり，企業の利潤に対してプラスの影響をもたらすこともわかる。一方で，差別化はその財を需要する顧客をより限定するという点に着目しよう。というのも，差別化を通じて，ある特定のグループの好みに合わせた製品にシフトすると，それとは異なる好みをもつ顧客からの需要は減少するからである。つまり差別化には，その程度を高めると需要が減少するという効果もあり，その効果がもたらす企業の利潤に対するマイナスの影響も考慮しなければならない。企業は，このような2つの相反する効果を勘案し，また競合他社の行動も考慮しながら望ましい差別化戦略を選択する必要がある。

差別化の分類——垂直的差別化と水平的差別化

差別化を分類するため，まず財の質的な差異をどのように捉えるのがよいかという点から考えてみよう。たとえば，色，重量，大きさなどといった物理的な性質によって，異質性や差異を捉え議論することはもちろん可能である。しかし，消費者の需要を決定づけるために重要な情報は，財の質的な差異にどれだけの価値があるかである。したがって，財の物理的な性質そのものではなく，それらが結果的に消費者の金銭的な満足度にどれだけ影響を与えるかに着目するほうが，消費者の需要に関する議論をより簡単にすることがわかる。そこで本章では，財の物理的な性質ではなく消費者の満足度の尺度を用いて，財の異

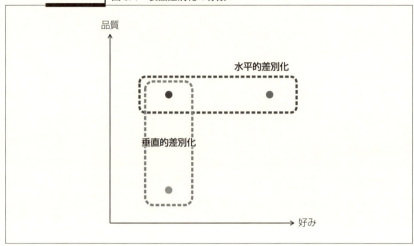

CHART 図6.1 製品差別化の分類

質性, すなわち差別化の程度を捉えることとする。

　ここで, 差別化の程度の測り方について, 図6.1で表されるような2つの「軸」を考えてみよう。第1の軸は, 図6.1の縦軸で表されるような<u>品質を測る軸</u>である。つまり, 同種の財を品質の高低で順序づける軸である。価格等の他の要件を同じにすれば, 消費者は高い品質のものを好むから, 品質の順序は各消費者に与える満足度の順序と同じである。この軸に沿った差別化は, 高低で測るのが自然であるため**垂直的差別化**と呼ばれる。ただし, 品質の差がどのくらいの価値の差を生むのかは, 消費者が品質をどの程度重視するかに応じて変わるという点には気をつけておこう。

　第2の軸は, 図6.1の横軸で表されるような<u>好みを測る軸</u>である。具体的には, 食品であれば甘味や酸味といった性質を測る軸と考えるとよいだろう。重要なのは, たとえば甘いカレーが好きな人もいれば辛いカレーが好きな人もいるというように, この軸で測られる差異については, 人によって好みが異なってもよいという点である。この軸に沿った差別化を評価するにあたっては, それぞれの消費者にとっての財の性質について最も好ましい状態 (たとえばカレーの辛さや甘さの度合い) から考える。性質の異なる財があるときには, 各財の性質と自身の好みの水準との距離でその質的な価値を測り, 財の好みについて議論するのである。

第2の軸に沿った差別化の考え方については，財の性質を広く捉え直すことによって，その適用範囲を拡張することができる。たとえば，財の性質として「販売する小売店の立地」を含めることができる。というのも，物理的には全く同質の財であっても，購入に際して負担しなければならない小売店までの移動にかかる時間や費用も考えると，通常はより近くの小売店の財のほうが，価値が高いといえるからである。すなわちこの場合，小売店の立地によって財が差別化されていると捉えて，消費者の好みが居住地から小売店までの距離で決定されているとみなすことができるのである。このように考えると，この軸で表される消費者の好みや居住地を，水平な線や平面上の点によって表現するのは自然なことだろう。そして，企業が選ぶ製品の差別化とは，生産する財の性質を水平線や平面上のどの点に対応させるかを決定することである。このことから，このような軸に沿った差別化は**水平的差別化**と呼ばれる。

ホテリング・モデル

　本節では，水平的な製品差別化を分析するものとして代表的なモデルである**ホテリング・モデル**を取り上げ，差別化が確定した後の価格競争について説明する。企業の価格決定については，他の章と同様にラーナーの公式との関連を示しながら解説する。企業が，本節で分析する価格競争を把握したうえでどのように製品差別化を決定するかについては，第4節で議論する。なお第5節では垂直的な差別化を分析するが，そこで議論するように垂直的な差別化のモデルと水平的な差別化のモデルとの間には深い関連がある。そのため，製品差別化の理論を学ぶにあたっては，本節で説明する水平的な差別化を理解しておくことが重要となる。

モデルの設定

　総距離が1である一本道の道路があり，その上に多くの消費者が居住しているとする。一本道の両端に小売店 A，B があり，財を販売する。財は1種類で，各消費者はどちらかの店で1単位だけ財を購入し，消費する必要があるとする（たとえば，毎週一定量の米を消費する家庭を想定するとよい）。各小売店の販売の限

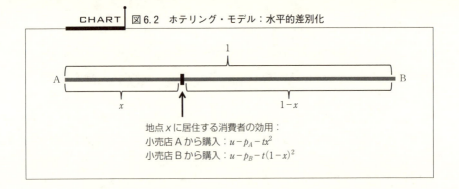

CHART 図6.2 ホテリング・モデル：水平的差別化

地点 x に居住する消費者の効用：
小売店 A から購入：$u - p_A - tx^2$
小売店 B から購入：$u - p_B - t(1-x)^2$

界費用は一定で，固定費用はゼロとする。財の性質に物理的な差異はないが，財の購入にあたり消費者は小売店までの移動費用を負担する。分析の簡単化のために，同じ距離を進むための移動費用は，どの消費者も同じとする。小売店 A, B は財の販売価格を決め，消費者にその価格で売ることを約束する。消費者は小売店 A, B の財の販売価格をみてから，移動費用の差を考慮してどちらの店で購入するか決める。

図6.2はホテリング・モデルにおいて，消費者が財を購入することによって受け取る効用を明示したものである。小売店 A からの距離が x であるような消費者は，小売店 B からの距離が $1-x$ となる。それぞれの小売店から購入するときには距離の2乗に比例した移動費用（それぞれ，tx^2，$t(1-x)^2$。ただし t は移動費用の係数であり，$t>0$）を支払う☆1。なお，p_A，p_B は小売店 A, B がそれぞれ付ける価格，また u は消費者がこの財（たとえば米）を消費することで得られる効用を表していて，財の品質は小売店で変わらないと想定するので，その効用の水準も等しいとする（消費者間で異なる水準でもよい）。

なお，他の水平的差別化についても同様に，ホテリング・モデルを用いて分析することができることにも簡単に触れておこう。たとえば，カレー店が辛さによって差別化する状況を考えてみよう。消費者には各々の最も好む辛さがあり，そこから甘くなっても辛くなっても得られる満足度が下がるだろう。そのような満足度の低下を「移動費用」とみなすことによって，上記のモデルと同様に差別化を捉えることができるのである。

消費者の需要

小売店が付ける価格に対して，消費者の需要がどのように決まるかを考えよう。各消費者は小売店 A から購入するときに得られる効用が小売店 B からのものよりも大きいなら，小売店 A から購入する。消費者の位置が小売店 A からの距離 x であるとき，この条件は，

$$u - p_A - tx^2 > u - p_B - t(1-x)^2$$
$$\Leftrightarrow p_A + tx^2 < p_B + t(1-x)^2$$

すなわち，

$$\begin{bmatrix} \text{【Aの付ける財の価格】} \\ +\text{【Aまでの移動費用】} \end{bmatrix} < \begin{bmatrix} \text{【Bの付ける財の価格】} \\ +\text{【Bまでの移動費用】} \end{bmatrix} \quad (6.1)$$

となる。もちろん，不等号が逆向きなら消費者は小売店 B で購入し，左辺と右辺が等しいときには，消費者にとってはどちらの小売店も無差別になる。

各小売店が顧客をどれだけ獲得するかを導くため，まず，小売店 A と B が無差別であるような消費者に着目する。この消費者からみてより A に近い消費者は，反対側に立地する B から遠ざかることになるため，A までの移動費用が下がり，B までの移動費用は上がることがわかる。したがって，A と B が無差別の消費者からみて A 寄りにいる消費者はすべて (6.1) 式を満たし，A から購入することがわかる。同様に，B 寄りにいる消費者はすべて B から購入する。なお，A と B が無差別の消費者の位置は 1 点しかなく，この消費者がどちらを選んでも需要に与える影響は無視できるほど小さいということに注意する。そうすると，<u>小売店 A の需要量 q_A は，A と B が無差別な消費者から A 寄りの消費者の全体，小売店 B の需要量 q_B は無差別な消費者から B 寄りの消費者全体となる</u>。なお，消費者が均一に分布している場合には（一様分布と呼ぶ），需要量 q_j は小売店 j から無差別な消費者のいる地点までの長さと同一視できる。分布が不均一である場合には，小売店から無差別な消費者までの長さと，小売店の財を需要する消費者の数は同一視できないことに注意する。

このようにして導かれる需要について，<u>移動費用の係数 t と需要の価格弾力性の間に負の相関関係があることにも触れておこう</u>。各消費者の居住地は固定

されているので，移動費用の係数 t が高まると，どちらの小売店に行くにも，移動費用は増加する。これは，各消費者の小売店の選択に際して，移動費用の相対的な重要度が価格に比べて高まるということを意味する。そのため消費者全体でその効果をみると，価格に対する需要の感応度，すなわち需要の価格弾力性が低下するのである（数学的な議論は本書のウェブ付録を参照）。

小売店の価格決定

各小売店は，競合する小売店が選ぶ価格を予想して，利潤を最大化する価格を決定する。小売店の限界費用 MC は一定であるので，利潤は，

$$【価格 p_i - 限界費用 MC】 \times 【販売量】$$

である。販売量は前項で議論した，消費者の需要によって決定される。

ホテリング・モデルにおける戦略変数は価格であり，独占やクールノー競争のときのように数量を選ぶ場合と異なるが，利潤最大化の原理はこれまでと同じ「限界収入＝限界費用」の関係，または対応するラーナーの公式によって表すことができることを説明しよう。まず，利潤が価格に対して滑らかに変化する場合には，利潤が最大化されるような価格 p_i^* の周辺では利潤のグラフの傾きはほぼ水平になるため，価格をほんの少し変えたとしても利潤はほとんど変わらないことに着目しよう。したがって，最適な価格 p^* からの価格の変化を Δp_i とし，そのときの販売量の変化を Δq_i と書けば，利潤がほとんど変わらないことから，

$$p_i^* q^* - MC q^* \approx (p_i^* + \Delta p_i)(q_i^* + \Delta q_i) - MC(q_i^* + \Delta q_i)$$

という関係が成立する。これを収入の変化分と費用の変化分に分けて整理すると，

$$(p_i^* + \Delta p_i)\Delta q_i + q_i^* \Delta p_i \approx MC \Delta q_i$$

となる。左辺は，Δq_i だけ販売量を追加するように価格を変化させたときの収入の増加分であり，右辺は費用の増加分である。両辺を Δq_i で割り，収入・費用の変化率をとると，

$$p_i{}^* + q_i * \frac{\Delta p_i}{\Delta q_i} + \Delta p_i \approx MC$$

となる。左辺は限界収入に対応する。厳密には，Δp_i とそれに対応する需要量の変化 Δq_i を同時に非常に小さくしていったときの，左辺の値が限界収入である。なお，変化分 Δp_i をゼロに近づけるとき，左辺第 3 項 Δp_i はゼロに近づくが，第 2 項の $\Delta p_i/\Delta q_i$ は価格 p^* における需要曲線の傾きに近づくことに注意しよう。よって，変化を十分小さくとれば，

$$MR = p_i{}^* + q_i * \frac{\Delta p_i}{\Delta q_i} = MC$$

が成り立つ。すなわち，ホテリング・モデルの価格競争において，第 **1** 章と同じ価格決定の原理「$MR = MC$」が成立していることがわかる。これを変形すれば，ラーナーの公式，

$$\frac{p_i{}^* - MC}{p_i{}^*} = -\left(\frac{\Delta p_i}{p_i{}^*}\right)\bigg/\left(\frac{\Delta q_i}{q_i{}^*}\right)$$

を得ることもできる。

反応関数と戦略的補完性

ホテリング・モデルでは，競合する小売店が付ける価格を考慮して，各小売店は利潤を最大化する。そこでは，競争相手の価格に応じて，各店の利潤を最大化する価格がどのように変化するかが重要な情報となるが，そのような対応関係を第 **4** 章でみたクールノー競争の場合と同様に，反応関数と呼ぶ。ホテリング・モデルにおける反応関数は，図 **6.3** のように，競争相手の価格の増加関数であることを確かめることができる。相手の戦略変数（ホテリング・モデルでは価格）が高くなると自らの最適な戦略変数も高くなるような関係を，**戦略的補完関係**と呼ぶ。これは第 **4** 章のクールノー競争で，各企業の戦略変数（クールノー競争では生産量）の間に戦略的代替関係が見出された点と対照的である。

ホテリング・モデルにおける戦略的補完関係は，直観的には次のように説明することができる。競争相手の価格が高まると，自店の財に対する需要が高まることになる。そのため，価格を高めることによるメリット（価格変化×需要）が高まる。したがって，自店に価格を上げるインセンティブが生じ，利潤を最大化する価格が高くなるのである。

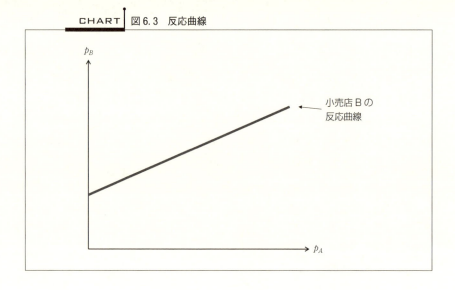

CHART 図6.3 反応曲線

小売店Bの反応曲線

3 ホテリング・モデルにおける価格競争

　前節では，ホテリング・モデルの設定と各々の消費者や小売店の行動について，基本的な分析を行った。そこでは，各小売店の価格決定の際に，競争相手がどのような価格を付けるかについての予想を固定して議論した。本節では第4章と同様にナッシュ均衡の考え方を用いて，行動の予想と実際の行動が一致する状況を戦略的な意思決定の結果とみなし，ナッシュ均衡がどのようなものか，また，前提条件が変化するとナッシュ均衡がどのように変わるのかについて解説することにしよう。

| ナッシュ均衡 |

　ナッシュ均衡では，それぞれの小売店が予想する競争相手の価格と，競争相手が利潤最大化行動に従って選ぶ価格が一致しなければならない。すなわち，小売店Aが小売店Bの付ける価格 p_B を予想し，そのもとで求めた利潤最大化する p_A についての条件 $MR_A = MC_A$ と，小売店Bが同様に p_A を予想し，そのもとで求めた利潤最大化する p_B についての条件 $MR_B = MC_B$ を連立し，(p_A,

CHART 図 6.4 ナッシュ均衡と比較静学

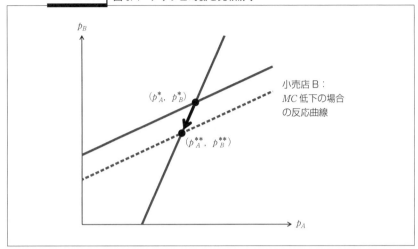

p_B）について解いた解が，ナッシュ均衡である。前節の最後にみたように，各小売店の利潤最大化の条件は図 6.3 の反応曲線のグラフを用いて図示できるため，2 つの反応曲線を図 6.4 の実線で表されるグラフのように描き，グラフの交点（p_A^*, p_B^*）を求めれば，それがナッシュ均衡になる。

以下では，ホテリング・モデルにおける限界費用や移動費用が変化したときに，ナッシュ均衡がどのように変わるかを説明しよう（このような分析を，比較静学という）。

限界費用と価格競争

まず，経営の合理化や技術革新などにより，限界費用（MC）が下がった場合を考えてみよう。たとえば，小売店 B の限界費用が低下すると，図 6.4 で示されるように反応曲線は下側にシフトすることが次のようにしてわかる。まず，MR は需要関数から導かれるために費用の低下とは無関係だが，MC が下がるのだから $MR > MC$ という関係が成立する。この関係から，小売店 B は元の水準から価格を下げ，販売量を増やすことによって利潤を高めることができる。したがって，限界費用が低下すると，小売店 B の利潤を最大化する価格は下がることがわかるが，これは反応曲線が下側にシフトすることを意味する。このとき，対応するナッシュ均衡は，図 6.4 が示すように（p_A^*, p_B^*）から

3 ホテリング・モデルにおける価格競争 ● 149

(p_A^{**}, p_B^{**}) へ移ることがわかる。

限界費用が低下した小売店は，より低い費用で販売できるために，積極的に価格を下げて販売量を増加させる。競争相手の小売店はそのような価格引き下げに反応し，戦略的補完性から価格の引き下げに同調することがわかる。

移動費用と価格競争

つぎに，小売店 A，B の好みの差をより大きく評価するという意味で，差別化の程度が高まるときの効果を考えてみよう。具体的には移動費用の係数 t の変化がホテリング・モデルのナッシュ均衡に与える影響を考えてみよう。説明を簡単にするために，ナッシュ均衡の価格のもとで，無差別になる消費者が $x=1/2$ であるケースで議論することにしよう。いま，t が上昇したとする（なお，地点 $x=1/2$ の消費者は小売店 A，B から等距離なので，t の上昇による各小売店までの移動費用の増加は等しく，価格も不変なら無差別になる消費者の位置は $x=1/2$ のままである点に注意しておく）。前節でみたように，<u>移動費用の係数 t の上昇は需要の価格弾力性を低下させるため</u>，同程度の価格の引き上げによって失う顧客数が減ることがわかる。その結果，価格の引き上げに伴うマイナスの効果（顧客が離れることによる利潤の逸失）が小さくなり，各小売店の価格を引き上げるインセンティブが高まることから，変化後のナッシュ均衡では，変化前より高い価格が付けられることがわかる。なお本書のウェブ付録では，無差別になる消費者の位置が必ずしも $x=1/2$ にならない場合であっても，小売店の限界費用が等しい場合には上で述べた議論が成り立つことについても説明する。

差別化の程度が高まると，小売店にとっては顧客がより離れにくくなる。その結果，小売店の市場支配力が拡大し，価格競争は緩やかになりより高い価格が付けられるようになる。すなわち，<u>ホテリング・モデルにおける移動費用の係数は，差別化された財の市場における各小売店の市場支配力を測る変数といってよいのである</u>。

 立地点の選択を通じた差別化の競争

水平的な差別化の程度はどのように決定されるのだろうか。前節までのホテ

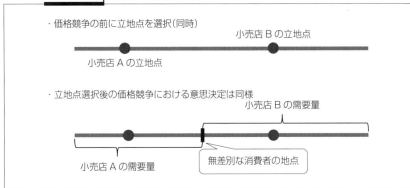

CHART 図 6.5 差別化の競争

リング・モデルでは，小売店の立地点が一本道の道路の両端にあるとしたが，そもそもどこに立地するかは重要な戦略変数である。ここでは，次のように考えることにしよう（図 6.5 参照）。はじめに 2 つの小売店が立地する地点を選び，その後に価格競争を行う。各小売店の立地点が決定された後に前節のホテリング・モデルと同様に価格競争が行われ，ナッシュ均衡が実現すると想定する。小売店はそのような価格競争の結果を先読みしたうえで，立地の意思決定を行う。立地にかかる費用は，立地点にかかわらず等しいとし，ここでは，簡単化のためその費用をゼロと置くことにする。

この問題を考えるにあたり，これまでの章で考えてきたとおりの手順で，上記の 2 段階の意思決定を記述するゲームを設定し，後ろ向き帰納法とナッシュ均衡の考え方を併用して解を求めてもよいが，議論が複雑になりすぎるため，本節では各小売店が立地点を選択し，差別化の程度を変化させるインセンティブのみに焦点を当てた議論を展開する。そこで，一方の小売店が，立地を決定する直前に，「競争相手が立地すると予想される点はそのままだとして，自店が相手に近づいてみると，利潤は増えるだろうか」と考えるとしてみよう。言い換えれば，「企業が差別化の程度を下げるインセンティブはあるのだろうか」という問いかけである。

立地点を競争相手の方向に近づけるとき，2 つの効果が現れる（図 6.6 参照）。第 1 の効果は，顧客を増やす効果である。立地点を競争相手の方向に近づけると，競争相手と自店が無差別になる消費者の地点が相手側にシフトすることか

CHART 図6.6 差別化のインセンティブ

〈直接効果(需要拡大)〉
・A, Bが無差別となる点は
　B側に寄る
・両者が同じ価格を付けても,
　Aが取れる需要が拡大する

小売店Bの立地点(予想)

小売店Aの立地点

〈戦略的効果(価格競争の激化)〉
差別化の程度が低下
⇒ 競争相手の価格の低下

ら,自店との移動距離のほうが競争相手より小さくなる消費者は増える。これは同じ価格差でも自社を選ぶ顧客が増加することを意味し,各小売店の価格が同じなら利潤は増加する。このような効果を**直接効果**と呼ぶ。

　第2の効果は,差別化の程度が下がることにより価格競争が激しくなる効果であり,利潤を減少させる要因である。とくに注目すべきは,競争相手が価格を下げる効果である。というのも,立地点を競争相手の方向に近づけると,競争相手の顧客が減少し,その限界収入 MR は増加することがわかる(前節でも述べたように,$MR = p_j + q_j(\Delta p_j/\Delta q_j)$ であり,q_j が減少することから)。このため,競争相手はより積極的に価格を下げるため,自店に対する需要が減少し,自店の利潤を減少させる。このような効果を**戦略的効果**と呼ぶ。

　差別化を緩和することが自店にとって望ましいかどうかは,直接効果と戦略的効果の相対的な大きさに依存して決まる。直接的効果が戦略的効果より大きければ小売店は相手小売店に近づくことが望ましく,逆の関係が成り立つときは相手から遠ざかることが望ましい。そして,各小売店にとっての立地点の選択は,相手の立地点を固定したときの上記の2つの効果がバランスするような点で決まることがわかる。

　しかしながら,これらの効果の大小関係はさまざまな要素に依存して決まるため,立地の選択の結果はケース・バイ・ケースである。たとえば政府により価格が統制され,自由に価格決定できないが,製品の差別化は可能な場合を考

えてみよう。このような状況では価格競争が行われないため，戦略的効果がなくなる。したがって，直接効果により各小売店は互いに相手に近づくインセンティブをもつ☆2。

5 垂直的な差別化

第 1 節で簡単に触れた，垂直的に差別化された財の市場における競争や，垂直的差別化における「立地点」とみなせる品質の選択は，水平的な差別化を分析するホテリング・モデルを応用してその概略を議論することが可能である。簡単にみてみよう。

垂直的な差別化の設定

垂直的に差別化された財の市場において，品質を重視する度合いが消費者によって異なり，品質をほとんど無価値と考える者から，非常に重視する者までいると考えるのは自然である。具体例としてワインに対する嗜好を考えると，愛好家は品質を重視するが，ワインの味にこだわらない人は品質を重視しないと想定できる。

そこで，各消費者の品質重視の程度が変数 θ（シータ）によって表されるとしよう（θ は 0 から 1 までの値とする）。品質を重視する程度が θ で表される消費者が，品質水準 q の財を消費することから得られる金銭的な価値（効用）を，θq とする。品質を重視する消費者は，高品質に対して高い価値評価を行うだけではなく，品質 1 単位の上昇に対する評価の増加分も，品質を重視しない消費者に比べて大きくなっているという点にも注意する。いま品質とは無関係に消費からの満足 u が得られるとするなら，評価 θ である消費者が，品質 q の財を価格 p で購入するときの効用は，

$$u + \theta q - p$$

となる。議論の簡単化のため，u は十分に高いとし，財を購入しない消費者がいないようにする（u が小さいと品質を重視しない消費者は購入しない可能性がある）。

いま，品質の異なる財を生産する 2 つの企業があり，企業 H は高品質（品質

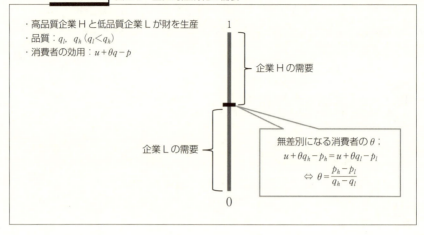

図6.7 垂直的差別化の需要

水準 q_h) の財，企業 L は低品質（品質水準 q_l（$<q_h$））の財を生産する。各企業の財の品質について，消費者は購入する前から正しく理解しているとしよう。このとき，各企業が設定する価格 p_h, p_l に対して，

$$\theta q_h - p_h > \theta q_l - p_l$$

ならば企業 H から購入する。ここから，$\theta = (p_h - p_l)/(q_h - q_l)$ を境に，θ よりも品質重要度の低い消費者は低品質財を，高い消費者は高品質財を購入することがわかる（図6.7）。

ホテリング・モデルへの変換

前項の垂直的差別化のモデルは，第4節まで議論した水平的差別化とは異なっているが，以下のように見方を工夫するとホテリング・モデルの特殊ケースとみなすことができる。

品質を重視する程度が θ である消費者の効用関数において，品質評価に相当する部分 θq_h, θq_l を，「品質の平均値 $(q_h + q_l)/2$ からの品質の乖離」を用いて書き換えてみよう。

$$u + \theta q_h - p_h = u + \theta \left(\frac{q_h + q_l}{2} + \frac{q_h - q_l}{2} \right) - p_h$$

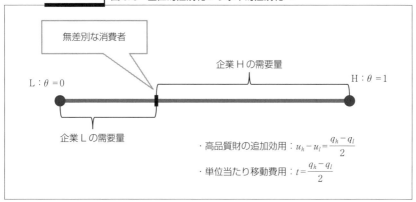

図6.8 垂直的差別化から水平的差別化へ

$$u + \theta q_l - p_l = u + \theta \left(\frac{q_h + q_l}{2} - \frac{q_h - q_l}{2} \right) - p_l$$

このような書き換えを使うと，消費者が企業Hを選択する条件が，$t = (q_h - q_l)/2$ として，

$$\theta \left(\frac{q_h - q_l}{2} \right) - p_h > -\theta \left(\frac{q_h - q_l}{2} \right) - p_l \Leftrightarrow -\frac{q_h - q_l}{2} + p_h + (1 - \theta) t < p_l + \theta t$$

となることがわかる。右側の式は，企業Hの「立地点」を $\theta = 1$ の位置，企業Lの立地点を $\theta = 0$ とみなし，移動費用が距離に比例するとして単位当たりの移動費用を $t = (q_h - q_l)/2$ と置いた場合の効用の比較と解釈することができる（図6.8）。これまでのホテリング・モデルとの唯一の違いは，左辺に定数項 $-(q_h - q_l)/2$ が付いていることである。これは，価格や移動費用を除いた，高品質財の効用の追加分 $u_h - u_l$ に相当する。

つまり，垂直的差別化の価格競争モデルは，企業Hの財の価値が企業Lの財と比べて $(q_h - q_l)/2$ 分だけ高くなったホテリング・モデルの変形とみなすことができるのである。そのような変換ができるのは，消費者間で品質に関する財の序列は同じでも，その相対的な評価の度合いに差があるからである。つまり，相対的な評価度合いの観点から高品質財と低品質財に対する「好みの差」が消費者で異なり，そのような差を水平的な差別化の観点で捉えられるのである。もちろん，品質の差を反映するために対応する追加効用 $(q_h - q_l)/2$ を加えて議論する必要があることには注意する。

価格競争と品質選択

第4節までのホテリング・モデルの考え方を用いて分析してみよう。まず，価格決定についてであるが，第3節の分析と同様に，各企業の戦略変数（価格）の間に戦略的な補完関係がある。また企業の販売する財に品質の優劣があるため，ナッシュ均衡で企業Hは高い価格，企業Lは低い価格を付けるインセンティブがある。高品質の財は高めの価格で販売できるために，企業Hの利潤のほうが高くなることは容易にわかる。

品質の選択も，第4節の議論をおおむね応用できる。2企業がそれぞれ価格競争の前に品質水準を選択するとしよう。垂直的差別化の場合には，先ほどみたように品質が異なっても対応するホテリング・モデルにおける「立地点」はいつも0と1となり変化しない。しかし，品質の選択によって，単位当たりの移動費用であり，かつ追加効用に等しい $(q_h - q_l)/2$ の値を同時に変化させることができるという点に着目しよう。

まず，それぞれの企業が競合する企業と同じ品質を選択するインセンティブはないことを示そう。もしそのような選択をすると，2つの企業はまったく同質な財を生産することになるため，ベルトラン競争と同じ状況となり，全く利潤が得られなくなる。よって，一方の企業が高品質，他方が低品質を選ぶという状況がナッシュ均衡で現れることがわかる。もちろん，企業としてみれば高品質財を生産するほうがより高い利潤を得ることができるので，可能であれば競争相手よりも先んじて高品質財を供給するというポジションを確保することが重要となる。

ここで興味深いのは，低品質企業がある程度品質を下げるインセンティブをもつことである。というのも，品質差を高めると追加効用が高まり，企業Hが価格を引き上げられる。戦略的補完性から，企業Lの価格も引き上げることができる。同時に，品質差を高めることは単位当たりの移動費用を高めるので，価格に対する弾力性を引き下げることができる。これらの効果を合わせると，品質低下による需要減を招くことなく価格を上昇させることが可能となり，利潤が高まることがわかる。もちろん，品質低下には限度があり，品質評価が低い消費者が購入しなくなるまで品質を低下させると，需要減少が発生するため，上記の議論には修正が必要となる。

差別化に影響する他の要因
▶ 探索財, スイッチング・コスト, 広告

　これまで, 財の差別化を物理的な特徴または取引に必要な移動費用の差という観点から捉えてきた。本節では, 他の要因によって財が実質的に差別化されるケースを取り上げ, 価格競争にどのような影響をもたらすかを考えていく。具体的には, 消費者が取引相手をみつけるために費用が発生する場合（探索費用）, 取引相手を変えると費用が発生する場合（スイッチング・コスト）, また財や価格に関する情報が不完全で, 広告によってその情報を提供可能な場合を考えることにしよう。

探索財

　いま, どこでどんなものがいくらで売られているか, 消費者ははじめに十分な情報をもっておらず, 費用をかけて探索するごとに新たに財の価格や特徴について情報を得ることができるとしよう。消費者は探索によって得られた情報を用い, 効用を最大化するように財を選択する。議論の単純化のため, 次の2つの仮定をしよう。まず, 企業は2社のみで, 同質な財を生産する。また, 各消費者ははじめに1社の価格の情報をタダで取得し, もう1つの企業の価格を知るには, 探索費用を払わなければならないとする。このとき, 企業はどのように価格競争をするだろうか。

　もし, 探索費用が0ならば, 消費者は2社目の価格情報を必ず取得し, 比較対照したうえで安いほうから購入する。つまり, 消費者は同質な財がそれぞれいくらで売られているかわかったうえで意思決定している。この状況はベルトラン競争と同一であるため, 価格は限界費用まで引き下げられることがわかる。

　ところが, どんなに小さくても探索費用がプラスであるなら, 価格は独占価格まで引き上げられてしまうことを示そう（この論点は, 先駆者でありノーベル経済学賞を受賞したダイアモンド〔P. Diamond〕の名前にちなんで, **ダイアモンド・パラドックス**と呼ばれている）。この議論のポイントは, 消費者が1社の情報をタダで得た後, もう1社の情報を探索するのは, 少なくとも探索費用以上のメリ

ット, すなわち探索費用分以上の価格の低下が期待できる場合のみである, という点である。たとえば, もし2社目の付けている価格がほぼ同じであると予想されると, 新たに探索しても意味がない。つまり, ひとたび1社の情報を得た後は, 事後的にその企業の財が探索費用の分だけ垂直的に差別化されていると考えることができる。このとき各企業は, 他社より少し高い価格を付けても, 上乗せ分が探索費用未満であれば, 顧客は追加で探索することなく, 結果として自社の需要が他社に奪われることがないとわかる。このような価格上昇を, 企業で交互に繰り返して適用すると, 他社へ需要を奪われることなく価格をどんどん引き上げることができる。ただ, あまりに高価格になると消費者は購入をやめてしまうので, 最終的には利潤が最大になる独占価格まで価格を引き上げるのが最も望ましいとわかる。

現実の市場において, 財の価格が提示されておらず, 交渉を通じて価格が決定されることがよく観察される。これは消費者が価格の情報を得るための探索費用を作り出して, 価格競争を回避するためというのが, その一因ではないかと考えられるだろう。

スイッチング・コスト

スイッチング・コストとは, 一度ある財を消費した後で他の財に消費を移行する場合に発生する追加的な費用のことである。たとえば, パソコンを買い替える際にOS(オペレーティング・システム)の異なるパソコンを購入すると, 使い方に関して学習する必要があり, 買い換える前と同じOSを載せているパソコンと比較して追加的なコストが生ずる。携帯電話を他社に乗り換えるには, 追加的な手続きや元の通信会社の提供していた携帯メールアドレスの変更作業など面倒な手間がかかるだろう。また, スイッチング・コストは消費経験から発生する場合だけではなく, 企業の非価格戦略を通じて発生させることもできる。たとえば, 航空会社のマイレージ・プログラムは, 優良な顧客にステータスを与えることにより, 他社のサービスを利用する際にコストを発生させ, 他社への移行を妨げている。

スイッチング・コストが発生する場合も, 探索費用の場合と同じように考えて, 自社の財を継続して利用する消費者に対し, 企業は高めの価格を付けられることがわかる。仮にすべての消費者にスイッチング・コストが発生している

ならば，ダイアモンド・パラドックスと同様に，独占価格まで企業は価格を引き上げることが可能となる。

ただし，スイッチング・コストは継続的に購入する消費者にのみ発生し，財を初めて購入する消費者には発生しない点に注意しよう。一方，財を初めて購入する消費者は，購入後のスイッチング・コストの発生により，将来には企業に利益をもたらす存在である。したがって，企業は初めて購入する消費者を獲得するために他社と激しい競争をすることになる。将来の利益を担保とすれば，これらの消費者には限界費用未満の低い価格を提供することが可能なため，苛烈な競争が起こることも予想されるだろう。初めて購入する消費者には非常に低い「お試し価格」や特典の提供などがみられることが多いが，企業にとってはスイッチング・コストを通じて顧客を囲い込めることのメリットが大きいということであろう。

広告

企業の生産する財の特性や価格についての情報を与える手段として，企業による広告が用いられている。経済学において，広告のさまざまな機能や役割について研究・議論されているが，本章では分量が限られていることもあり，いわゆる情報提供的な広告にのみ焦点を当て企業の価格競争との関連をまとめることにしよう。

企業の生産する財の特性や価格について，企業の提供する広告をみなければ，消費者は十分な情報を得ることができない状況を考えよう。消費者が広告を通じてどのような情報を得るかは，ケース・バイ・ケースである。新製品であれば，広告を受け取らない限りその存在すら気付かない可能性が高い。日用品であれば，消費者はそれらを生産する企業の存在や財の特質もわかっているが，広告をみなければ（あるいは探索費用をかけなければ）その財の価格がいくらかわからない可能性が高いだろう。特別な場合，財の価格はわかっているけれども性質がわからないというケースも考えられる。たとえば，映画の価格はどれも大体同じであるが，映画の内容は広告がなければ十分に伝わらないだろう。

上記のそれぞれのケースについて，広告と価格競争との関連を考えてみよう。第1に，広告によって，財の存在に加えその価格と性質がすべて伝わる場合を考える。消費者は，広告を受け取らなければ存在を知ることができないために

その財を購入することはできない。広告を複数受け取るならば，そのなかで最も好ましい財を購入する（購入に値する財が1つもなければ購入しない）。このようなケースでは，適度な広告を打つことにより企業の価格競争が緩和されることが，次のようにしてわかる。

　広告がなければ消費者に財の存在を知られず販売できないため，広告を打つことは必要である。しかし，たくさん広告を打つことが望ましいとは限らない。というのも，仮にすべての消費者がすべての企業の広告を受け取るなら，各企業は顧客獲得のために価格を引き下げなければならないからである。一方，消費者が受け取る広告が少なくなると，自社の広告のみを受け取る消費者が現れる。このような消費者は，競合他社の存在を知らないために価格が高くても他社に移る術がない。このことから，自社も競合他社も広告をほどほどに打つなら，自社の広告のみ受け取る消費者が確保され，価格競争が緩和されることがわかる。結局のところ，適切な広告量の選択は，財の存在を知らしめることによるメリットと，価格競争への影響，また広告のための費用を総合的に考慮して決定される。

　つぎに，広告を通じて価格の情報が伝わる場合を考えてみよう。広告を受け取らなかった場合，探索費用を支払って各企業の提示する価格を知ることができるとする。広告がない場合には探索財のケースと同じになり，企業は独占価格を付けることができる。しかし，広告を打つなら，消費者は探索費用なしに価格の情報を得ることになる。つまり，企業にとって好ましい状況を生んだ探索費用を自ら放棄することを意味し，結果として，価格競争が激化してしまうことがわかる。したがって，財の存在が知られているなら，広告を通じて価格情報を明らかにすることは企業にとって得策ではないといえるだろう。

　最後に，価格は広告なしでも伝わるが，差別化された財の性質については広告を通じて伝わるとしよう。広告がない場合，消費者は財の性質を不十分にしかわからず，財の差別化の度合いの情報が不足する。極端な場合，消費者にとって財の差別化の度合いが全くわからず，意思決定の際には財を「同質的」とみなさざるをえない。その結果，広告がないと需要の価格弾力性は高くなり，企業の価格競争は激しくなる。一方，広告を通じて財の性質が伝わっていくと，企業の生産する財がどのように差別化されているかわかるようになる。すると，消費者の価格に対する弾力性が緩やかになるため，企業の価格競争が緩和され

ることがわかる。

　以上から，広告による情報の提供には競争を緩和する効果，競争を激化させる効果のいずれの可能性もあることが明らかになった。広告を通じて，消費者が価格に対してどのように反応するかをある程度操作することが可能である。価格競争を緩和し，企業の利潤を高めることを目的とするならば，消費者の認識する製品差別化の度合いを高めるとともに，消費者の探索費用を維持するため効果的に広告を打つことが重要である。

☆ 注

1　移動費用は移動距離に比例するとし，それぞれ tx, $t(1-x)$ としても第3節までの議論は全く変わらない。しかし，移動距離に比例する場合，第4節の差別化の競争において微妙な問題が発生するので，本節から距離の2乗に比例するとして議論を進める。
2　唯一のナッシュ均衡では，各小売店は両方ともちょうど中間の立地点を選ぶ。中間地点以外で立地点が一致していてもよさそうにみえるが，一致してしまうと半々の需要を得る一方で，立地点を少し中間地点よりにずらすと半分以上の需要が得られるので，中間地点以外で立地点が一致するのはナッシュ均衡にならないことがわかる。

SUMMARY ●まとめ

☐ 1　同種の財であっても，性質の違いや取引にかかる費用の差異によって消費者の効用に差が生じる場合，財は差別化されているという。差別化は水平的差別化（消費者の好みの差）と垂直的差別化（製品の品質の差）に分類される。

☐ 2　水平的に差別化された財の市場における2社の企業の価格競争や差別化の競争を分析するため，ホテリング・モデルが用いられる。

☐ 3　ホテリング・モデルでは，企業の価格戦略の間に戦略的補完関係，すなわち，他社が価格を上げると，自社も価格を上げるインセンティブをもつという関係がある。また，差別化の度合いが高まると，価格競争は緩和される。

☐ 4　企業が他社との差別化の程度を下げると，価格競争を激しくするマイナス効果と，比較的他社を好む消費者を自社に引きつけやすくなるプラス効果がある。企業はそのトレードオフを考慮して，差別化の程度を調整する。

☐ 5　探索費用，スイッチング・コスト，広告は，財の実質的な差別化の程度を変

化させ，価格競争に大きな影響を与える。

EXERCISE ● 練習問題

6-1 次のような市場における財・サービスの差別化と価格競争の現実の状況はどのようになっているだろうか。例を挙げながら具体的に論じなさい。
   (1) 外食
   (2) アパレル
   (3) 会計事務所，法律事務所
   (4) 運送業（宅配，引越など）

6-2 ブランドを確立することを，財の差別化の観点から論じなさい。

6-3 探索費用，スイッチング・コストが顕著な市場の事例を根拠とともに挙げなさい。

6-4 数直線区間 $[0,1]$ で表されるホテリング・モデルを考える。消費者は一様に $[0,1]$ の区間に分布し，2つの小売店 A，B がそれぞれ地点 0，1 に立地している。消費者の移動費用は店舗までの距離の2乗に比例し，その比例定数を1とする。また，小売店の限界費用は0とする。
   (1) 小売店 A，B がそれぞれ価格 p_A，p_B を付けるとき，どちらの小売店から買うのも無差別になる消費者の位置と，各店の需要を導きなさい。
   (2) 各小売店の利潤最大化問題をとき，反応関数を求め，ナッシュ均衡を導きなさい。
   (3) 立地点が両端から離れ，それぞれ x，$1-x$（ただし $2x<1$）の位置にある場合を考える。このときの価格競争は，立地点が 0，1 で移動費用の係数が $t=1-2x$ と同等であることを確かめなさい。またこのような場合の立地選択を考えると，各店とも他店から遠ざかることが利潤を高めることを確かめなさい。

CHAPTER

第 7 章

価格決定における企業共謀

談合，カルテル

建設業界

INTRODUCTION

　本章では，これまで扱ったキャパシティ制約や，製品差別化といった方法とは異なる視点から競争を回避する方法として，企業間の合意形成，すなわち，談合やカルテルについて議論する。そもそも談合は違法行為であり，処罰が年々厳しくなってきているにもかかわらず，いまだに数多く摘発されている。談合は企業に不当な利益を与えるだけでなく，価格の高止まりなどによる社会的余剰の低下をもたらすため，談合を阻止することの意義は社会的にも大きい。本章では，談合が維持されるメカニズムについてゲーム理論を用いて解明するとともに，談合を阻止するために近年日本でも導入された，いわゆるリニエンシー制度についても説明することにしよう。

1 談合の基本モデル

　企業同士の合意を通じて価格競争を回避するためには，その合意をきちんと守る拘束力をもたせる仕組みが必要である。というのも，本来は競争相手である企業同士が，単なる口約束によって価格を高止まりさせているのであれば，合意を反故にするインセンティブをもつからである。合意を破って自社だけ価格を少し引き下げると，高めの価格で他社の顧客を奪うことができ，他社の不利益を顧みなければ自社で大きい利益を得ることが可能である。

　合意に拘束力をもたせるためには，基本的に次の2つの条件が必要である。第1に，合意が破られた場合にその「犯人」を特定できることである。第2に，合意を破ったものに対して十分な「処罰」ができることである。ただし，談合やカルテルはそもそも違法であり，事前に当事者の間で契約文書を交わし，直接の金銭のやり取りなどによる処罰を決めておくようなことをすると談合の証拠が残り，摘発されるおそれが高まってしまう。そのため，合意を破った犯人を処罰する方法として，「合意を守っていれば将来得られたであろう利益が損なわれるようにする」という，なるべく摘発されない形で処罰すると考え，このことが当事者の間で少なくとも暗黙裡に共有されているとしよう。このことから，談合が機能するためには短期間で取引関係が終了することなく，処罰ができるような期間，関係が維持される必要があることがわかる。本節では，上記の2つの条件に留意して談合の基本モデルについて説明する。

準備——割引現在価値

　中長期での利害関係を評価するにあたり，経済学では時間を通じて発生するさまざまな利害を割引現在価値の総和で評価するのが普通である。まずは，その方法について簡単にみてみよう。

　割引現在価値の基本的な考え方は単純で，「来期の10円は現在の価値で何円になるか」ということである。評価には主観的な要素が入る可能性があるが，通常は現在と来期の価値を結び付ける「利子率 r」を用いる。たとえば，期間が1年，利子率を年利とすれば，来期の10円は現在の $10/(1+r)$ 円と等価で

ある（現在 $10/(1+r)$ 円を預けておけば，来期には利子が付き $(1+r)[10/(1+r)] = 10$ 円になる）。これが，来期の 10 円の割引現在価値である。

　本章では割引現在価値の考え方を少しだけ拡張して，将来の不確実性も取り込むことにしよう。ここでは，「企業が倒産しなければ来期 10 円得られるが，倒産すれば何ももらえないという証券の価値は，現在の何円になるか」を考える。たとえば，来期までに企業が倒産する確率を x（$0 \leq x \leq 1$）と置くと，この証券の割引現在価値は，倒産時の現在価値 0 と倒産しないときの現在価値 $10/(1+r)$ 円に，倒産するかどうかの確率の重みを付けて計算される期待値，

$$(1-x)\frac{10}{1+r} + x \times 0$$

である。

　本章では企業の操業機会が，不特定の期間にわたって続くものと考える。これは，企業が倒産等の理由で市場から退出する可能性があるものの，それがいつになるのかを事前に予期することが困難であることによる。たとえば，企業は各期末に確率 x で退出する可能性があるが，退出しない限りは第 N 期まで毎期 10 円の利潤を得ると予想されるとしよう。この企業の利潤の割引現在価値の総和 S_N は，

$$S_N = 10 + (1-x)\frac{10}{1+r} + (1-x)^2\frac{10}{(1+r)^2} + \cdots + (1-x)^{N-1}\frac{10}{(1+r)^{N-1}}$$

である。ここで，$\delta = (1-x)/(1+r) < 1$ と書き換えると（δ はギリシャ文字デルタの小文字），

$$S_N = 10 + 10\delta + 10\delta^2 + \cdots + 10\delta^{N-1} = \frac{10(1-\delta^N)}{1-\delta}$$

であることがわかる（最後の等式は $S_N - \delta S_N = 10 - 10\delta^N$ から導く）。このように，利子と退出の可能性を考慮した値 δ を割引因子と呼び，「退出しない限り来期 1 万円得られる状況を今期評価すると δ 万円」と解釈する。さて，上の例において操業機会が第 N 期までではなく，不特定な期間にわたって続くとすると，前段落の N が無限に大きくなる場合とみることができる。この場合の割引現在価値は，N が際限なく大きくなる（$N \to \infty$ と書く）とすると，

$$S_\infty = \frac{10}{1-\delta} \tag{7.1}$$

1　談合の基本モデル

である（先に$0<\delta<1$としたので，Nを大きくしていくと，$\delta^N \to 0$となることに注意する）。この式は後の説明で使うので，ここでしっかり理解しておこう。

繰り返しゲームによる長期的な企業関係のモデル化

　企業が談合によって価格競争を回避するためには，長期的な関係が不可欠であることは先に述べたとおりである。そこで，企業2社が長期にわたって市場取引に従事し，談合する状況を，繰り返しゲームを使って分析しよう。繰り返しゲームとは，同じゲームを複数回繰り返すという構造をもつゲームのことを指す。

　第4章でみた2社による価格競争を1つのゲームとして，これを1期間に1回，多数の期間にわたって繰り返すゲームを考えよう。各期のゲームは，同質的な財を等しい限界費用で生産する2社による価格競争である。各期のゲームは，談合のない市場競争のもとでは，いわゆるベルトラン・パラドックスが発生する状況で，低い価格を付けた企業がその価格で買うことができる顧客をすべて獲得し，2社が同じ価格を付けた場合は顧客を等しく分ける。繰り返す期間は不特定で，各企業が意思決定を行う際の判断基準は，利潤の現在価値の和が大きくなるかどうかである。なお，企業は各期の価格を決定する以外に，他の方法を用いて他の企業に影響を及ぼすことを想定しない。たとえば，合意を破った企業に対して直接的な嫌がらせをするとか，事前に取り交わした契約文書を提示して罰金を支払わせるなどといったことは考えない。

　上のような状況で，長期的関係にある企業が価格を高止まりさせるような合意，すなわち協調の合意を形成することができるかどうか探ってみよう。問題となるのは，合意を守るインセンティブがあるか，すなわち，合意を守るときのメリットが破るときのメリットを上回るかである。そのために，裏切りが発覚した後の期から発動する別の価格設定行動を当事者間であらかじめ共有し，裏切った企業に対して処罰（ペナルティ）を与えられるようにしておくのである（処罰の合意）。協調の合意が機能するかは，処罰の部分も含めて合意を守るインセンティブを当事者の企業がもつかどうかで決まる。

トリガー戦略による談合メカニズムの分析

　談合をトリガー戦略と呼ばれるシンプルな戦略で捉えてみよう。トリガー戦

CHART 図 7.1 トリガー戦略

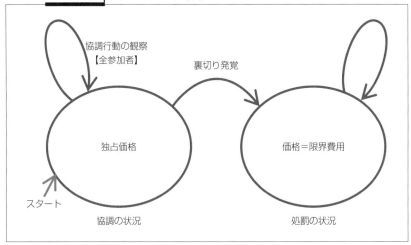

略は，各期の価格決定の機会を過去の経緯に従って 2 つの状況に分類し，それぞれの状況でどのような価格付けをするのかを規定する。具体的には以下のような戦略である。

　　協調の状況：独占価格まで引き上げる
　　処罰の状況：限界費用まで引き下げる

　ただし，「協調の状況」は過去に一度も独占価格より低い価格が観察されていない状況，「処罰の状況」はそれ以外の状況と定義する。また談合を開始する第 1 期は協調の状況から始めることに注意する。トリガー（trigger）とは拳銃の引き鉄のことであり，トリガー戦略とは協調の状況からの逸脱があれば，「引き鉄」が引かれるがごとく，後戻りのできない厳しい処罰の状況に陥ることに由来する。簡単にいえば，トリガー戦略における処罰の状況は談合の解消である。両企業が上のトリガー戦略を採択する状況は，図 7.1 のように捉えることができる。

トリガー戦略のインセンティブ分析

　トリガー戦略による合意が守られるかどうかをナッシュ均衡の観点からみる

ために,他社がトリガー戦略に基づく価格設定に従っている際に,自社も自発的にトリガー戦略に従うインセンティブがあるかどうかについてくわしくみてみよう。

まずは処罰の状況において,互いに「価格を限界費用まで引き下げる」という合意に従うインセンティブがあることを確認する。「状況」の定義により,処罰の状況に入ると絶対に協調の状況に戻ることはできないことに注意する。よって処罰の状況に入った後,合意に従う相手企業は限界費用と等しい価格を付けつづけると予想される。そうすると,自社がいかなる価格を付けても,各期に正の利潤を得ることは不可能である。このとき,自社が限界費用かそれ以上の価格を付けることは,最適反応である。つまり,処罰の状況において,限界費用に等しい価格を付けるという合意に従うインセンティブがあることがわかる。

つぎに,協調の状況で「互いに独占価格まで価格を引き上げる」という合意に従うインセンティブについて考え,そのようなインセンティブをもつのは,割引因子 δ がある程度大きい場合であることを以下で確かめてみよう。もし合意に従い,それぞれが各期に独占価格を付けつづけるなら,各期に2企業が得る利潤は全体で,独占企業が操業する場合の利潤と等しくなる(π^m と書く)。利潤を折半するので,それぞれの企業は各期に $\pi^m/2$ を受け取ることになる。このようにして得られる各企業の利潤の割引現在価値は,(7.1)式を用いれば,

$$\frac{\pi^m}{2(1-\delta)}$$

と表すことができる。

仮に一方の企業が合意を破る場合を考えるとすると,どのような価格を付けるのが最も効果的だろうか。この場合,相手企業がトリガー戦略に従っている限り来期以降は処罰の状況となり,プラスの利潤を得ることが不可能だから,合意を破るならその期の利潤を最大にするような価格を付けることが好ましい。そのような価格とは,合意に従っている相手企業が付ける独占価格をほんの少し下回るものであることが次のようにしてわかる。まず,相手企業を下回る価格を付ければ自社のみが顧客を得るため,そのような価格の中で利潤を最大化する価格を求めればよい。そのような価格の範囲で,価格を独占価格に近づけていくと利潤は最大に近づく(ただし,独占価格に等しくすると相手企業と顧客を

分け合うために利潤が半減してしまうことに注意)。したがって合意を破る企業にとっては，価格を独占価格よりほんの少しだけ低く付け，独占価格によって得られる利潤 π^m を（ほぼ）すべて得ることが最適な行動である。合意に従う場合に各期に得られる利潤は $\pi^m/2$ だから，合意から逸脱することによってその期に得られる追加利益は，

$$\pi^m - \frac{\pi^m}{2} = \frac{\pi^m}{2}$$

である。これを**逸脱の利益**と呼ぶことにする。

一方，合意を破った場合は処罰の状態に移るため，来期以降に得られる利潤はずっとゼロである。合意に従っていたならば，来期以降も各期に利潤 $\pi^m/2$ を得つづけることができたはずである。したがって，合意から逸脱することにより失う将来利潤の割引現在価値の総和は，

$$\frac{\delta \pi^m}{2} + \frac{\delta^2 \pi^m}{2} + \cdots = \frac{\delta \pi^m}{2(1-\delta)}$$

である。これを**逸脱のペナルティ**と呼ぶ。協調の状況で企業が逸脱のインセンティブをもたないためには，

【逸脱の利益】≤【逸脱のペナルティ】

という条件が成り立つ必要がある。すなわち，

$$\frac{\pi^m}{2} \leq \frac{\delta \pi^m}{2(1-\delta)} \quad \Leftrightarrow \quad \delta \geq \frac{1}{2}$$

でなければならない。つまり企業が価格を独占価格まで引き上げるという合意に従うためには，割引因子が小さすぎては（ここでは1/2未満では）いけないことがわかる。

直観的に上記の議論を捉えてみよう。まずトリガー戦略による合意は2つの部分に分けて考えることができる。協調して価格を独占価格まで引き上げるという価格調整の部分と，ひとたび裏切りがあれば以後激しい価格競争を行うという脅しの部分である。調整された価格は1期間の競争におけるナッシュ均衡ではないため，抜け駆けを招く恐れがある。そのような抜け駆けを阻止するために，脅しが合意に組み込まれている。ただし，脅しにはそれ自体の信憑性が必要である。すなわち，処罰の状況でも各企業が合意に従うインセンティブ

をもつ必要がある。トリガー戦略は，処罰の状況で1期間の競争におけるナッシュ均衡戦略（すなわち限界費用に等しい価格を付ける）を指定している。というのも，相手企業が1期間のナッシュ均衡戦略を取りつづけるという予想のもとでは，自社もナッシュ均衡戦略を取りつづけることが最適であり，その意味において処罰の状況で合意に従うインセンティブがあるといえるからである。

一方，協調の状況が維持可能かどうかは，合意からの逸脱によって発生する現在の利益と将来のペナルティの比較にかかっている。割引因子 δ が大きいとは，将来の利益を重視することを意味している。したがって，十分に δ が大きいなら逸脱のペナルティが逸脱の利益を上回るため，合意に従うインセンティブを上昇させ，逆に δ が十分に小さければインセンティブを低下させることがわかる。

同じことだが，具体的な数字を用いて説明してみよう。たとえば，協調すれば毎期総額10万円，折半してそれぞれ5万円の利潤が得られるのだが，協調しないと激しい競争によりそれぞれ利潤ゼロとしよう。協調の状況で裏切るとその期は10万円丸々せしめることができるが（逸脱の利益5万円），来期以降は処罰の状況になり，毎期得られるはずの5万円を失う。もし将来の利益を現在はほぼ無視するなら（$\delta \approx 0$），ペナルティ（$5\delta/(1-\delta)$）は現在価値でみてほぼゼロであり，裏切ることで得られる利益が勝る。このような場合にはトリガー戦略による合意は不可能である。一方で，来期の利益を現在と同様に重視するなら（$\delta \approx 1$），来期以降得られていた5万円はそれぞれ現在の5万円に近い価値をもつため，その総和であるペナルティ（$5\delta/(1-\delta)$）は非常に大きくなる。このような場合，トリガー戦略による合意に従うインセンティブがあることがわかる。

談合可能性を決定する要因

前節で解説した基本モデルにさまざまな追加的な要因を考慮することにより，トリガー戦略による談合が形成可能か，また形成されやすいかどうかについて論じることができる。その判断は，協調を維持するインセンティブを与えるための条件，すなわち，

【逸脱の利益】≤【逸脱のペナルティ】

が満たされやすくなるかどうかによって行う。すなわち、逸脱の利益やペナルティを変化させる要因を調べることにより、合意の形成しやすさを議論することができる。

基本モデルではインセンティブを与えるための条件を、$\delta \geq 1/2$ という形に書き換えることができたように、一般にインセンティブの条件を書き直すと $\delta \geq k$ という、条件を満たすための割引因子の下限（k）を決める式で表せることに注意しよう。これは割引因子が最低でもどの程度であれば合意を守るインセンティブが得られるかを表している。下限の値 k が小さくなればなるほど条件を満たす割引因子の範囲が広くなるため、より合意が形成されやすいということができるだろう。

合意の最終期の有無

基本モデルにおける合意の期間は不特定の多期間とした。これは、先にみたように企業の倒産の可能性などを考慮し、いつ終了するか確実ではないような状況を想定している。この想定は重要で、もし談合における合意期間がいつ終了するかについて参加企業が知っているとすると、以下にみるようにトリガー戦略は機能しなくなることがわかる。

合意に最終期が定められているとしよう。そうすると、最終期の企業行動については、その後の処罰の効果を期待することができないため、最終期の利得のみによって決定されなければならないことがわかる。つまり、最終期は1期間の価格競争と同じにならざるをえず、結果としてベルトラン・パラドックスが発生し、利潤はゼロになる。これをふまえて、最終期の1つ手前の期の企業行動について考えてみる。最終期にはいつでも利潤ゼロになるのだから、1つ手前の期の企業行動も最終期と同じように、その期の利得のみによって決定されなければならない。この議論をさらに前の期に適用すると、すべての期でベルトラン・パラドックスが発生してしまうことがわかる。

ただし、繰り返されるゲームの構造次第では、最終期のある繰り返しゲームでも協調を達成できる可能性がある。たとえば、ナッシュ均衡が2つあるゲームを繰り返すゲームで、とくにそのうちの1つのナッシュ均衡がもう1つのナ

CHART 表7.1 各期の利得表

自社＼相手	非協力	協力	特別
非協力	3, 3	10, 0	0, 0
協力	0, 10	9, 9	0, 0
特別	0, 0	0, 0	5, 5

ッシュ均衡と比べてすべてのプレーヤーにとって低い利得をもたらす場合である（価格競争のゲームにおけるナッシュ均衡は1つのみで，ベルトラン・パラドックスを導くのであった）。

具体的に議論するために，次のような2つの企業による共同事業のゲームを繰り返す場合の協調について考えてみよう。共同事業には一般の事業と特別事業の2つがあり，また一般の事業については各企業が協力的または非協力的な行動を選ぶことができる。双方が一般事業を選ぶ場合，互いに協力するならそれぞれ大きな利益9を得るが，相手が協力するのに自社が非協力ならば自社の利益は10に高まる。また，自社が協力するのに相手が非協力なら自社の利益はゼロになるとする。互いに非協力なら利益はそれぞれ3である。特別事業が利益を生むのは，2つの企業が特別事業を選んだときのみであり，そのときの利益はそれぞれ5であるとする（特別事業には協力・非協力の選択肢が与えられていないが，これはたとえば特別事業についてはいつでも協力的でなければ利益にならないと考える）。各期の利益をまとめた利得表は，表7.1のようになる。

上記のゲームには2つのナッシュ均衡があり，それは互いに一般事業を選び非協力であることと互いに特別事業を選ぶことである（第4章3節参照）。互いに協力することがナッシュ均衡にならないのは，仮に相手が協力するなら，自社は非協力であることを選べば利益が高まるため，協力を維持することができないからである。

ここで，上記のゲームを2回繰り返す場合の協調（互いに協力すること）の可能性について考えてみよう。第2期は最終期であるため，各プレーヤーは1回きりのゲームと同様に考えて意思決定を行う。したがって，第2期では各プレーヤーがどちらかのナッシュ均衡戦略をとること以外合理的ではない。ただし，

第1期の結果に応じて，2つあるナッシュ均衡のうちどちらをプレイするかをあらかじめ決めておくことはできる。たとえば，第1期で互いに協力したときは第2期に良いナッシュ均衡（特別，特別），第1期に互いに協力できなければ第2期に悪いナッシュ均衡（非協力，非協力）をとることを約束する，としよう。ナッシュ均衡を用いているため，第2期の約束にはそれ自身に拘束力があることが最終期における合意のポイントである。さてこのような第2期の約束をふまえて，第1期に互いに協力することを合意する，としよう。上記の第1期，第2期の合意に相当する戦略は，以下のトリガー戦略である。

トリガー戦略：第1期に協力を選ぶ。第2期は，第1期に互いに協力したなら特別事業を選び，第1期に互いに協力できなければ非協力を選ぶ。

第1期の結果に応じて第2期に達成するナッシュ均衡を上記のように選ぶことによって，第1期に協力しないことに対して第2期（最終期）にペナルティを課すことができる。ペナルティは良いナッシュ均衡と悪いナッシュ均衡の利益の差であり，その大きさは第2期の利得で測って2である。一方，相手がトリガー戦略に従っているとして，第1期に自ら協力から非協力に逸脱すると，第1期の利益を9から10に高めることができる。このような逸脱をしないためには，

$$【逸脱の利益】≤【将来のペナルティの現在価値】$$

という条件が成立しなければならない。すなわち，$1 ≤ 2δ$ ならば合意に従うことがわかる。

期間が3期以上の場合でも，最終期の2期前までは基本モデルと同じトリガー戦略（処罰の状況で悪いナッシュ均衡を使う），最終期の1期前からは上記の2期モデルの議論を組み合わせて議論すればよい。このように，最終期がある繰り返しゲームについても，各期に繰り返されるゲームに複数のナッシュ均衡があるならば協調の可能性がある。

企業数

談合を形成する企業数が増えると，談合は成り立ちにくくなる。基本モデル

での企業数を3とした場合を考えてみよう．協調の状況では独占利潤を3等分しなければならないので，各企業は $\pi^m/3$ の利潤を各期に得る．しかしながら，逸脱した場合には独占利潤 π^m を（ほぼ）独り占めできるので，逸脱による追加利潤は $2\pi^m/3$ である．一方で，来期から処罰の状況に入ることによる将来利益の逸失は各期 $\pi^m/3$ であり，その割引現在価値の総和は，

$$\frac{\delta\pi^m}{3(1-\delta)}$$

である．逸脱のインセンティブをもたないためには，

$$\frac{2\pi^m}{3} \leq \frac{\delta\pi^m}{3(1-\delta)} \quad \Leftrightarrow \quad \delta \geq \frac{2}{3}$$

でなければならず，2企業の場合と比較して談合を成立させるための割引因子の下限がより1に近くなり，その範囲が狭まっている．同様にして n 企業による談合の場合の条件は，

$$\frac{(n-1)\pi^m}{n} \leq \frac{\delta\pi^m}{n(1-\delta)} \quad \Leftrightarrow \quad \delta \geq \frac{n-1}{n}$$

となり，企業数の増加より談合が成立しにくくなっていることがわかる．直観的にいえば，企業数の増加により協調時の利益分配が少なくなり，逸脱による総利益の独占のメリットが大きくなることが，逸脱のインセンティブを高めているといえる．

企業の技術的な異質性

基本モデルでは各企業の限界費用は等しいと想定したが，たとえば企業2の限界費用が高まると，合意が形成されにくくなることをみてみよう．この状況で用いるトリガー戦略での価格設定には修正が必要である．いま協調の状況での価格を，企業1が市場を独占する際の独占価格とする（限界費用の差から，企業2が市場を独占する際の独占価格より低い）．また，処罰の状況での価格は，1期間の競争におけるナッシュ均衡価格になる．すなわち，第4章で論じたように，企業1が企業2の限界費用を少し下回る価格を付けて顧客をすべて獲得し，企業2はその限界費用を価格とすることである．

企業1の逸脱の利益は，自らの独占価格を少しだけ下回る価格を付けることによって得られる．これは企業2が企業1と等しい限界費用をもつ場合の逸脱

の利益と変わらない。しかし,処罰の状況では企業2の限界費用を価格として用いるため,企業1は正の利潤を得られることになる。一方,企業2の限界費用が企業1と等しい場合には処罰の状況において利潤はゼロであるから,その場合と比較すると,協調から逸脱することによるペナルティが小さくなる。したがって,企業1が協調を維持するためのインセンティブ条件は満たされにくくなる。

この議論から,生産の限界費用が低いという意味で効率性の高い企業が,効率性の低い企業と談合における合意を維持することは,より対称的な企業同士の談合と比較して困難であるということがわかる。

景気の変動

景気が変動する場合にも,談合の合意形成は困難になることを議論しよう。景気変動に直面する,限界費用の等しい2社の企業の談合を考える。単純化のため,需要量は好況と不況という2つの景気の状態のみとし,各期に好況と不況のどちらが実現するかは1/2の確率でランダムであるとしよう(本項の議論は Rotemberg and Saloner, 1986 に基づく。より現実的な景気循環を取り入れ議論を拡張することも可能〔Kandori, 1991〕)。企業は各期に景気の状態をみてから価格を付ける。独占価格は需要状態を反映して好況時に高く,不況時には低いため,トリガー戦略における価格も景気の状態によって変わる。すなわち,以下のようになる。

協調の状況:独占価格まで引き上げる(ただし景気を反映)
処罰の状況:限界費用まで引き下げる

なお,1期間の競争におけるナッシュ均衡価格は景気にかかわらず企業の限界費用に等しいので,処罰の状況に関しては景気を反映して価格を変える余地はない。

上記の環境と,景気変動がない状況とを比較してみよう。ただし,変動がない場合の需要は,変動する場合の需要の平均と等しいとする。結論からいえば,変動があると好況時のインセンティブ条件が満たされにくくなり,変動がない場合と比較して合意形成は困難になる。

はじめに，逸脱のペナルティの大きさは景気変動の有無によらないことをみてみよう。景気変動がない場合は，各期の協調の利潤を失うことからペナルティが発生する。一方，変動がある場合，各期の好況時または不況時の協調の利潤を失うことからペナルティが発生しているが，各期の協調の利潤の平均値は景気変動がない場合と等しくなる想定であるから，ペナルティの大きさは同じになる。

しかし，合意を破った際の逸脱の利益は，景気によって変化する。好況時は需要が大きく，独占利潤も大きくなることから，逸脱の利益は不況時に比べても，あるいは変動のない場合に比べても大きくなる。したがって，好況時の逸脱の利益は大きくなることから，インセンティブ条件が満たされにくくなることがわかる。

ただし，景気を反映した協調時の価格設定を工夫し，好況時の価格を独占価格からある程度引き下げるならば，景気が変動する場合にも合意を形成することは可能である。このような修正は処罰の状況におけるペナルティの大きさにも影響を与えるが，比較すると逸脱の利益のほうにより大きな負の影響を与えることが確かめられ，インセンティブ条件が満たされやすくなる（よりくわしい解説は，第 7 章のウェブ付録を参照）。

取引間隔の短縮

取引間隔が短縮される，すなわち一定時間内の取引回数が増える場合，談合の合意形成が容易になることを議論しよう。たとえば，年 1 回しか取引できなかった状況が半年に 1 回に変更になったとし，その代わり，同じ価格に対する取引 1 回当たりの需要や利潤は半減することになるとしよう。トリガー戦略自体は基本モデルと同じである。なお，取引回数が増えると割引因子が大きくなることに注意する。利子率が年利 r であるなら，半年では約 $r/2$ になり，また倒産確率が 1 年当たり x であるなら，半年では約 $x/2$ になるから，割引因子はおよそ，

$$\frac{1-\frac{x}{2}}{1+\frac{r}{2}} \left(> \frac{1-x}{1+r} \right)$$

となる。さらにいえば，年間の取引回数が増えていくと割引因子が 1 に次第に

近づいていく。直観的には，現在と来期の間隔を短くすると，現在と来期の1円の価値の差も小さくなるからである。

取引間隔の短縮は，1回当たりの取引による利潤を減少させるため，逸脱の利益を減少させる。一方で逸脱のペナルティは，来年から失う協調の利益の割引現在価値（これは取引間隔が短縮する前と同じ）と今年の後半の協調の利益の割引現在価値の和であり，取引回数が増えることによって増加することがわかる。したがって，インセンティブ条件は大幅に改善され，満たされやすくなることがわかる。

複数の市場で接点をもつ企業間の談合

企業の操業する市場は複数にわたることが多い。たとえば，デパートを展開する企業は複数の都市（商圏）で商売をし，航空会社は複数の路線を提供し，製薬会社は複数の異なる薬剤を生産する。競合する企業も同じ複数の市場で操業する場合には，複数の市場において談合できる可能性があるだろう。ここで考えたいのは，複数の市場で接点がある企業による談合は，単一市場での談合と比較して容易になるかどうかである。

結論からいえば，市場間で企業行動を関連づけるような談合を考えることにより，各市場で独立して談合する場合と比較して談合が成功する可能性が高まるといえる（議論は Bernheim and Whinston, 1990 に基づく）。この点をみるために，たとえば，企業1と企業2が市場A，Bで競合している状況で，とくに両企業の技術は市場Aでは同一，市場Bでは異質性があり，企業1の限界費用がより低い場合を考えてみよう。いま，市場ごとにトリガー戦略を考える（第1節の基本モデル，および本節の異質性を考慮した場合を参照）。談合に従うインセンティブをもつかどうかは割引因子の大きさ次第である。いまとくに，市場Aでは両企業とも合意に従うインセンティブをもつが，市場Bでは企業1が合意に従うインセンティブをもたず，市場Bでは談合が形成されないような割引因子である場合を考える。

さてここで，市場ごとのトリガー戦略を用いるのではなく，いずれかの市場で合意からの逸脱が起きた場合に，両方の市場で処罰の状態に入るとしてみよう。すなわち，処罰の仕組みを市場間で関連づけるのである。このような場合，逸脱するならどうせ両方の市場で処罰されるのだから，両市場で同時に談合か

ら逸脱することを考えるのが合理的である。したがって、逸脱するインセンティブがあるかどうかは各市場における逸脱の利益の総和が、ペナルティの総和と比べて大きいかで決まる。前段落の想定から、市場A単独の逸脱の利益とペナルティについては「利益≦ペナルティ」が成立し、市場B単独では「利益＞ペナルティ」が成立する。もし、市場Aではペナルティが利益を大幅に上回っていて、市場Bでは利益がわずかにペナルティを上回っているなら、両市場の逸脱の利益とペナルティを合計すると、

【利益の総和】≦【ペナルティの総和】

となる。つまり、処罰を市場間で関連づけることによって、両市場での談合が可能となるのである。

先の「企業の技術的な異質性」の項で述べたように、限界費用に違いがある場合、効率性の高い企業により高い逸脱のインセンティブが発生するために談合を維持することは困難であった。しかし、複数の市場で同時に談合する場合にはこの困難を回避できる可能性がある。というのも複数の市場があれば、ある企業がすべての市場で一方的に他社より効率性が高いという場合だけでなく、企業がそれぞれ相対的に効率的であるという意味で「得意な」市場をもつ可能性があるからである。このような場合、「得意な」市場では逸脱に対する処罰が十分でなくても、「不得意な」市場では処罰が相対的に大きいため、処罰を関連づけることにより、合わせ技で逸脱への処罰が十分になるケースがあるからである。反対に、ある企業が複数の市場で一方的に他社より効率性が高いなら、複数の市場で処罰を関連づける効果はあまりないということができる。

3 不完全なモニタリングと談合

モニタリングに不備があるときの戦略

第1節で述べたように、談合に拘束力をもたせるためのポイントは、合意を破った者を特定して処罰を与えるという約束を、信憑性のある形で組み込むことである。基本モデルでは、約束と異なる価格を付けた場合には即座にその事実が他の企業に伝わるという状況を想定していたため、合意を破った犯人は

常に明らかであった。したがって，合意を破った際の処罰が大きいかどうかに集中して議論すれば十分であった。

　しかし，合意を破った犯人を特定するための**モニタリング**（監視）に不備がある状況も考えられる。たとえば，前節で論じた景気変動にショックがある状況において，秘密裡に一部の顧客に対して値引きする方法が個々の企業にある場合である。このとき企業は一部の顧客に対し，談合価格よりも安く売ることにより，顧客を自社に誘導し利潤を高めることができる。このような行為は，他社の顧客を奪い他社の利潤を低下させる。仮に需要に関する情報が完全にわかっているならば，企業は他社の秘密裡の取引を観察できないとしても，自社の顧客が減少するのをみて他社が裏でとった逸脱行動を察知できるはずである。しかし，需要の変化に関する完全な情報を企業がもたない場合には，顧客の減少をみてもそれが他社の逸脱行動によるものなのか，単に景気が悪化したため逸脱行動によらずに顧客が減少したのかを見分けることが困難になる。逸脱行動についてのモニタリングに不備が発生するとは，このような場合である。

　では，このような環境で企業が談合して価格を高め，利潤を高めることは可能だろうか。実は，モニタリングに不備がないときと比較すると談合の可能性やその効果は小さくなるが，興味深い形での談合を形成する可能性がある。議論のはじめに，モニタリングや需要，またとりうる行動についての想定をまとめておこう（なお本項の議論は Green and Porter, 1984 に基づいている）。企業は価格を付けて市場で顧客を獲得するが，秘密裡に値引きをして一部の顧客を獲得することも可能とする。需要は毎期確率的に変動しており，その好況不況の実態を企業は正確に知ることができない。つまり各企業は，談合で約束したとおり行動しても顧客数が減ることがあり，その理由が他社の秘密裡の裏切り行動によるのか，需要が単に下がっただけなのかを判別することができない。

　ここで談合の戦略として，次のものを考えよう（図7.2を参照）。

① 状況の設定：協調，処罰という2つの状況を考え，協調の状況で高い価格，処罰の状況で限界費用に等しい価格を付ける（同時に，秘密裡の値引きを行わないように約束する）。
② 状況の移行：第1期は協調からスタートする。その後，
　（i）前期に各企業の表向きの顧客数が一定の水準以上なら今期も協調の

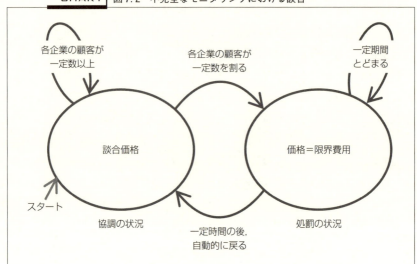

CHART 図7.2　不完全なモニタリングにおける談合

状況にとどまるが，その水準を下回ると処罰の状況に移る。
(ii) 処罰の状況に入ってから一定期間過ぎると，協調の状況に戻る。

　上記の戦略は，談合で秘密裡の値引きをさせないことを主眼としている。そのため，表向きの談合価格を約束どおりに付けるインセンティブについては，議論を煩雑にしないためにあえて省略してある。そのようなインセンティブを高めるのは簡単で，第①節のトリガー戦略の考え方を適用し，表向きの価格に関する逸脱行動が観察された場合に，その後処罰の状況にずっととどまらせるとすればよい。

　ここでの問題は，秘密裡の値引きが行われたかどうかについてモニタリングできないため，秘密裡の行動への逸脱の有無に応じたトリガー戦略はそもそも実行不可能であるという点である。しかし，表向きの価格がずっと高い限り処罰されないとするなら，各企業は秘密裡に値引きをしても処罰されないことになり，裏で値引きをし，談合によって高価格を実質的に維持するという目的が達成されない。

　上の談合戦略のポイントは「秘密裡の値引きが疑われるような水準の顧客数の減少が発生したら，一定期間処罰の状況に移行する」という点である。値引

きが疑われるのは企業の表向きの顧客数が少ないときのことである。このような顧客数の減少が観察されるのは，秘密裡に値引きが行われた場合と，単に需要が低い場合のどちらかで，後者の場合には本来は処罰することを避けたいのだが，秘密裡の値引きを防ぐためにやむをえず処罰の状況に移行する。この効果により，ある程度割引因子の水準が高ければ，上記の戦略をとって談合を維持し，秘密裡の値引きをさせないことが可能となる。したがって，談合が成立し企業が合意に従っていても，需要の変動によってやむをえず一定期間の処罰の状況が発生する。なお，処罰の状況を一定期間にとどめる理由は，やむをえず発生するペナルティの期間を短くして談合による利潤の割引現在価値を高めるためである（よって，秘密裡の値引きを行った場合のペナルティが秘密裡の利益を超えるように，最小の処罰の期間を設定するのがよい）。

　現実の企業行動を考えると，本項の設定のように，表向きの価格設定とは別に秘密裡に個別の取引を行い値引きすることが可能であると考えられるし，そのモニタリングも実際には困難であると想定される。したがって上記のような談合戦略は，単なるトリガー戦略より現実的な状況を捉えていると考えられる。実際，談合が疑われる状況で価格が一時的に急激に下がり，しばらくした後に，以前の高い水準に戻るという現象がしばしば観察されている。このような現象を**価格戦争**と呼ぶことがあるが，上記の分析は一時的な価格戦争が談合の一部に組み込まれている可能性を示唆している。

最低価格保証とモニタリング

　序章④節で紹介した最低価格保証は，企業が単独で採択する経営戦略という可能性もあり，それが独占禁止法に抵触する「談合」と認定されるかどうかは微妙であるが，複数の企業で同時に最低価格保証を採択する効果は，これまで議論した談合による効果（価格の高止まり）と似通っている。たとえば業界標準のマークアップ率があるならば，価格をマークアップ率によって各社一律に決定し，最低価格保証をすれば事前の話し合いをすることなく価格競争を避け高価格を維持することが可能となる。というのも，ひとたび値引きを行うと，他社の値引きを誘発し結果として激しい価格競争が起きるため，将来の利益を十分に高く評価するなら高価格を維持するほうが好ましくなるからである。

　しかしながら，企業が個別の価格交渉や時限的な低価格戦略などを行うなら，

他社に対して秘密裡に価格を下げ顧客を獲得することも可能である。このような抜け駆けを防ぐためにはできる限りモニタリングを強化し，他社の行動を監視することが必要になる。序章で議論したように，モニタリング強化のためのコストは業界によってはそれなりに大きいようである（たとえば家電量販店の場合）。

また，最低価格保証によって維持可能な価格は，企業数が増加するに従い低下する傾向も指摘しておこう。競合する他社が多い場合や，新規参入が容易な場合には，他社をモニタリングするために必要な費用が増加する。モニタリングのための費用をいくらでもかけられるということはないので，他社1社当たりのモニタリングを緩くせざるをえず，他社の値下げ行為を発見できる可能性が下がったり，発見できるまでの時間が長くなってしまったりする。結果として，最低価格保証の警告どおりに追随して値下げをすることができなかったり，その発動が遅れてしまったりするため，他社の値下げ行動に対して追随値下げする，という他社への警告メッセージがもつ抑止効果が下がることになる。このような状況に対応するために，そもそも維持しようとする価格自体を下げて，秘密裡の値下げから得られるメリットを小さくしておかなければ，最低価格保証による価格維持が困難になる，というわけである。このことから，はたして最低価格保証が高価格維持の合意のための戦略として機能するかについては，慎重に判断する必要があるだろう。

談合における私的情報

私的情報の利用とその問題点

これまでの議論において，たとえば需要に関する情報など，談合する企業が意思決定の際に得ている情報は，企業の間で同じ（対称的）であった。しかし，景気変動の情報やコストの変動が企業ごとに個別に発生し，それらが私的な情報となる場合がある。具体的に考えてみよう。各企業が景気の状況について不確かで限定された情報をもちえるとすれば，企業1が景気はよいらしいという情報を得る一方で，企業2が景気はそれほどよくないらしいという情報を得るといった場合がありうるだろう。どちらの企業にとってもなるべく個々の情報

を集計し，需要に関するより確度の高い情報を用いた価格付けをするのが望ましいものの，このような情報交換は談合の事実が明るみになる確率を高めるため避けるだろう。そうすると，各企業は自らの情報に応じて価格を付けるという戦略が考えられるが，そのような価格戦略を談合戦略として実行するためには，私的情報に応じて価格を付けるためのインセンティブを付与しなければならない。

別の私的情報のケースとしては，各企業の限界費用が各期変動するのだが，その様子は自社のみが知り他社にはわからないという場合を考えることができる。この状況で談合の総利潤を高めるためには，単に価格を高く設定して販売するだけではなく，限界費用の低い企業になるべく生産を任せる必要がある。そのためには，談合戦略は各企業が自らの費用情報を偽らずに開示するインセンティブを伴うようなものでなければならない。

私的情報によって価格や生産の配分を変える談合戦略を実行するためには，上で述べたような正直に私的情報を利用または開示するインセンティブが必要である。しかし，そのようなインセンティブを付与するための追加的コスト（インセンティブの費用）が発生するため，利潤をかなり減少させる可能性がある。たとえば上記の景気変動についての私的情報をもつ場合について，各企業が好況の情報に対応して高い価格を付け，不況の情報に対応して低い価格を付けることを考えてみよう。しかし，好況の情報を得た企業が不況の情報を得たと嘘をつき，わざと低い価格を付けると，その企業は多くの顧客を獲得し，個別の利益が高まる可能性がある（嘘をついたかどうかは見分けることができない）。したがって，前節で議論されたモニタリングの不完全性と同じ問題が発生しており，低い価格を付けた企業に対しては一定のペナルティが発生するように談合の戦略を設計しなければならない。このようなペナルティを設けると，必然的に談合利潤は低下し，条件によってはその低下の程度は大きいものとなる。

上記のようなインセンティブの費用が大きい場合，私的情報を用いた価格付けをするような談合を行うことをあきらめ，異なる形での談合を行うことにより利潤が高まるケースがある。次の2つの可能性を考えてみよう。第1は，私的情報を利用しないような，硬直的な談合戦略を用いることである。たとえば，どんな私的情報を得たとしても，協調時には同じ価格を付けることにしておく（同じ価格をとらないという明らかな逸脱に対しては，トリガー戦略の場合と同様に処

罰に移行する)。この場合，情報を反映した最適な価格にはなっていないため，一定の損失が発生しているものの，情報開示のためのインセンティブの費用がかからない。したがって，私的情報を利用する際に発生するインセンティブの費用よりも硬直的な談合戦略を用いることによる損失のほうが小さいならば，硬直的な戦略を用いることがより好ましいということがわかる（談合と価格の硬直性について，よりくわしい議論は Athey et al., 2004; Hanazono and Yang, 2007 を参照のこと)。

　第2は，ローテーションの採択である。すなわち，各期にどの企業が操業するかという順番をあらかじめ決めておき，その順番どおりに各社が操業するというものである（談合破りに対してはトリガー戦略と同様の処罰に移行する)。このやり方も貴重な私的情報を無視しており，順番により企業が非効率的でも生産することになるために，一定の損失が発生しているが，情報開示のインセンティブの費用はかからない。インセンティブの費用が順番の固定化による損失よりも大きいならば，ローテーションのほうが好ましい談合になる。

入札談合と2段階オークション

　談合において，実際に市場で価格を付ける前に情報交換の機会がある場合を考えよう。このような事前の相談は談合の発覚の可能性を高めるという問題があるものの，追加的な情報開示の機会により，私的情報を利用した効果的な談合戦略を実行するために有効である。序章❹節で紹介したニューヨークの切手入札談合のケースがこれにあたる。そこでは，事前に「落札する切手をどの業者が最も高く評価しているか」という私的情報を集めるために「ノックアウト入札」と呼ばれる方法を採択していた。ノックアウト入札では，各業者が「実際の競争入札でいくらまで応札するか」を申告することにより，各業者の情報を収集する。最も高い申告額を提示した業者は競争入札に参加し，ノックアウト入札で申告した額まで応札し，談合している他の業者は入札に参加しない（または早い段階で応札から降り，落札価格に影響しないように行動する)。ノックアウト入札は，以下のように談合の利益の配分を決めるためにも用いられていた。

　具体例でみてみよう。仮に4社の業者が参加する談合があり，ノックアウト入札で業者A，B，C，Dがそれぞれ10万円，7万円，5万円，2万円を申告

するとしよう.この場合は業者 A が代表となって実際の入札に参加する(B, C, D は不参加).さて,実際の入札において,A が談合に参加していない他の業者と競り上げ式の入札を行い,A が結局 4 万円で落札したとしよう.もし B が入札に参加し申告額まで応札していたならば,A は落札できるものの B が 7 万円まで応札したので,落札価格は 7 万円に上がる.また,C が参加するなら(B は不参加),同様に落札価格は 5 万円に上がる.なお D が参加しても,落札価格は 4 万円で変化しない.ここから,談合による余剰利益は A の次に申告額が高かった B が入札に参加しなかったことによる価格の低下分 3 万円であることがわかる.この余剰利益の分配は各業者の利益への貢献度に応じ次のように行う.貢献度はノックアウト入札での申告額と落札価格の差で測る(申告額が落札価格を超えている限り).そうすると,A,B,C,D の貢献はそれぞれ 6 万円,3 万円,1 万円,ゼロとなる.そこで,A には $6/(6+3+1) = 6/10$,B には $3/(6+3+1) = 3/10$,C には $1/(6+3+1) = 1/10$ の割合で総利益を配分するようにする.したがって,B は 3 万円×30% = 9000 円,C は 3 万円×10% = 3000 円を,落札価格の低下を通じて余剰利益を得た A から配分される.したがって A が実質的に支払う金額は落札価格の 4 万円と追加の 1 万 2000 円で合計 5 万 2000 円である(A がこの談合から得る追加の利益は,3 万円×60% = 1 万 8000 円).

ノックアウト入札は競売されるものを最も高く評価する業者を選定するという機能を有しているものの,各々の業者は最初の情報開示の段階で評価額を高めに申告するインセンティブをもつ.というのも,たとえば上記の例のような状況なら,もし B が 8 万円と申告すれば利益の配分は 4 万円×4/11≈1 万 4500 円に増えるからである.しかし,あまり高く申告しすぎると次のような問題が発生する.仮に業者 B の自分の正直な評価額(7 万円)の倍額(14 万円)を申告したとする.このとき,ノックアウト入札で 1 位となり B が実際の入札に参加することになる.上の例では談合に参加しなかった他の業者の最高の応札額がたまたま 4 万円であり,落札額が 4 万円であったが,状況によっては他の業者の最高の応札額がたとえば 13 万円になる可能性もあるとしよう.このときの B の利益は,評価額 7 万に対して落札価格 13 万を支払うため 6 万円の損失となる.評価額を大きく超えるような高い金額を申告すると,このような損失の発生する可能性も高まる.したがって,ノックアウト入札において各業者

はそのような損失の可能性を考慮するのだが，余剰利益の分配を高める効果が大きいので，自分の評価額よりも若干は高めに申告することになるのである。

入札談合は落札価格を下げるとともに，談合内の最も適切な落札者を探し出し，談合の利益を最大限に高める目的で形成されるものである。しかし，ノックアウト入札において，各業者が自身の本当の評価額よりもある程度高めの申告をすることから，落札価格が最終的に高くなってしまう可能性を排除することができない。この要因から生ずる価格の上昇がノックアウト入札における「インセンティブのコスト」であるといえるだろう。

5 リニエンシー（課徴金減免）制度

談合は価格競争を回避し，企業に都合のよい状況を作り出すための手段であり，競争により取引の総利益，または社会的余剰を高めるという市場競争の機能を損なうものである。同時に，談合は取引相手（消費者や競売の売り手）の利益を不当に奪うという観点からも問題がある。そのため，各国では法制度や行政を通じ，談合の発見とその処罰，また談合を減らすための努力がなされている。なかでも近年脚光を浴びている談合対策として，リニエンシー制度（日本では課徴金減免制度）がある。リニエンシーとは，談合の証拠を確保するため，談合を競争当局（日本では公正取引委員会）に自白した当事者に対し通常の談合発覚時の罰則（罰金や課徴金）を減免するものである。各国で減免の範囲や程度の差はあるが，おおむねはじめの通報者には全額減免，それ以降は部分的に減免するものである。

リニエンシーは，談合の摘発や防止にどのように機能するのだろうか。次のような状況を考えよう。談合はすでに行われているとする。談合の事実を誰も自白しなくても，競争当局の監視や調査を通じて少ないながらも発覚する可能性があり，発覚すると罰則が十分に重いとする。ここで，他の企業は通報しないとして，ある企業が自ら通報するインセンティブがあるかどうか考えてみる。自ら通報すると，2つの効果がある。第1に，リニエンシーが受けられるため，通報なしで発覚した際の罰則が回避できる。発覚の可能性が低くても，罰則が十分に重ければ，罰則回避のメリットは大きい。第2に，通報すると，談合が

終了するので，談合により将来期待できる利益を失う。したがって，罰則回避のメリットが十分に大きくなれば，談合利益の逸失分を上回ることになり，他の企業が通報しないとしても自ら通報することが好ましいことがわかる。もちろん，他の企業が通報すると予想される場合は，各企業は自分がはじめの通報者になることによって減免の度合いが上がるのだから，我先に通報することが好ましいといえる。したがって，このような状況であれば結局，談合はリニエンシー目当ての通報を誘発するため維持困難であり，摘発されやすくなる。さらにいえば，以上のような状況が予期されるならば，そもそも談合するメリットがないことになり，談合の形成そのものが困難になることがわかる。

日本でも 2006 年から採用されているリニエンシー制度であるが，毎年少なくない数の申請が出されており（2008～2014 年では年平均約 94 件），談合の発覚に寄与している。日本では 2000 年前後から入札制度の改革が進められ，リニエンシー制度の導入・罰則の強化などを通じ，談合の摘発や防止に力を入れている。

談合は企業にとっては好ましい行為である一方で，企業の健全な競争を阻害し，社会全体の観点からみると取引の利益を不当に奪う望ましくない行為といえる。談合の撲滅は長期にわたる政策課題になっているが，入札談合や国際カルテルなどのニュースを現在でも報道でよく目にするように，まだまだ談合はなくなっていない。したがってこれからも，談合のメカニズムやその社会的な損失の程度を解明し，談合の抑止策，また談合の弊害を取り除くための政策を検討することに，大きな意義があるといえるだろう。

SUMMARY ●まとめ

☐ 1 談合やカルテルは，価格競争をしないという企業の合意である。合意に拘束力をもたせるためには，逸脱行動が発覚した際の対処をはじめから組み込む必要がある。

☐ 2 逸脱行動への典型的な対処法は，逸脱行動が発覚した時点で談合を解消することなどにより，将来得られたはずの利益を失わせることである。その方法で談合を成立させるためには，将来にわたって取引するという見込みと，将来の利益の十分な重要性が必要である。

- □ 3 談合が成立するかどうかは，逸脱したときの利益の大きさを，将来に与えられる処罰の大きさが上回るかによって決まる。
- □ 4 企業行動に関するモニタリングが不完全な場合や，企業が私的に情報を受け取る場合などは，逸脱行動を特定しにくくなるため談合が成立しにくい。
- □ 5 談合は企業に不当な利益をもたらすだけでなく，社会的余剰の観点からも問題があるため，なるべく減らすことが望ましい。リニエンシー制度は，談合している企業が自白すれば処罰を減免するというものであり，談合を認定するためにこれまで一定の成果を上げている。

EXERCISE ● 練習問題

7-1 ある企業が毎年 100 万円の利益を継続的に得ると想定する。利子率が 1％，倒産の確率が年当たり 3％ であるとき，この企業の割引現在価値を求めなさい。

7-2 2 つの企業 A と B が 2 つの市場 1，2 で談合（カルテル）することを考える。各期，各市場の需要関数は $D=1-p$ とする。企業 A の限界費用は市場 1 ではゼロ，市場 2 で 0.1，企業 B の限界費用は市場 1 で 0.1，市場 2 でゼロとする。

(1) 市場ごとに独立に談合し，談合価格 $p=0.5$ を実現することを考える。以下のトリガー戦略から逸脱しないために割引因子が満たすべき条件を求めなさい。

・協調の状況：各企業 $p=0.5$ を付ける。
・処罰の状況：限界費用の高い企業は $p=MC$，限界費用の低い企業は価格を相手企業の限界費用より少しだけ低く付ける。

(2) 2 つの市場を統合して談合し，各市場で $p=0.5$ を実現することを考える。上のトリガー戦略から逸脱しないために割引因子が満たすべき条件を求めなさい。

7-3 成長産業と衰退産業のそれぞれにおける談合の可能性について，さまざまな論点から議論しなさい。

7-4 日本では公共工事の入札に際して，以前は指名競争入札という制度により入札に参加できる業者を制限していたが，近年一般競争入札という制度に変更し，入札に参加できる業者の制限を緩和した。このように，入札に参加できる業者を制限することによる効果（メリットとデメリット）を論じなさい。

CHAPTER 第8章

市場構造の決定要因

参入と退出

地ビール

INTRODUCTION

市場構造は，市場の大きさ，操業する企業数，また各社の市場シェアによって特徴づけられるものである。ここまで本書では，市場構造が変わらないという想定で議論してきた。しかし，利益を生むビジネスチャンス（参入機会）があれば，企業はその市場に参入するだろう。逆に，操業を続けていると損失を余儀なくされる企業はその市場から撤退するだろう。本章では，企業の参入・退出行動のインセンティブを分析し，市場構造がどのように決定され，それが社会的にみて望ましいかについて考えていく（ただし，既存企業が参入を阻止する行動が与える影響については，次章で議論する）。

1 自由参入の効果

自由参入が望ましいための条件

資本主義社会では，政府による特別な規制や行政指導を受けない限りは自由な経済活動が保証されており，新たな企業の立ち上げや採算の合わなくなった事業からの撤退は原則として自由である。よって，企業（潜在的な参入企業も含む）は便益が費用を上回る限り，自らの意思で参入や退出の意思決定を行うといってよいだろう。この原則を支える背景には，自由な参入・退出が望ましい市場構造を実現するという経済学の基本的な考え方がある。自由な参入を通じて市場で多くの企業が操業することにより市場競争が促進されるのみならず，生産における効率性，すなわち費用対効果の高い企業が「適者生存」の原理に従って存続し，逆に効率性の低い企業は淘汰されていく。したがって，自由な参入や退出によって市場構造や市場競争の「質」が高まることが予想され，それを通じて社会的に望ましい状況が実現すると考えられるのである。

自由参入が望ましいという上記の議論が成立する条件についてくわしくみてみよう。参入・退出の意思決定やその社会的な望ましさを考える際には，それにかかる費用を含めて検討する必要がある。たとえば参入について考えると，企業が参入するのは，

$$【参入の便益】 > 【参入の費用】$$

という条件が成立している場合である。ここで「参入の費用」とは，企業が参入する際に負担しなければならない諸費用のことであり，開業の際の登録や法務に関する費用，設備等への初期投資，市場調査費用，品質や費用削減のためのR&D，開業時に特別に負担するべき広告・宣伝費用などが含まれる。これらの費用は参入する際に一時的に支払うものであり，企業が操業する際に負担する固定費用や可変費用とは別のものである点に注意しよう。また，「参入の便益」とは，参入し市場で操業することによって得られると予想されるすべての便益である。もちろん，参入後にはさまざまなリスクがあり，利益が得られる場合だけでなく損失が発生する可能性もある。ここでの便益とは，これらの

リスクもふまえて参入前の時点で評価した便益である。

　仮に，企業の私的な便益や費用が，社会的な便益および費用と一致しているとしよう。すなわち，企業の参入が外部効果（他の企業や消費者への利害）をもたないケースである。この想定のもとでは，企業が参入するための先ほどの条件は結局，

【参入の社会的便益】＞【参入の社会的費用】

という条件と同じである。この想定が正しければ，企業の自由な意思決定は社会全体の利害と対立せず，自由な意思決定が社会的な利益を高めると結論できる。ただし，参入の社会的便益や社会的費用とは，参入する企業の私的な利害だけでなく，他企業や消費者に与える利害も含んでいる。よって，私的便益・費用と社会的便益・費用が等しくなるためには，ある企業の参入が他の企業や消費者の利害に（ほとんど）影響しないという条件が成り立っていなければならない。この条件は，市場が競争的な状況，すなわち，各企業の操業規模が市場規模と比較して非常に小さい場合には成立するのであるが，以下でくわしく議論するように，企業数が比較的少数で市場競争が不完全となるような環境では，成立しにくいことがわかる。

参入の顧客奪取効果

　都市部におけるコンビニエンス・ストアやクリーニング店，美容室等の頻繁な出店にみられるように，企業の参入には過当競争と思われるような事態が発生しがちである。このような事態は企業にとって厳しいものであるが，不完全競争の環境にあっては，実は先ほど述べた社会的な観点からみても過剰な参入といってよいものである。つまり，参入の社会的便益が社会的費用を下回るのに，参入が起きてしまうのであるが，それはなぜかについて考えていこう。

　着目するのは，参入が企業の利潤や消費者の余剰にどのような影響を及ぼすかである。ここでは，参入の効果を捉えやすい，クールノー競争，すなわち販売数量による競争が行われている市場を想定し，企業が参入することの社会的な影響を3つに分けて考えよう。1つめは新規参入企業への影響であるが，参入後には獲得できる利潤がある（費用については次項で述べる）。第2に，参入は既存企業の利潤に対してマイナスの効果をもつ。というのも，新規参入により

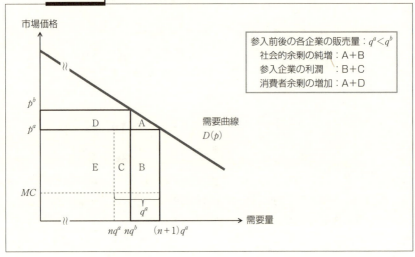

CHART 図8.1 顧客奪取効果

全体の販売数量が増え市場価格は下落することにより，結果として既存企業は販売数量を減らし，利潤を減少させるからである。つまり，既存企業は顧客の一部を新規参入企業に奪われることにより，新規企業が参入する前後で各社の1社当たり販売数量，利潤がともに減少する。このような，新規参入が既存企業に与える効果を**顧客奪取効果**という。第3に，参入による市場価格の低下は消費者の余剰を増やし，消費者にとってはプラスの効果をもつ。

新規参入が企業や消費者に与える効果を足し合わせると，社会全体ではどのくらい余剰が増加するのだろうか。図8.1を用いて議論しよう。

図8.1では，すでにn社が操業している市場に，新たに1社参入するケースが示されている。企業は既存企業，新規参入企業とも技術的に差がなく，同質的な財を生産し，操業する企業の生産量は等しいとしよう。参入前の価格をp^b，参入後の価格をp^a，参入前（n企業）の総販売量をnq^b，参入後の総販売量を$(n+1)q^a$と表記する。顧客奪取効果により，各々の既存企業の販売量は$q^b - q^a$減少するので，参入企業は全体で$n(q^b - q^a)$の需要を既存企業から奪っているといえる。

参入企業の参入後の利潤，つまり参入の私的な便益は$(p^a - MC)q^a$である。図8.1では，この利潤は領域B＋C（販売量純増からの利潤＋顧客奪取効果からの

利潤)に等しい。一方,参入の社会的な便益は,参入によって純増した販売量から得られる余剰である(第 5 章を参照)。図 8.1 でみると,消費者余剰の一部分である領域 A と参入企業の得る利潤の一部分である領域 B を足し合わせた領域に等しい。なお,参入による消費者余剰の増加分の全体は,純増した販売量から得られる余剰 A と価格の下落による余剰の増加分である領域 D を合わせた領域 A+D である。しかし,領域 D は元々既存企業が新規参入の前に得ていた利潤の一部を,価格の下落を通じ消費者に譲ったものである。したがって,この部分は社会的な余剰の増加分とは無関係であることがわかる。

　自由な参入が可能な市場では,参入の私的な便益が参入の費用を超えている限り,企業の参入が続くと考えられる。ただし,企業数が増えると参入の便益は低下するので,私的な便益が私的な費用と等しくなるような企業数で参入が止まる。つぎに,このようにして決まる企業数が,社会的観点から適切な水準かどうかについてみてみよう。もし,その状態での社会的便益が社会的費用よりも大きいならば参入は過少であり,逆の関係が成り立つならば参入は過剰である。なお,ここでは参入の社会的費用と私的な費用は同一と捉えてよい。というのも,新規参入が他の企業や消費者に与える影響をすべて,社会的な便益の増減で捉えることにするからである。先ほどみたように,図 8.1 でみると参入企業の私的便益は領域 B+C,社会的便益は領域 A+B である。よって,もし領域 A>C であれば,社会的な便益が個別便益を上回るため,

　　　【参入の社会的便益】 > 【参入の便益】 = 【参入の費用】

が成立することになり,社会的な観点から参入は過少である。逆に,領域 A<C であれば

　　　【参入の社会的便益】 < 【参入の便益】 = 【参入の費用】

となり,参入は過剰である。

　参入費用がプラスなら,参入が止まる条件「参入の便益=参入の費用」のもとで,実は領域 A<C(「販売量純増からの消費者余剰<顧客奪取効果からの利潤」)が成立し,社会的便益が参入の費用を下回る[☆1]。すなわち,参入による価格の低下が社会的な余剰にもたらす効果については,消費者余剰を拡大するプラスの効果よりも,顧客奪取効果という,他の企業へのマイナスの効果が上回り,

全体としてみるとマイナスの効果が残るということである。

　上記の設定で，自由な参入を許すと社会的には過剰な参入をもたらすことを説明したが，参入費用が小さくなると過剰参入による社会的な余剰の歪みも小さくなることも確認しておこう。参入費用がゼロに近づくと，価格が限界費用に近くなるような点まで参入が進むと同時に，参入する企業は増えていく（理論的には企業の固定費用がなければ，企業数は無数に大きくなる）。参入費用は各企業の利潤と等しくなるので，マークアップ率はゼロに近づくことになり，領域Cの大きさもゼロに近づかなければならない。一方，企業数が大きくなると参入による販売量の純増分 $(n+1)q^a - nq^b$ も小さく，参入前後の価格差もゼロに近づかなければならない。したがって領域Aの大きさもゼロに近づく。したがって，領域AとCの大きさの差が小さくなるため，自由参入による社会的な歪みも小さくなるといってよいのである。

　差別化された財の市場においては，参入による取引量の拡大とは別に，新たな種類の財が提供されることによる追加的なメリットが発生する。先ほどの図8.1でいえば，消費者余剰のうち販売量純増分に関連するAに含めるべき，新たなメリットを考慮する必要があることがわかる。このメリットが大きいなら，A＞Cとなり参入の社会的便益が企業の私的便益を上回り（参入は過少），小さいならA＜Cとなり社会的便益が企業の私的便益を下回る（参入は過剰）。つまり社会的観点から過少参入になるか，過剰参入になるかは，差別化された新製品の提供がもたらす追加的なメリット（消費者余剰）の大小によりケースバイケースである。

内生的な参入費用

　前項の分析では，参入の費用は固定されたものとして分析した。しかし実際には，参入の費用は市場の規模や需要の特性などにより変動するため，固定化されていない可能性が高い。本節の最初で列挙した企業が新規参入するにあたって負担しなければならない諸費用のなかでは，市場調査の費用や初期投資額，R&D，広告宣伝は，市場の規模により拡大する傾向があると考えられる。

　しかも，参入費用は市場規模や需要の特性という外的な要因だけではなく，企業間に働く戦略的な相互作用を通じてさらに拡大する可能性がある。というのは，上で挙げたような市場調査，初期投資，R&D，広告宣伝などは，市場

競争における企業の優位性を高める投資行動であり，各々の企業が他社に負けじと高い水準の投資を行おうとするからである。つまり，各社が競って事前投資しなければならないという事態を予期するため，潜在的な参入企業にとって参入に必要な費用が一段と高まることになるのである。

参入費用が固定的な状況と比較して，参入費用が内生的に変動する状況においては，市場規模の拡大が参入のインセンティブに与える影響が小さくなる。参入費用が固定的な場合，市場規模の拡大は参入後の利潤を高めるため，参入が促進され企業数が増える。一方，参入費用が内生的に変動する場合，市場規模の拡大は参入後の利潤を高めるだけでなく，事前の投資活動の活発化を招くことにより，参入費用も上昇する。したがって，固定的な状況と比較して参入のインセンティブが弱くなると結論できる。

実際，さまざまな産業の市場規模と市場における企業の数の相関関係を検証した実証研究（Sutton, 1991）によれば，相関関係の強さは，たとえば企業の売上に占める広告費の割合に応じて異なることが指摘されている。その研究では，広告費の占める割合が比較的大きな産業では，市場規模と企業数に相関関係がほとんどみられない一方で，広告費の占める割合が比較的小さな産業では緩やかな正の相関関係がみられることが示されている。広告費の割合が大きい産業は，市場規模に応じてより大きな参入費用が必要であると考えられる（日本の業種別広告費は，電通ウェブサイト「日本の広告費」〔http://www.dentsu.co.jp/knowledge/ad_cost/〕を参照）。この結果は，参入費用が市場規模によって大きくなるような産業では，比較的少数の企業しか操業しないという理論的な予測が実証されていると考えることができる。

時間を通じて行われる参入行動の分析

参入のタイミング

前節の分析で着目したのは，参入による市場構造の変化の過程ではなく，参入の結果として生ずる長期的に安定な市場構造である。新しい市場が創出されたり，または既存の市場が拡大したりすれば，自由参入の想定のもとである程度の参入が予想されるが，遅かれ早かれ参入は止まる。そしてもし，その後の

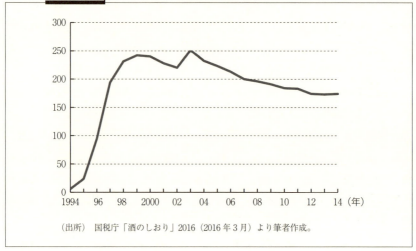

CHART 図 8.2 地ビール製造免許者の推移

(出所) 国税庁「酒のしおり」2016 (2016 年 3 月) より筆者作成。

　市場環境に大きな変動がなければ，企業数（市場構造）も安定状態にとどまるだろう。前節ではおもに，参入後の安定状態を参入前と比較し，自由参入の結果何社の企業が参入し，その参入が過剰か過少かについて論じた。

　新規参入する企業がどのようなタイミングで参入するかについて考えると，自由参入の考え方のみでは現実に対する説明力に乏しいことがわかる。具体的にみるために，図 8.2 のグラフに表した地ビール製造業者の推移を追ってみよう。

　1994 年に酒税法の改正が行われ，ビール類の製造免許を得るための年間最低製造量が 2000 kl から 60 kl へと大幅に引き下げられた。この規制緩和により，多くの小規模地ビールの製造業者が参入し企業数は年々増えていったが，グラフからわかるように短期間に急激に参入が起きたというわけではなく，ピークは 1999〜2003 年あたりであり，その後徐々に業者は減少傾向にある。

　本節では，時間を通じて行われる参入行動について分析する。企業は市場競争が激しくなる前に参入して利潤を高めようとすることから，早めに参入するインセンティブをもつ一方で，自らと同時に参入するかもしれない他社の動向も考慮し，場合によっては他社との競合を避けるために参入を見合わせるインセンティブもあることがわかる。本節ではこのようなアイデアに基づき，企業が参入するタイミングに影響を与える要因について考える。具体的には，需要

状態についての不確実性,および企業の技術的な優劣とその情報の非対称性である。順を追ってみていこう。

需要の不確実性

　新製品の開発や規制緩和などを通じて,新しい市場が創出された時点で,販売される財の需要がどの程度の大きさなのか,あるいはどの程度成長する可能性があるのかについて十分な情報が得られないことも多い。先ほど製造者数の推移をみた地ビールの製造産業においても,企業数が安定するまでに5～10年程度の時間がかかっていることから,市場がどのくらいの規模をもつかに関して,規制が緩和された直後に参入した経営者は確度の高い情報をもっていなかったのではないかと思われる。

　はじめは需要情報が不完全な場合でも,実際に参入が起こり販売する企業が増えていくにつれて,需要の状態や動向がどのようなものかに関する情報が徐々に明らかになっていくだろう。そのような情報は,とくにまだ参入していない企業にとって,参入するかどうかの意思決定に有益なものである。そうすると,参入を遅らせ,先に参入した企業の様子をみて需要状態に関する情報を得ることにメリットがあることがわかる。もちろん,参入を遅らせることには,早く参入し他社に先んじて操業することによるメリットを失うというトレードオフがある。以下,この点をくわしくみてみよう(さらに詳細な議論はRob, 1991を参照)。

　いま各企業の規模や技術に大きな差がない場合を考える。また,議論の単純化のため,各企業のキャパシティも一定であるとしよう。需要の状態について不確実性があり,それは図8.3で表されるようなものであるとしよう。

　説明の便宜上,通常の需要関数と異なりある価格 p' において需要曲線が水平になっている。この理由は,以下で説明するように,参入が起きたとしても,しばらくの間は需要の大きさに関する情報が得られないという状況をモデル化するためである。通常の右下がりの需要曲線なら,市場需要と市場価格の組み合わせがわかれば需要関数の形が特定化でき,需要の大きさについての情報が直ちに得られてしまう。一方,上記のような需要曲線のもとでは,参入企業が少ないときの価格は p' という水準になるために,価格が下落しはじめるまで需要の状態についての情報は不完全である。なお,図8.3は2つの需要状態の

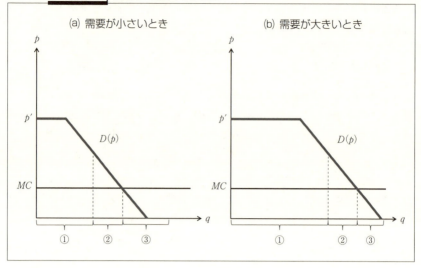

CHART 図8.3 需要の不確実性

み描かれているが，需要曲線における水平部分の長さはほかにもさまざまな値を取ることができるとしよう。

企業は時間を通じて参入するなら，各時点までの参入した企業数と需要状態の関係には，図8.3に対応して次の3つのケースが考えられる。

① 需要が参入企業数と比べて十分に大きく，以後も参入が起きる
② 需要が参入企業数と比べて中程度で，以後は参入が期待されず，数量等で調整
③ 需要が参入企業数と比べて小さく，参入は止まる（あるいは退出が起きる）

ケース①は，操業する企業がキャパシティいっぱいまで販売しても，他企業の参入の余地がありそうであると判断できる場合である。企業数が比較的少数であると高価格 p' が実現するが，企業数が増えるにつれ，キャパシティいっぱいまで販売すると価格が下がりはじめる部分がある。

ケース②は，そろそろ需要が頭打ちに差し掛かっている場合である。このような場合には，第4章でみたような徐々に価格競争の余地が出てくるので，

参入の余地が少なくなり企業は数量で調整するようになる。

　ケース③は，需要に比べて過剰な参入が起き，激しい価格競争が起こっている場合である。価格は限界費用に等しくなり，利潤は固定費用の分だけマイナスになる。したがって，企業数を減らすために退出が起きなければならない（なお，退出については，次節での議論にゆずり，ここでは考えない）。

　企業の参入が進むにつれて，参入を検討する企業は需要に関する情報をどのように学習するだろうか。市場価格がすでにケース②，③に対応する領域に入っている場合，参入を検討する企業は需要曲線の形状に関する情報を十分に得ている。一方，ケース①の場合，価格が下がりはじめるまでは実際に需要がどれくらいの大きさなのかまだ不明な点が残されている。各ケースにおける参入の収益性について考えてみよう。ケース①では参入費用を考えても利益を確保できるのだが，ケース②では，参入すると損失を被る可能性が出てきている。ケース③では，その時点での参入のメリットは全くないと考えられる。

　ケース①の状況でも，参入を検討している企業がすぐに実行に移さず，他社の動向を様子見するインセンティブをもつ場合がある。様子見をするのが得であるのは，同じように参入を検討している企業が比較的多く参入し，参入の時点でケース②か③となることが高い可能性で起きる場合である。このような場合にはあえて参入をしないことで，参入の費用を節約することができる。しかし，どのケースが起きやすいかは他社の参入の動向次第であることにも注意しよう。もしそれほど多くの企業が参入しないと予想されるなら，ケース①が継続する可能性が高く，参入するインセンティブは高まる。

　このように，ある時点で企業が参入するインセンティブは，その時点までにどのくらい企業が参入したのかと，その時点で参入すると予想される企業数に影響されることがわかる。ただ，予想の決まり方によっては，参入する企業数の予想と実際に参入が見込まれる企業数の間に，次のような食い違いが発生する可能性がある。前述のように，ある時点で予想される参入企業数が多いと，企業の様子見をするインセンティブが高まり，結果的にあまり多くの企業は参入しない。一方で，ある時点で予想される参入企業数が少ないと，企業の参入するインセンティブが高まり，結果として多くの企業が参入する。いずれの場合も，参入企業数の予想とそこから導かれる実際の参入企業数が一致しないことになってしまうのである。

そこで，第4章でみたナッシュ均衡の考え方を適用してこの予想と実際の企業数の問題を解決しよう。ナッシュ均衡は，各企業が他社の行動，つまりここではどのくらいの企業が参入するかどうかを正しく予想し，かつ各々の選択する最適な行動が他社からの予想と一致する状態ということができる[2]。前段落から示唆されることは，様子見と参入のいずれかが他方と比べて高い利益をもたらすのならば，企業の行動が高い利益をもたらす方に偏ってしまうということである。そうならないためには，2つの行動のインセンティブがバランスする必要がある。これは，予想される参入企業数が中間的な場合でしかありえない。このような場合には，企業にとって参入も不参入もどちらも合理的であるため，予想される参入企業数とちょうど等しい数の企業が参入することは可能で，実際そうなるように何らかの調整を行えばよい[3]。

　1点注意しておくと，ここでは各企業の技術や情報に差がないと考えているため，上記の分析では個別の企業がどの順番で参入するかということについては十分に答えることができない。企業の参入の順番を論じるには，後にみるような技術や情報の差など，上記の分析にない要素を取り入れる必要がある。

　上記のようなインセンティブと合理的な意思決定に企業が従うとすると，時間を通じた参入の動向は次のようにまとめられる。参入企業がないところからスタートすると，この時点はケース①であり，様子見と参入のインセンティブがバランスするような企業数の参入が起きる。次の時点でケース②や③になっていると，参入はほぼ止まるが，ケース①のままであれば，参入が継続する。しかし，初期の段階である程度の企業がすでに参入していることから，追加的な企業の参入の「余地（＝予想される需要の大きさと，すでに参入した企業による供給量の差）」は初期に比べると小さくなっているため，この時点で様子見と参入のインセンティブがバランスするような企業数は，初期のものと比べて小さいはずである。このプロセスを継続すると，いずれ需要を満たすような参入が起きることがわかる。

　以上をまとめると，需要の不確実性のもとでは参入のインセンティブと様子見のインセンティブを勘案しながら，企業は時間を通じて参入し，需要の不確実性を徐々に解消していくことがわかった。これらのことから，需要が不確実な状況での合理的な参入行動として，参入は段階的に起き，各期の参入企業数は徐々に減っていく，ということが予想される。

企業の費用に関する私的情報

　新しい市場における需要の情報が高い精度でわかっている場合でも，企業の生産費用や参入費用に優劣があるなら，とくに費用劣位の企業は参入することを躊躇する可能性がある。企業にとって好ましい状況とは，競争の緩やかな市場に参入することで高い利益を上げることであり，企業はあえて競争が激しい市場や，自社が競争で劣位になるような市場に参入することを好まない。というのも，自社より低い費用で生産できる企業や，低い費用で参入できる企業が多く存在するならば，参入しても他社との競争にさらされることにより損失が発生し，参入を見送ることのほうが合理的になる可能性が高いからである。

　新しい市場が開かれる状況において，参入を考えている企業の生産費用や参入費用が実際にどれくらいなのか，どの程度効率的に参入・生産できるのかといった情報は，自社については明らかでも他社には十分に明らかではない，**私的情報**と考えられる。またそのような私的情報を自ら進んで公表するインセンティブも小さいし，公表する企業がいたとしてもその信憑性は低いだろう。というのも，他社の参入を阻止しようと，偽って実際よりも低い費用で参入・生産できると表明しようとするかもしれないからである。本項では，このような費用の優劣に関する私的情報が時間を通じた参入の意思決定に与える影響を考える。基本的なアイデアは，費用の面で優位の企業は参入を躊躇する度合いが相対的に低く，恐れずに早い段階で参入するが，費用劣位の企業は参入を躊躇し様子見をすることにより，自分より費用優位の企業が比較的少ないことを確認してから参入するというものである。

　簡単な設定を用いて考えてみよう（より詳細な議論は Levin and Peck, 2003 を参照）。ある地域都市整備事業が行われ，地域の人口が向こう 10 年で 3 割増えると予想されるとしよう。そして人口増に伴いさまざまな需要が喚起され，スーパーマーケット 1 店の参入の余地ができたとしよう。潜在的な参入企業にとっては，自社のみが参入することが最も好ましい状況であるが，近隣に他社が参入し激しい競争が起きることはなんとしても避けたい。すぐにわかることは，他社がすぐに参入しないことがわかっているならば自社はすぐにでも参入し，すでに他社が参入しているなら自社は参入しないということである（参入費用を参入後の利潤で賄えないため）。問題が起きるのは，自社も他社も同時に参入を

決定してしまうような事態である。参入の意思決定とその決定事項の公開にはタイムラグの発生が避けられないために、そういった同時決定の可能性は排除できない。

企業は上記のような同時参入の事態をなるべく避けるようにしたいだろう。そこで先ほどと同様の段階的な参入というアイデアを適用して、企業が参入のタイミングを調整する可能性を考えてみよう。参入費用が企業ごとに異なり、しかもその正確な水準がどのくらいかについては自社のみが知っているとし、各企業は他社の参入の費用について不確実な情報（具体的には他社の参入費用にどのような可能性があり、それぞれの可能性がどのような確率で発生するかについて）を知っているとしよう。議論の簡単化のため参入後の企業の生産費用（固定費用や限界費用など）はここでは差がないとする。

もしある企業の参入費用が非常に低ければ、仮に参入の調整が失敗して同時に複数企業が参入したとしても、その企業にとっての痛手は比較的小さい。したがって、他の企業と比較すると参入するインセンティブが高い。一方で、企業の参入費用が高まるならば、調整の失敗による痛手は大きくなり、参入のインセンティブはより低くなる。ここから、参入費用の低い企業から段階的に参入するインセンティブがあり、またそれによってかなり効果的な参入調整が実行できることがわかる。

なぜ段階的に参入することが合理的になるか、具体的にみてみよう。参入費用が十分低い企業は他の企業が参入するかどうかをあまり気にせずに参入できる。そこで、企業の参入費用がある基準値以下ならば第1期に参入すると考える。この基準値をどのくらいにするかで、市場で競合が発生する確率が変わる。そこで基準値をうまく決定すると、基準値以下の低い参入費用をもつ企業は競合が起きる可能性を考慮しても参入するインセンティブをもち、同時に、基準値を超える参入費用をもつ企業にとっては参入しないインセンティブをもつようにできる。

第1期に参入が起きれば、それ以降に参入を検討していた企業は競合を避けようとするために参入はしない。しかし、すべての企業の参入費用が上記の基準値を超えていて、どの企業も第1期に参入しないという状況も考えられる。このような状況では第2期に参入しようとする企業が考えられる。その参入費用は第1期の基準値よりは高くなければならないが、やはり他の企業との競合

CHART 図8.4 私的費用と参入

第1期に参入がないとき
第2期に参入する
企業の費用の領域

第1期に
参入する企業の
費用の領域

第2期まで参入がないとき
第3期に参入する
企業の費用の領域

私的費用の水準

の可能性を考慮して，適切な水準以下でなければならない。すなわち，基準値の前後で，企業が参入するインセンティブをもつかどうかが変わるようにする。ただし，第2期に参入する企業は第1期よりも参入費用が高く，そもそも参入のインセンティブが低い。したがって，第2期で競合が発生する確率は第1期より小さくなるように基準値が決定されなければならない。

　第2期までに参入が起きなかった場合に，第3期に参入する企業の参入費用に関しても同様にして基準値を決め，どのような範囲で企業が参入するかを議論できる（図8.4参照）。このようにして段階的な参入を行うと，各企業の参入費用に応じて参入するべきタイミングがそれぞれの企業にとって明らかになり，競合の発生する可能性は小さくなっていく（ただし，ゼロではない）。

　企業が情報を十分に収集し，需要の不確実性や私的情報の問題を回避できれば，このような段階的な参入の意思決定を行う必要はなく，できるだけ迅速に行動することが重要であることは確かである。その一方で，現実には需要や企業の技術に関しては多くの不確実性や非対称情報があることも事実であり，それらの情報を得る方法を考えることも，無駄な競合や非効率な参入を防ぐためには有効である。参入のタイミングを調整することで時間を通じて情報を開示するというメカニズムは，実際のビジネス戦略を考えるうえでも一定の示唆を

与えるものであろう。

3 企業の退出とその戦略

退出の意思決定は消耗戦

　過剰な参入が起きたときや，産業が斜陽化し需要が減少したときなど，市場の需要と比較して企業数は過剰になる。このような状況では，小さい「パイ」（取引利益の大きさのたとえ）の奪い合いから市場競争は激しくなり，赤字となる企業も出てくる。各々の企業としてみれば，そこで自ら進んで退出するより，できることなら他社が退出するまで待って，競争条件を緩和させた状態で自社が市場で操業することを望むだろう。しかし一方で，もし他社がなかなか退出しないなら，競争の激しい市場に残り続けることにより自社が被る損失が大きいので，早めに退出するほうが賢明だろう。したがって，企業の退出・存続の意思決定は競合他社との相互連関が大きく，各企業にとって戦略的な意思決定が重要となる。

　先ほどの地ビール製造業者の推移をみると，ピークとなる業者数を迎えた後は，業者数の減少が緩やかであることがわかる。この状況の1つの解釈は，操業中の製造業者が他社の退出を待ち，自社のビジネス環境が改善することを期待して退出を踏みとどまっている，ある種の「根比べ」のようなものと捉えられるかもしれない。このことから，市場からの退出に関する戦略的意思決定はいわゆる「消耗戦」と類似しているといってよいだろう。消耗戦とは，自分か相手が撤退するまで勝敗がつかず，かつ撤退が起きるまでの時間の経過に比例して，費用がどんどん大きくなるような戦いのことである。

コミットメントの役割

　消耗戦における戦略を考えると，まずは第4章で議論したコミットメントが重要である。話を単純にするために，1社で操業するのが適切な市場に2社参入してしまい，どちらかの企業が退出しなければならない場合を考えてみよう。具体例としては，DVDやメモリーカードといった，異なる規格をもつ同種の製品が競合している状況を考えるとよいだろう。このような状況では，先

に自分が撤退しないことに対してコミットできれば，必ず有利になる。というのも，コミットされてしまった側は消耗戦を続けても勝つ見込みはなく，すぐに撤退することにより，相手との戦いを続けることによる費用を節約できるからである。そのようなコミットメントの具体的な手段としては，たとえば大規模な設備投資を先行して行うこと等が考えられるだろう。

しかしながら，撤退しないこと，または撤退時期にコミットすることについては重大な問題がある。それは相手と同時にコミットしてしまうことである。消耗戦を表現したゲームの1つであるチキン・ゲームによって，その状況をみてみよう。第4章でも触れたように，チキン・ゲームは一直線上に向かい合わせで2台の車を走らせ，先にブレーキを踏んだり，ハンドルを切ったりしたほうが弱虫（＝チキン）と認定され負けるというゲームである。さて，チキン・ゲームでハンドルを切らない，ブレーキを踏まないことにコミットすることは可能である（ハンドルを取り外して捨てる，ブレーキペダルに簡単に外せないものを挟むなど）。問題は，互いに同時にコミットしてしまうと，弱虫と呼ばれる屈辱以上の大損害を受けることである。つまり，「退路を断つ」戦略は相手に引きさがる余地が残されているときには有効であるが，同時に退路を断つと互いに引き下がることができなくなり，大きな損失を被ってしまうのである。

これらの考察から，いずれかの企業が退出を余儀なくされたとき，退出しないというコミットメントを行うことが有効に機能する可能性がある一方で，大きな問題をはらんでいることもわかった。このように，コミットメント戦略に大きなリスクが伴うため，企業はあえてコミットメントを行わないかもしれない。以下では，コミットしない，またはコミットできない場合に企業はどのような退出戦略をとるのかを考えてみよう。

コミットメントができないときの退出戦略

通時的な意思決定による退出行動を考えることにしよう。市場で操業する複数の企業のうち，何社かが退出しなければならない場合に，どのようなタイミングで企業が退出するだろうか。いま，企業の保有する技術（費用構造）に差があり，しかもその情報が私的情報である場合に着目しよう。すなわち，各企業は退出の意思決定にあたり，消耗戦を続けることにより発生する自社の損失額について，自社しかその正確な水準がわからないという状況を考えている。

このような場合には，第②節の「企業の費用に関する私的情報」の項での議論を「参入」ではなく「退出」に当てはめて考えることにより，比較的非効率な企業から退出を余儀なくされるということがわかる。以下，くわしくみてみよう（より詳細な議論は Bulow and Klemperer, 1999 を参照）。

議論を単純にするため，先ほどと同様1社で操業するのが適切な市場に2社参入してしまい，どちらかの企業が退出しなければならない場合を考えてみよう。各企業の技術——固定費用や限界費用等——が異なり，両企業が市場で操業しているときに各企業が負担する損失額はそれぞれ異なっているのだが，その詳細は私的情報である。各社が検討するべき戦略は，相手も市場にとどまっている場合にどの時点まで退出を踏みとどまるかを決めることである。各企業にとって望ましいのは，相手企業が先に退出し，その後継続して自社が市場で独占的な利潤を得ることである。

そこで，各々の企業が時間を通じて他社の行動を観察することにより，どのような情報を得ることができるのかを考えてみよう。まず，消耗戦において非常に大きな損失が発生している企業があるのなら，そのような企業は初期の段階で退出すると考えられる。では，初期の段階でどちらの企業も退出しなかったなら，各企業が被っている損失は，初期の段階で退出を余儀なくされる企業ほどは大きくないだろう，と推論できる。このような推論をさらに進めると，消耗戦が続くにつれて，対戦している相手が比較的弱い可能性がどんどんなくなっていくと考えられるため，企業はある時点でこれ以上消耗戦を続けても相手に勝てる見込みはないと判断し，退出することになる。企業がどの時点で退出するかは，消耗戦における企業が被る損失額に応じて変わる。もし企業が被る損失額が小さいなら，相手が被る損失額がもっと小さいという判断をするまで退出しないので，退出を判断するまでの時間は長くなることがわかる。

時間を通じた退出の意思決定により，企業の私的情報が明らかにされることがわかったが，社会的にみれば，退出が起きるまで余分な費用を企業が払い続けることになり，望ましい状態ではない。無駄な消耗戦を避けるためには，上記の分析における私的情報を制度設計等によってできるだけ公開されたものとし，弱い企業が早く撤退するように誘導することが望ましいといえるだろう。ただ，企業の差異が消耗戦における耐久性にのみ表れるということはまれである。消耗戦に勝利した企業が，どのような財やサービスを提供し，社会的な余

剰を高めるのかについても，政策立案において当然考慮されるべきことである。また，消耗戦の最中に企業が激しい価格競争を行っているとするならば，その間に消費者が得ることができる追加的な余剰が考えられ，その場合には消耗戦が長期化することによるメリットも認められるだろう。社会的に望ましい状態について論ずるためには，これらの要因を含んだ包括的な議論が必要である。

☆ 注

1 この理由はいささか大雑把であるが以下のように議論できる。領域 A の消費者余剰は，価格の下落幅 $p^b - p^a$ が大きくなるにつれて拡大する。いま下落幅が小さいとすると領域 A は小さく，同時に領域 B も小さくなることが図 8.1 から明らかである。そうすると，「参入の費用＝新規参入企業が得る便益」(B＋C) となるために，領域 C が大きくなり，結果として領域 A＜C が成立しなければならない。もし価格の下落幅 $p^b - p^a$ が大きいなら領域 A は拡大するが，同時に，価格下落により，既存の各企業の生産量の低下幅も大きくなる。よって顧客奪取効果による利潤 C も拡大してしまい，領域 A の大きさが領域 C を上回るのは難しそうである。実際，そのような可能性はないと論証できる。

2 すべての企業が他社の行動を常に正しく予想するという想定は，現実的には困難があるように思われるかもしれない。しかし，類似性のある他の市場における過去の企業の参入行動を分析し，今後もある程度似た状況が現れるだろうと想定することによって，市場における参入行動に関する予想を共有することも可能であろう。

3 調整の仕方については，2 つの方法が考えられる。1 つは，企業間で意思決定を調整する方法で，たとえばちょうど n 企業が参入すると予想される場合，企業 1 から企業 n まで参入し，それ以外は参入しないという合意をすることである（どの企業にとっても参入と不参入に差がないため，合意から逸脱しても得しない）。もう 1 つは，各企業が参入・不参入をランダムに（確率的に）決める方法である。参入・不参入が無差別であれば，ランダムに意思決定を行っても企業にとって合理的である。ただし，参入企業の予想と意思決定が整合的になるように，参入企業数の期待値が予想企業数と等しくなるように確率を調整する必要がある。

SUMMARY ●まとめ

□ 1 市場構造がどのように決定されるかについては，参入の便益と費用によって

☐ 2 自由な参入が行われるときには、顧客奪取効果と呼ばれる既存企業の顧客を奪う効果がある。参入にはこのような負の外部効果が働くため、過剰になりやすい。

☐ 3 市場で操業する企業の数やその構成は、需要の大きさや企業の相対的な技術面での効率性について完全な情報があれば決定できるが、そのような情報は不完全であるか、企業間で非対称であることが多く、早期に市場構造を確定することは困難である。

☐ 4 市場での他社の参入退出行動を観察しつつ、各企業が参入や退出のタイミングを調整することにより、需要や費用の不完全な情報を徐々に学習し、不適切な参入・退出を避けていると考えられる。

EXERCISE ● 練習問題

8-1 市場需要関数を $D(p)=1-p$ とし、企業の限界費用を0、固定費用を0.1とする。企業数が n のとき、クールノー競争の結果は各企業が $q=1/(n+1)$ を生産し、市場価格も $p=1/(n+1)$、各企業の利潤は $1/(n+1)^2-0.1$ になる。ここで参入費用は0とする。

(1) 自由参入の状況のもとで、企業数は2社になることを確かめなさい。

(2) 企業数が1社から2社に増えると、社会的余剰（消費者余剰＋企業の総利潤）の増分はマイナスになることを示し、2社は過剰であることを確かめなさい。

8-2 半導体など、技術進歩の早い産業における企業の参入行動は、どのような要因に影響を受けるか論じなさい。

8-3 企業数の観点からみた市場の発展の典型的な過程は、まず参入意欲が徐々に過熱し、そして安定的と考えられる企業数を一時的に超えてしまうような過剰な参入がおき、その後緩やかな退出をみて安定的な企業数に落ち着く（図8.2参照）。このような発展のパターンがみられる市場の事例を1つ挙げ、ここでの議論に即して説明しなさい。

8-4 企業が市場に参入する場合に、どのように他社と差別化するべきかについて、第6章でみた差別化の競争の議論と組み合わせて論じなさい。

CHAPTER 9

市場構造を変更する戦略

参入阻止，合併，提携

ピーチ・アビエーションとバニラ・エアの経営統合発表（左）

INTRODUCTION

　本章では，市場で操業している既存企業が，新規企業の参入の阻止や競争環境をコントロールする他の手段を講じることによって，自社に有利な市場構造に導くための企業戦略を論じる。はじめに，既存企業がどのように先手を打つのが新規企業の参入阻止に有効かについて，さまざまな設定のもとで検討する。つぎに，市場で競合している企業同士の合併（水平的合併という）について考え，合併による競争緩和の効果と合併のインセンティブの関係について考察する。最後に，合併とも関連の深い企業戦略として，企業の提携，とくに技術供与の効果について説明する。とくに，技術供与のもたらす市場行動や市場構造の変化に着目し，技術供与がどのような条件のもとで起こるのかをみることにしよう。

1 コミットメントによる戦略的な参入阻止行動

　市場で操業している企業が新規参入を効果的に阻止するためには，大まかに次の2つの方法が考えられる。第1の方法は，既存企業がすでに市場で操業しているという先行者としての立場を生かして，新規参入企業にとって参入が不利益となるような行動にコミットすることである。潜在的な参入企業は既存企業のコミットメントをみて，参入後に得られる便益が小さくなることを予想し，参入をやめる可能性がある。後述するように，コミットメントとして考えられるものにはさまざまなものがある。

　第2の方法は，既存企業の市場競争における優位性（たとえば，生産費用の低さなど）を潜在的な参入企業に伝え，それらの企業が市場競争で十分な利益を得られないことを認識させることによって，参入をやめさせることである。第8章②節では，参入のタイミングによって企業の優位性を伝えることを考えたが，本章では自分が費用をかけた行動をとることで情報を伝達する方法（シグナリングという）を考える。以下，本節ではコミットメントについて論じ，次節でシグナリングを通じた参入阻止の可能性について解説する。

生産量のコミットメント──シュタッケルベルク競争

　事前行動による既存企業のコミットメントとしてはじめに考えるのは，第4章でも論じた企業の生産のキャパシティの設定である。第4章では競合他社と共存することを前提にして，価格競争を回避するためにキャパシティをあえて制限する，というコミットメントを論じた。一方ここでは，競合する可能性のある他社が参入することを阻止するために，コミットメントを行う点に大きな差がある。すなわち，先手を打って生産能力を高め，競合他社が参入した際には十分な価格競争をする準備を整えておくことで，新規参入を阻止するのである。もちろん，このようなコミットメントが参入阻止のために有効に機能するかどうかは，参入費用の大きさやコミットメントにかかる費用によって異なる。

　生産のキャパシティに関するコミットメントの効果を論じるためには，本来，

CHART 図9.1 参入阻止ゲーム

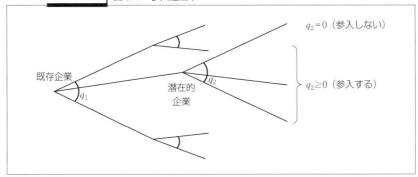

価格競争についても議論しなければならない。しかし，価格設定を含む分析は必要以上に複雑になってしまうため，ここでは第4章でみたクールノー競争と同様に価格競争を省略して議論することにしよう。すなわち，企業はキャパシティを設定したらキャパシティと生産量の水準が一致するまで必ず生産することとする。価格は，市場で操業する企業の総生産量と需要関数から決まる。クールノー競争と異なるのは，企業が同時に生産量を選択するのではなく，「既存企業が先にキャパシティにコミットし，潜在的な参入企業がそれをみてから参入するかどうかを決める」という点である。

このような，生産量にコミットできる先導者（ここでは既存企業）と追随者（新規参入企業）による寡占市場の数量競争は，**シュタッケルベルク競争**と呼ばれる。ただしここでは，追随者が市場に参入するかどうかを，先導者の行動の後で決められる点に注意する。

参入阻止の分析モデルを簡単にまとめれば，以下のとおりになる。はじめに既存企業が「生産量＝キャパシティ」を設定し，設備投資などを通じてコミットする。潜在的な参入企業は既存企業の生産量をみてから，参入するかどうかを決定する（図の表記を簡単化するために，生産量0を不参入と同じとみなす）。参入する場合には参入費用を支払い，自らの生産量を決定する。新規企業が参入しなければ，既存企業は継続して独占企業として取引する。価格は，市場に提供される総生産量から決まる。企業が市場で操業するときの固定費用はゼロとし，限界費用は一定とする。この状況をゲームの木を使って表現すると，図9.1のようになる。

このゲームは展開型であり，第3章で解説した後ろ向き帰納法を用いて合

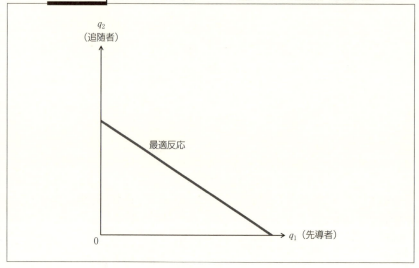

CHART 図9.2 シュタッケルベルク競争における追随者の反応関数

理的な意思決定を考えることができる。潜在的な参入企業が参入するかどうかは，参入の費用が便益を超えるかどうかで決まる。ここで参入の便益とは，参入した場合に得られる参入後利潤である。すなわち，既存企業の生産量 q_1 に対応して，自社の生産量 q_2 を選んで最大化された参入後利潤が，参入の費用より大きいならば参入し，小さいならば参入しない。

　新規企業が参入する場合にどのような生産量を選ぶかについては，第 **4** 章で論じたクールノー競争における反応関数の分析を，そのまま用いることができる。クールノー競争においては，競合他社の生産量を予想し，その予想に対して自社の利潤を最大化する行動を選択する。一方，シュタッケルベルク競争においては，追随者は先導者がコミットした生産量をみて，自社の利潤を最大化する行動を選択する。つまり，競合相手が生産する数量の予想への反応か，先導者のコミットした生産量への反応かという違いがあるものの，相手企業の生産量に対する反応という観点からみればクールノー競争でもシュタッケルベルク競争でも同じである。したがって，第 **4** 章におけるクールノー競争での反応関数と同様に，シュタッケルベルク競争における追随者の最適な行動は，<u>市場に参入するならば</u>，図9.2のような右下がりの反応関数で表現することができる。

ここで，追随者の参入後の利潤が，先導者がコミットした生産量によってどのように変動するかみてみよう。先導者の生産量が増えると，右下がりの反応関数から追随者の取引する顧客が減るが，総生産量は増えるので価格が下がることがわかる。したがって，先導者の生産量が増えるにつれて，追随者の参入後利潤は低下する。よって，先導者の生産量をある程度以上に増やすと，追随者の参入後利潤が参入費用を下回り，新規参入が阻止できることになる。

　それでは既存企業は，潜在的な参入企業のこのような行動を織り込んだうえで，どの水準の生産量にコミットするのがよいのだろうか。次のような3とおりの可能性がある（なお，よりくわしいモデル分析については本書のウェブ付録9Aを参照のこと）。

　第1の可能性は，参入費用が十分に大きいために新規参入について考慮する必要のないケースである。既存企業にとって最も好ましい状況は，自らが独占企業の場合と同じようにふるまっても参入が起きず，独占利潤Π^Mを得られる状況である。仮に，追随者の参入費用が十分に大きいならば，既存企業が独占価格に対応する生産量にコミットしても参入はおきず，既存企業にとって最も好ましい状況が実現する。このような場合は，実質的には参入の可能性がないケースと同じで，意図的に参入を阻止したわけではないため，「参入がブロックされた」ケースと呼ぶことにする。

　第2，第3の可能性は，参入により既存企業が上記の意味で独占的にふるまうことができない場合である。それでもコミットメントを通じて新規参入を阻止するのが第2のケース，参入を容認するのが第3のケースである。第1の可能性についての議論から，参入費用がそれほど大きくない場合には，独占価格に対応する生産量を超えるような，ある水準以上の生産量にコミットしなければ参入を阻止できないということがわかる。しかしながら，参入を阻止するために必要な水準まで生産量を拡大するよりも，あえて参入を容認するほうが高い利潤を得られる可能性がある。この点について，くわしくみていこう。

　まず，参入を阻止し自社のみが市場で操業する場合には，できるだけ独占価格に近い価格で販売することが既存企業の利潤を高めるという事実に着目しよう。したがって，参入を阻止するにしても価格が独占価格に近づくように，コミットする生産量を参入阻止できる範囲で最小となるように決定するのがよい。そのような場合に既存企業が得る利潤を$\Pi^{de}(E)$と書くこととする。ここで，

$E(>0)$ は新規参入企業の参入費用を表す。参入費用が増えると，参入を阻止するためにコミットする最小の生産量の水準が下がり，独占価格に対応する生産量に近づくため，利潤 $\Pi^{de}(E)$ は参入費用 E が増えると上昇する。

一方，既存企業が参入を容認する場合には，既存企業は生産量をコミットする際に，参入する企業の行動を織り込んで意思決定を行う必要がある。参入企業は反応関数のグラフ上で表される生産量を選択するのであったから，既存企業は結果として起きる生産量の組み合わせにおいて，自社の利潤が最大になるような生産量にコミットするのが望ましい。この場合の最大の利潤を Π^a と書くことにしよう。なお，利潤 Π^a は新規参入企業が参入することを前提として導くため，参入費用とは無関係に決まる。

参入を阻止する場合と容認する場合の利潤を比較し，

$$\Pi^{de}(E) > \Pi^a$$

であるならば，既存企業は参入を阻止し，

$$\Pi^{de}(E) < \Pi^a$$

であるならば，既存企業は参入を容認することがわかる。ここで，参入を阻止するときの既存企業の利潤 $\Pi^{de}(E)$ は参入費用 E が増加するにつれて上昇することに注意しよう。参入費用が十分に小さい場合には，参入を阻止するために必要な生産量の水準は大きく，そのために発生する利潤の低下も大きいため，参入を容認するほうが既存企業にとって好ましい。参入費用が中間的な場合になると，第1のケースのように参入をブロックすることはできないが，少し高めの生産量にコミットして参入を阻止し，競争を阻害することが既存企業の利潤を高めるうえで好ましい。

生産量に対するコミットメントの本質は，新規参入企業が参入した場合の競争状態をあえて厳しくすることにより，参入企業の利潤を低下させ新規参入のインセンティブを削ぐことである。ただし，参入を阻止するためには既存企業が支払わなければならない「コスト」がある。それは，参入がないならコミットする生産水準を下げて価格を高くしたいのに，参入を阻止するために高めの生産量にコミットし，市場価格をある程度低くせざるをえないことから発生する損失である。この損失は，参入企業の参入費用の水準，すなわち参入のしや

すさによって変化する。参入しやすい企業に対してはより高い生産量にコミットする必要があり，コストが高くなるため参入を阻止するインセンティブが得にくくなる。

参入阻止の一例として，低価格の航空会社（LCC）がある特定の航空路線を1社のみで操業するようなケースを考えるとよいだろう。ここでのキャパシティとは，航空機のサイズや就航する頻度の決定であり，これらについては一定程度のコミットメントが可能だと考えられる。LCCは競合の激しい路線（たとえば，東京―福岡や東京―札幌などの路線）では苦戦しているが，1社で独占しているような路線では利益を上げているようである。そうした場合では，適切なコミットメントにより価格を抑え，他社の参入を阻止しているとみなせるだろう。LCC企業で有名な企業としては，アメリカのサウスウエスト航空，ヨーロッパのライアンエアーやイージージェットを挙げることができる。また，日本での興味深い例としてフジドリームエアラインズという航空会社を挙げておこう（低価格ではあるが分類上のLCCではない点には注意）。静岡や名古屋を拠点に他の航空会社が就航していない地方路線をおもな路線として低価格で運行し，ビジネスを成功させているが，上記の参入阻止行動の一例とみなすことができる。

複数の種類の差別化された財の生産 ── ブランド拡散

企業が事前にコミットメントを行うことで事後の市場競争に影響を与えるケースにおいては，前項で議論した生産量（＝キャパシティ）へのコミットメントだけでなく，第6章で論じた企業の製品差別化戦略も，その重要な手段であった。本項では企業の差別化戦略が市場競争を緩和するだけでなく，参入阻止のためのコミットメントにもなりうるという点について，既存企業が複数種類の差別化された財を生産することを想定して論じてみよう。

実際に販売されている商品を見渡してみると，同一企業が生産する財には非常に多くの種類があることに気がつくだろう。たとえば，自動車について，各社はさまざまな車種を作るとともに，各車種についても色や排気量，装備のグレードほか，非常に多くのオプションによって，消費者のさまざまな希望に細かく対応できるように製品を提供している。逆にいえば，あえて財の種類を限定してそれだけで勝負するという戦略はまれである。既存企業がこのように複

数の差別化された財を作ることを，**ブランドの拡散**と呼ぶ。では，なぜ既存企業はブランドを拡散しようとするのだろうか。結論を先取りすれば，競合他社に対していわば「付け入る隙」を与えないようにするためであると考えることができる。

製品の差別化を議論するために，第6章で解説したホテリング・モデルを用い，財の特徴を0から1までの線上の1点で表すことにしよう。消費者は各自の好みにより，どの財が最も好ましいかが決まっており，その財の特徴から離れるに従って，好ましさが低下する。消費者の好みについても，ある財に特別に人気が集まるということはなく，0から1までの間のそれぞれの特徴を好む消費者が満遍なく存在する（数学的にいうと，消費者の好みの分布が一様分布である）としよう。本節では，差別化の程度や生産する種類の数の意思決定に焦点を当てるために，各企業が生産する財の価格は，特徴にかかわらずある水準に固定されているとしよう。どの財も価格が同じなので，各消費者は自分の好みから一番近くにある財を買う。企業は既存企業と潜在的な参入企業それぞれ1社，そして，既存企業は先に製品の差別化の程度を選択できるとしよう。各企業は差別化された財の種類を増やすごとに，初期費用として一定の負担をしなければならない。また新規参入の費用は，財の種類を増やす初期費用に含まれているとしよう。

まず仮に，図9.3のように既存企業が線上の1点，地点1/2で表されるような特徴をもつ財1種類だけを生産しているとする。このとき，新規参入企業の選択する財の特徴に応じ，新企業がどれだけの消費者を顧客として獲得できるかみてみよう。まず，もし新規企業が既存企業と同じ特徴（地点1/2）を選び，1種類だけ生産するなら，各企業半数ずつ顧客を分け合う。つぎに，新規参入企業が特徴の異なる財，たとえば1/2より大きい点を選択すると，1/2と選択した地点のちょうど中間点から先の特徴を好む顧客を獲得できる。その数は全体の1/2未満であるが，選択する特徴を1/2に近づけることにより，獲得できる顧客数も全体の1/2に近づく（はじめに選択する特徴が地点1/2より小さい場合も同様）。

ここで，新規参入企業が複数の種類の財を生産可能であるとして，財の種類の選択を考えてみよう（何も作らない場合には不参入とみなす）。いま価格は一定としているから，固定費用ゼロ，限界費用一定とすれば，ある種類の財を生産

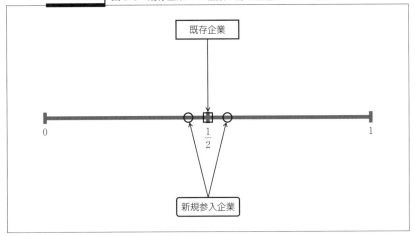

CHART 図9.3　既存企業が1種類の財を生産している場合

することによる利潤は,

【その財の顧客数】×【価格−限界費用】

である。この利潤が財の種類を増やすための初期費用を超えているならば,財を増やすことが望ましい。いま,

$\frac{1}{2}$×【価格−限界費用】＞【財の種類追加のための初期費用】

という条件が成立しているとしよう。このとき,新規参入企業は1/2の直近で右側と左側に位置するような特徴の財を1つずつ作ることにより,利益を上げることができることがわかる。つまり上の条件のもとでは,既存企業はビジネス機会をほぼ奪われてしまうことがわかる。また逆に,条件が成り立たない場合既存企業は新規参入を阻止することができる。

　上の条件が成立しているなら,既存企業が新規参入を予想するため,地点1/2に1種類の財を作る戦略を考え直すだろう。そこで今度は,図9.4のように既存企業が地点1/4と3/4に2種類の財を作るとしよう。先ほどと同様に,新規に企業が参入し獲得する顧客数を捉えれば,1種類当たりの顧客数は全体の1/4を超えないことがわかる[1]。したがって,新規企業が参入するかどうかは,

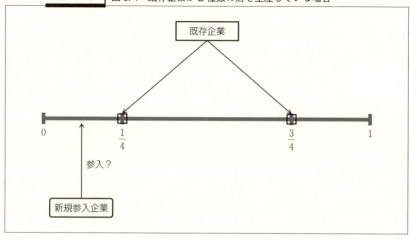

図9.4 既存企業が2種類の財を生産している場合

$$\frac{1}{4} \times 【価格 - 限界費用】 > 【財の種類追加のための初期費用】$$

が成立するかによって決まり，既存企業が1種類しか財を作らない場合と比較して条件が満たされにくくなっていることがわかる。同様に考えると，既存企業がはじめに差別化された財を多種類，しかも多くの消費者に満遍なく買ってもらえるように差別化の度合いを調整すれば，新規企業が参入する余地をなくすことが可能になる。

ここで，既存企業がこのようにして参入を阻止することができれば，仮に限界費用や種類を追加するための初期費用が新規参入企業と同じでも，既存企業の利潤はプラスになることをみよう。いま，既存企業が作る財の種類が1つでは参入が阻止できず，2つなら阻止できるとしてみよう。このとき，

$$\frac{1}{2} \times 【価格 - 限界費用】 > 【財の種類追加のための初期費用】$$

$$\frac{1}{4} \times 【価格 - 限界費用】 < 【財の種類追加のための初期費用】$$

という関係が成立するはずである。そこで，既存企業は2種類の財を生産し，参入を阻止するとすれば，既存企業は各財について消費者の半分を顧客として獲得する。したがって，既存企業の利潤は，各財について，

$$\frac{1}{2} \times 【価格 - 限界費用】 - 【財の種類追加のための初期費用】 > 0$$

となり，プラスである。つまり，ブランド拡散では先手が有利なのである。

ブランド拡散の典型例として，朝食用のシリアルの種類の多様性が挙げられる（とくにアメリカで顕著）。アメリカのスーパーマーケットに行くと，1社で数十種類のシリアルを販売していることもあり，その種類の多さに圧倒される。また，セブン-イレブンは「ドミナント戦略」と呼ばれる，一定の地域にたくさんの店舗を出店する戦略をとるといわれている。これは，純粋に立地点を差別化の方法と考えた際の，ブランド拡散の効果をねらった戦略と解釈できるだろう。ただし，ドミナント戦略には単なるブランド拡散の効果にとどまらず，消費者に対するブランドの訴求効果や流通上の費用削減効果などによる，相乗効果を含むものと解釈するのが妥当であろう。

顧客を巻き込んだコミットメント —— 参入障壁としての契約

ここまでのコミットメントはすべて，既存企業が単独で行うものであり，顧客はコミットメントに直接には関与していなかった。しかし，垂直的な取引関係のように生産者（川上の中間財生産企業）とその顧客（最終消費財生産企業）の関係が密接である場合，川上の既存企業が顧客と特別な契約を結ぶことにより，川上の新規参入企業が顧客と取引するのを困難にし，新規企業の参入インセンティブを低下させることが可能となる。たとえば，事前に既存企業と顧客が長期契約を締結し，顧客が取引を既存企業から新規参入企業に乗り換える場合に違約金を支払わせる契約を結ぶとする。そうすると，新規参入企業は違約金の分価格を下げなければ顧客を奪えず，参入しても十分な利益を得ることができなくなる（図9.5参照）。実際，アメリカ市場においてモンサント社が保有していたアスパルテーム（低カロリーの甘味料）の特許期限満了を見越して，同社は1990年頃に大口の顧客であるコカ・コーラ社やペプシコ社と長期契約を結び，特許期限満了による他社の参入を阻止しようとしたことは有名な事実である（序章5節）。

そこで，本項では垂直的な取引関係における長期契約が，参入阻止のための顧客を巻き込んだコミットメントとなる点について議論し，契約の締結が潜在

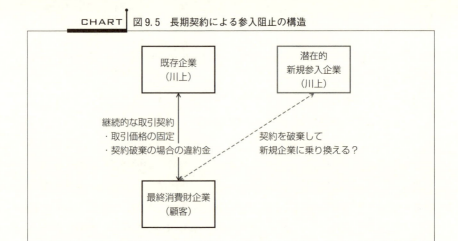

CHART 図9.5 長期契約による参入阻止の構造

的な参入企業や既存企業，顧客にどのような影響を与えるかについて簡単に論じよう（なお本項の議論は Aghion and Bolton, 1987 の研究をもとにしている。また数値例を用いた議論は，本書のウェブ付録 9B を参照のこと）。

　既存企業が顧客と長期契約を結び違約金を高くするなら，新規企業は別の顧客をみつけられない限り参入するインセンティブを失うが，そのような長期契約をいつも締結可能とは限らない。契約の締結には，既存企業と顧客の双方が納得できなければならず，そのような互いに納得できるような契約が結べない場合がある。たとえば，潜在的な新規参入企業の生産技術が既存企業よりいつも効率的である（新規企業の限界費用が既存企業より低い）としよう。もし契約が結ばれず，新規企業が既存企業と市場で競争することになれば，新規企業は既存企業の限界費用より低い取引価格を顧客に提示することができる。既存企業が長期契約を締結しようとするなら，取引価格を競争時の新規企業と対抗できるほど下げなければ顧客に受け入れてもらえないのだが，そのような契約によって得られる利潤はマイナスになる。つまり，このような状況では既存企業と顧客の双方が納得できるような長期契約は存在せず，参入阻止はできない。

　長期契約が結ばれる可能性があるのは，既存企業と顧客が契約を締結する段階で新規企業の生産技術の情報が確定しておらず，既存企業と比べて効率的かどうかが確率的に決まるような場合である。まず，そのような環境で長期契約がなければ，新規企業が効率的なら参入して取引価格は低下し，効率的でない

なら参入せず取引価格は上昇することに留意しよう。そのうえで，次のような長期契約を考えてみよう。取引価格は，長期契約がない場合に現れる価格の中間に設定し，また違約金を十分に高くするとしよう。このような契約を結ぶと，既存企業にとっては効率的な新規企業の参入を阻止することができるとともに，顧客にとっては，新規企業が効率的でない場合に生ずる高価格を避けることができる。したがって，取引価格をうまく設定すれば，互いに納得できる契約になる余地があることがわかる。

上記の長期契約では，新規企業がどんな状態であってもその参入を阻止することを考えている。しかし，新規企業の効率性が著しく高い状況が発生したときに限り，参入を許すほうが既存企業の利益を高める場合がある。この点を簡単に説明しておこう。重要なポイントは，顧客が支払わなければならない違約金を埋め合わせるほど十分に低い取引価格を新規企業が提示できるならば，顧客は喜んで契約を破棄する，ということである。もちろん，価格が生産費用を下回れば損失が発生するため，新規企業は無理をしてそのような価格を提示するインセンティブをもたない。しかし，新規企業が非常に効率的であるときには，そのような低価格を損失を発生させることなく提示することが可能だろう。したがって，長期契約において違約金を適度な水準に設定するなら，非常に効率的な新規企業が参入した場合にのみ顧客が契約を破棄するように誘導できる。その違約金の受け取りにより，既存企業は参入を阻止して顧客と取引するよりも利益を高めることができるのである。

本項の分析の要点は，状況によって参入をコントロールすることのメリットである。仮に新規参入企業が技術や費用の面で大きな優位性をもっていたとしても，既存企業は黙って新規企業が参入し高い利益を上げるのをただ見守る必要はない。先行者として市場で取引しているという利点，すなわち契約を通じて顧客と結託できる点を生かし，新規参入企業が効率的なら，あえて参入させ，違約金によって高い利益の一部を奪うことができる，という点が重要である。

シグナリングとしての「略奪的」価格設定と参入阻止

情報開示による参入阻止

　前節のポイントは，新規企業が参入した後の競争が激しくなるよう事前にコミットすることによって，相手に参入を思いとどまらせることであった。しかしながら，参入後の競争が激しくなるかどうかを決める要因はほかにも存在する。キャパシティの問題を別にすると，既存企業が激しい競争を仕掛けられるかは，限界費用が十分に低いかどうかにかかっている。限界費用が低いほど，価格をより低い水準に引き下げる余力をもつからである。

　しかし，既存企業の費用構造について，潜在的な参入企業が十分な情報をもたない状況も考えられる。とくに既存企業が1社であると，競争によって限界費用が明らかにされる機会がなく，正確な費用についての情報は既存企業だけがもっているという可能性が高い。そのような状況においては，参入を検討している企業はその意思決定に先立って既存企業の行動を観察し，既存企業が参入後の市場競争において強い企業（低費用のケース）なのかどうか見極め，意思決定に反映するだろう。一方で既存企業は自社の行動により，潜在的な参入企業が既存企業の費用についてどう判断するのかを考え，それを織り込んで行動を選ぶ。本節では，既存企業が行動を通じて自らの情報を開示することで潜在的な企業の参入を阻止することができるかどうかについて議論しよう。

　議論の簡単化のため，既存企業は1社で，限界費用の水準が高い場合と低い場合の2とおりの可能性があると想定する。既存企業は自社の費用が高いか低いかを知ったうえで，市場で操業を開始する。潜在的な参入企業は，既存企業の実際の限界費用がどちらの水準になったかはわからないが，どんな確率で高い費用と低い費用が生じるかについては，過去のデータ等によりわかっているとしよう。潜在的な参入企業はまず，既存企業の行動を観察し，その行動からわかる既存企業に関する情報を利用して，参入の意思決定に役立てる。

　既存企業にとって望ましいのは，その費用が高かったとしても低いフリをしたり，あるいはその費用の情報を隠したりすることによって，競争を恐れる潜在的な企業に参入をやめさせることである。もちろん，潜在的な参入企業が既

存企業の戦略を正しく理解しているならば，フリをされても騙されることはない。もし，費用の高い企業も低いフリをするとわかっているなら，既存企業の行動を観察してもそこから本当の費用が高いのか低いのか何も追加的な情報を得ることはない。仕方がないので，潜在的な参入企業は既存企業の費用が当初から想定している確率に従うとして，意思決定を行うだろう。

価格設定による費用情報のシグナリング

本当は費用が高い企業に低いフリをされ，その結果として費用の情報が隠されてしまう場合に，困るのは低費用の企業のほうである。潜在的な参入企業にしてみれば，そのような場合には費用の見分けがつかないが，確率で評価して費用が高い可能性のほうが大きいなら参入してしまう。このとき，費用の低い企業にしてみれば，低いフリをされなければ参入が阻止されたのに，フリをされることで市場競争が始まり利益が低下してしまう☆2。したがって，費用の低い企業は費用の高い企業にフリをされないようにしたいだろう。

そこで，費用の低い企業がはじめに付ける価格を，その時点で利潤を最大化する独占価格から十分に引き下げることを考えてみよう。その価格のもとで低いフリをすれば潜在的な企業を騙すことができる場合でも☆3，フリをするのは費用の高い企業の利益にならないことを説明しよう。低いフリをしなければ，自社の独占価格を付けることによってその時点での利潤が最大化できる。しかし，その価格付けにより自社の費用が高いことが明らかになり，参入が起きることで後に得られる利潤は小さくなる。一方，費用の高い企業が低いフリをするならば，その時点では費用の低い企業と同じ価格を付けなければならないために利潤は減少する。しかし，費用が低いと騙せるなら潜在的な企業の参入を阻止でき，後に得られる利潤が増加する。したがって，費用が高い企業が低いフリをしない条件は，

【費用が低いフリによる利潤の減少】≧【参入阻止による利潤の増加】　(9.1)

となる。ここで，はじめに付ける価格が十分に低いなら左辺が大きくなり，この条件を成立させることがわかる。

一方，このような価格の引き下げは，費用の低い企業の利潤も低下させる。それにもかかわらず，費用の低い企業がその価格を付け参入を阻止するための

条件は，

$$【低価格による利潤の減少】≦【参入阻止による利潤の増加】 \quad (9.2)$$

となる。つまり，既存企業が自発的に費用に応じた価格を付けるには，(9.1) 式と (9.2) 式を同時に成立させる価格が必要となる☆4。このようにして初めて，既存企業の付ける価格が費用の水準に対応して変わり，価格付けという<u>行動を通して費用の情報が潜在的な企業に伝達されるといえる</u>。このような情報の伝達を**シグナリング**と呼ぶ。

　情報のシグナリングが機能するためには，当事者がシグナルを正しく送るインセンティブをもつ必要がある。本項におけるシグナリングからもわかるように，シグナルには一定の損失を伴うことが多い。シグナルとして機能する行動は，そのシグナルを送るべき者には耐えられる程度の損失と十分な見返りをもたらす。一方で，送るべきでない者には耐え難い損失または不十分な見返りしかもたらさないようなものである。シグナリングの他の例として，不良品の修理や交換を約束する品質保証がわかりやすい。品質保証により不良品率が高い企業は多くの修理／交換を余儀なくされるために大きな損失を被るが，不良品率が低い企業は修理や交換の頻度が低いだけではなく，高品質という評判を確立することから利潤を増やすことができる。したがって，品質保証は不良品率が低い企業にのみ採用される行動となり，高品質のシグナルとなることがわかる。

略奪的価格

　一般に，低価格によって競合相手を排除する行為は**略奪的価格**設定と呼ばれ，産業組織論における重要な論点の1つである。略奪的価格は，すでに参入している企業を退出させるという文脈でも用いられるのだが，その是非について競争政策上の観点からこれまでさまざまな議論がなされてきた。略奪的価格設定が疑われる事例をいくつか挙げることができる。まず第❶節でも触れたLCCの事例では，日本において，LCCが東京－福岡，東京－札幌といった路線に参入した際に，大手の航空会社が対抗し低価格を付け，多くのLCCが撤退した事実がある。同様の事例は海外の航空業界（オランダKLMとイージージェット）でも観察されている。こちらも第❶節で紹介した事例だが，モンサント社

は，低カロリー甘味料アスパルテームの特許期限がアメリカに先立って欧州で満了した後，欧州市場に参入した HSC 社に対し低価格攻勢をかけた。このような行動をみせることで，モンサント社が低費用で生産できるという情報をシグナルとして伝達することにより，5 年後に期限が満了するアメリカ市場における参入阻止行動をとったと考えられている。

水平的な企業間の吸収・合併

合併が市場に与える 2 つの効果

　本節では，企業が能動的に市場構造に影響を与える手段としての吸収・合併について論じる。吸収・合併する企業間の関係には，第 3 章で論じた垂直的な関係と，第 4 章などで論じた水平的な関係が考えられるが，ここでは競争緩和の観点に着目して水平的な企業による吸収・合併に焦点を当てることにしよう。企業の合併には，ある企業が主導権を握る「吸収」か，企業同士は対等な「合併」かによって違いがあるが，市場競争の緩和の観点からみるといずれの場合も関係する企業がすべて一度退出し，吸収・合併によって生まれた新たな企業が 1 つ参入すると捉えることができるだろう。したがって，本節では吸収と合併は本質的には同じであるとして議論し，以下ではすべて「合併」と呼ぶことにする。

　企業の合併の影響を議論する際には，合併しない企業がどう反応するかが重要になる。というのも，合併しない企業が合併企業と競争的に行動するのか，合併企業とともに価格カルテルを結んで競争を緩和させるように行動するのかによって，合併の効果に違いが生ずるからである。合併は企業数を減少させ，カルテルの形成・維持をしやすくするため，カルテル形成が合併のインセンティブとなる可能性がある（企業数とカルテル形成については第 7 章を参照）。合併によりカルテルが形成される効果を，合併の**協調誘発効果**と呼ぶ。しかし，合併後にもカルテル形成が困難で合併しない企業と競争しつづける場合も考えられる。そのような場合でも，合併は企業数を減少させるので市場競争を緩和する効果をもつ（**単独行動による競争緩和効果**と呼ぶ）。本節では合併の効果をこのように 2 つに分け，それぞれに着目しながら論じることにしよう。

単独行動による競争緩和効果——合併と市場競争

合併によって市場で操業する企業数が減少すると，市場競争は緩和されることになる。しかし，市場競争の緩和が，合併企業にとって必ずしも十分なメリットをもたらすわけではない。なぜなら，市場競争の緩和による恩恵（すなわち価格の上昇）をより大きく受けるのは，後にくわしくみるように合併しない企業のほうだからである。合併が起きると，合併しない企業は生産を増やし，競争緩和による価格の上昇を緩やかにするので，合併企業が得る競争緩和のメリットは減殺されてしまう。したがって，企業が合併するインセンティブを高めるには，競争緩和の効果とは別のメリットを要する。その代表的なものとして，合併を通じた効率化による限界費用の低下や広告費の削減，互いの得意分野を補完しあうことによる新たな需要の喚起などを挙げることができる。このような形で生じる相乗効果はシナジーと呼ばれている。以下，シナジーと合併について論じよう。

対等な生産技術をもつ企業が市場で同質的な財を生産し，数量競争（第4章で論じたクールノー競争）を行っているとしよう。その内の2社が合併する場合を考え，合併後も数量競争を継続する。まず，合併のシナジーがない場合を考えよう。この場合には，合併企業の生産技術は合併前のそれぞれの企業の技術と何ら変わることがない。したがって，合併後は対等な生産技術をもつ企業が1社減った状況で競争が行われる。合併前後の状況を企業数の差によって捉えると，その結果は次のようにまとめられる。

① 合併後の価格は合併前より高い
② 企業数が多くなると，合併企業の利潤は合併前の2社の利潤の総和より低くなる
③ 合併に関与しない企業の利潤は，合併前より高い

まず①であるが，クールノー競争において対等な生産技術をもつ企業が減ると競争が緩和され，その結果総生産量が減り均衡価格が上昇する。また1社当たりの生産量は増加するため☆5，価格の上昇と合わせ1社当たりの利潤は高まることがわかる。したがって，③で述べるように合併に関与しない企業の利

潤は合併前より必ず高くなる。

②については，次のように考えると直観的である。もし合併前の企業数が2社のみなら，合併後は独占企業1社のみとなるので，合併企業は総利潤を必ず高める。この場合，合併に関与しない企業がないため，他社を利する効果（外部効果）がありえないことに注意しよう。一方で合併前の企業数が非常に多い場合，1社減ったところで合併前後の競争状況はほとんど変わらない。よって，価格の上昇も微小であり，合併前後の1社当たりの生産量や利潤もほとんど変わらないため，合併企業の利潤は合併前の総和と比べるとほぼ半減することがわかる。これらの観察からわかることは，合併前の企業数が一定数を上回るなら，合併企業の利潤が合併前の2社の利潤の総和より低くなるという事実である。もちろん，このような企業数は，需要関数や費用関数に応じて変化する。単純化したモデルとしてよく用いられる，需要関数が線形で限界費用が一定というケースでは，3社以上で合併企業の利潤が合併前の2社の利潤の総和より低くなることがわかる（練習問題 9-3 を参照）。

②の結果が示唆するのは，企業合併にあたってシナジーがない，あるいは非常に小さい場合，合併するメリットがあまりないという点である。競争緩和のみでも合併のメリットがある例外的な場合とは，合併後の価格上昇が極端に大きいケースに限られる（企業数が少なくかつ需要の価格弾力性が十分に小さい場合）。

では，合併によりシナジーが発生する場合を考えてみよう。そこで，合併企業の生産技術は合併前に比べて効率化され，合併後には限界費用が下がるとしよう。合併企業の限界費用は他社より低くなるため，合併企業は生産量を他の企業よりも増やす。また，シナジーの程度が高まるにつれ，生産量をさらに増やすこともわかる。ここで，第 **4** 章でみたようにクールノー競争の戦略変数（生産量）には戦略的代替性があるという点に注意しよう。すなわち，他の企業が生産量を増やすと各社は生産量を減らす，という関係である。よって，シナジーにより合併企業が生産量を増やすと，合併しない企業の生産量は減る。しかし一方で，先ほどみたように合併には競争緩和の効果もあることから，合併しない企業が生産量を増やす効果もある。合併しない企業が最終的に生産量を増やすか減らすかは，2つの効果のどちらが大きいかによる。いずれにせよ，シナジーによって，2つのチャンネルから合併するインセンティブが高まることがわかる。第1に，限界費用が削減されることから利潤が直接的に高まるだ

けでなく，第2に，戦略的代替性の効果から他の企業が生産量を減らし，価格の上昇によってさらに利潤を高めるからである。

　本項では限界費用を削減するようなシナジーに着目したが，他のシナジーについても考えることができる。シナジーが広告費などの生産量とは直接関係しない固定費用のみを削減する場合を考えてみよう。合併による直接的な費用削減の効果はあるものの，限界費用は不変であるため，戦略変数は企業数だけで決定されてしまう。よって上でみたように，競争緩和の効果のみでは合併企業の利潤にあまりプラスに働かないのだが，合併による固定費用削減の効果が十分に大きいなら，そのインセンティブがあることがわかる。

合併の波

　現実のデータをみてみると，ある時点のある業界で合併が集中しているような場合が観察される。実はこれまでの研究によって，合併の発生には相互連関がみられることが知られている。たとえば，2015年には半導体業界で企業買収が盛んに行われ，上半期だけで過去5年間の買収総額の6倍に達したと報告されている。また，日本の銀行業界では2000年前後に大規模な吸収・合併が行われ，業界の再編が進んだ。こうした現実の多くのデータが示唆しているのは，合併が多く起きる時期とあまり起きない時期があるという点である。そこで，これまでの議論をもとにして，合併の利益がさまざまな企業の間で相互連関し，合併の連鎖または**合併の波**と呼ばれる現象が発生する可能性について論じてみよう。

　いま市場で操業している企業のなかで，とくにA社とB社が合併を検討している。そこで，はじめは十分なメリットがなく合併しなかったとしよう。ところが，別のC社とD社が合併し，そのことにより市場競争が緩和されたとしよう。このとき，A社とB社のそれぞれの利潤が高まることはすでにみたが，同時に合併の利益も高まることになる（より企業数が減少し独占に近づくことから）。したがって，他社の合併は自社の合併のインセンティブを高め，場合によってはマイナスであった合併の利益が，プラスに転ずる可能性もある。このような場合，C社とD社の合併によりA社とB社の合併が連鎖的に起きることになる。これは，合併の波といえるだろう。

　しかしながら，どのようなきっかけで合併の波が始まり，いつ終了するのか

というような点については，現時点では十分には解明されていない。さらなる研究の進展が期待されているトピックである。

協調誘発効果——合併とカルテル形成

第 7 章でみたように，カルテルの形成には，

【合意を裏切る短期的なメリット】≤【将来の処罰による長期的な不利益】

という条件が満たされる必要がある。ここで，合意を裏切るメリットは，カルテルに参加する企業が増えるにつれて大きくなるという事実を思い出そう。というのも，カルテルにおける各企業の市場シェアが下がるので，合意から逸脱することによる市場シェアの上昇率が高まり，それにより逸脱の利益の上昇率も高まるからである。逆にみれば，企業数が減るならカルテルはより形成されやすい。そこで，合併が市場で操業する企業数を減らすという点に着目すると，合併は企業がカルテルを結ぶきっかけとなりうることがわかる。つまり，競争的な状態が続くなら合併は利益にならないとしても，カルテルが形成されるなら利益となるために，それをねらって合併する可能性があるのである。

競争政策の観点からは，このような合併は不適切である。もし合併がシナジーを生み，生産の効率を高めるならば，その副作用として市場競争が緩和され，企業が価格支配力を行使する度合いが高まったとしても，社会全体でみれば必ずしも非効率的とは限らない。しかし，シナジーがなく，カルテルの形成を容易にする手段として合併が用いられるとすれば，価格支配力の行使による市場の歪み（消費者余剰，社会的余剰の減少）の観点から，そのような合併は望ましいものではない。

4 技術提携

合併に似た企業間の協調行動として，企業間の技術提携を考えてみよう。企業の技術提携には，共同研究開発，技術供与，また人材交流などがあるが，ここでは技術供与に焦点を当てる。技術供与は，企業の既存の技術を他企業が利用することを可能にし，技術供与を受けた企業がより低い生産費用で製品を生

産可能にするものである。しかし，競合する他社に技術供与を行えば，供与先企業は市場での競争力を高め，供与元企業の市場競争における利益を圧迫することは明白である。そのような環境で技術供与を行うのは，なぜだろうか。

実際，競合する企業間の技術供与の事例は多い。たとえば，トヨタ自動車とマツダは 2015 年に環境や安全技術に関する包括的な技術提携を実施することを発表し，トヨタはハイブリッド技術や燃料電池車の技術を，またマツダは環境性能に優れるエンジン技術をそれぞれ提供するとした。また，三菱自動車と日産自動車は 2011 年に合弁で開発会社を立ち上げるなど技術提携を結び，2013 年には第 1 弾，2014 年には第 2 弾という形で三菱ブランドの軽自動車と同等の軽自動車を日産のブランドのもとで別の車としても販売してきた（しかし，2016 年の三菱自動車による燃費改ざん問題で発売は中止，日産自動車も補償などの対応に追われることになり，その後の三菱と日産の関係もめまぐるしく動いている）。

本節では，企業の技術供与がどのような条件のもとで企業の合理的な意思決定となるのかについて，有償の供与と無償の供与という 2 つの観点から考察してみよう。

生産効率の改善と競争激化のトレードオフ

技術供与の見返りとして事後の損失を補う十分な便益（利益供与）を供与先から受け取ることができれば，供与元企業には技術供与を承諾するインセンティブをもちうるだろう。もちろん供与先企業としては，技術供与による利潤の増加分が，供与元企業に渡す利益供与の水準を上回らない限り，技術供与を受けるインセンティブが失われる。よって，供与元，供与先の両方が技術供与を実行するインセンティブをもつためには，

$$【技術供与元の利潤減少】 \leq 【技術供与先からの利益供与】 \quad (9.3)$$
$$【技術供与先の利潤増加】 \geq 【技術供与先からの利益供与】 \quad (9.4)$$

が成立しなければならない。(9.3) 式に -1 を掛けて (9.4) 式と各辺同士を足し合わせると，

$$【技術供与先の利潤増加】 - 【技術供与元の利潤減少】 \geq 0$$
$$\Leftrightarrow 【技術供与による供与先・供与元企業の総利潤の増加】 \geq 0$$

という条件のもとで，技術供与が実行可能となる。もし技術供与によって総利潤が増加するなら，技術供与によって利潤を増やした供与先から，競争の激化によって利潤を減らした供与元に見返りを与えることによって，実質的には総利潤の増加分を2つの企業で分け合うことができる。したがって，技術供与を互いの利益に適ったものとすることができる。一方，総利潤が減少するなら，利益の受け渡しを行っても両方の企業の最終的な利潤を高めることは不可能である。したがって，双方が技術供与に同意することはできない。

では，どのようなときに技術供与が供与元と供与先の総利潤を増加させるのだろうか。総利潤に与える技術供与の効果を2つに分けて考えよう。1つめは，技術供与による生産効率の改善の効果である。これは，技術供与前の生産で供与先が負担していた費用が削減される効果であり，総利潤を増やすものである。2つめは，技術供与によって引き起こされる競争激化の効果である。技術供与がもたらすのは供与先の費用低下のみで，供与元の費用に変わりはない。結果として，供与後には供与先の競争力が上がり，市場全体で競争が激化することによって市場価格は低下する。しかし，第7章でみた談合・カルテルの議論からもわかるように，総利潤を高めるために価格をなるべく独占価格に近づけることが必要だから，価格を低下させる競争激化の効果は総利潤を減らす方向に働くことがわかる。したがって，技術供与が総利潤を増加させるかどうかは，生産効率改善の効果が競争激化の効果を上回るかどうかで決まる。

さらにくわしくみてみると，生産効率改善の効果と競争激化の効果は，技術供与前の技術の差によって決定されることがわかる。まず競争激化の効果については技術の差が大きいほど高まる。というのは，技術の差が大きくなるにつれて，供与先の競争力の伸びはより大きくなるからである。一方で，生産効率改善の効果は，技術の差に対しておおむね「逆U字型」（はじめ上昇，後に低下）の形で変化することを示すことができる[☆6]。したがって，生産効率改善の効果が競争激化の効果を上回るのは，企業間の技術の差がそれほど大きくない場合であると結論できる（数値例による議論は，本書のウェブ付録9Cを参照のこと）。

本項の議論から，企業間の技術の差が大きすぎると有償でも技術供与が困難であることがわかった。技術供与を検討する企業に対するメッセージは，技術供与によって改善される生産効率だけに目を向けるのではなく，供与先企業の市場競争力が高まり，競争が激化するというマイナスの効果を正しく織り込む

ことが必要である，ということである．

技術提携による寡占化促進と無償供与

　前項の議論では固定費用を無視し，技術提携の前後で市場において操業する企業数は不変であると想定した．しかしながら，技術供与の後に競争が激化し価格が下落することから，技術供与に関係しない企業のうち，固定費用の高い企業の利潤がマイナスになり，操業停止に追い込まれる可能性も考えられる．つまり，技術提携は市場構造に影響を与えうる．そのような企業が退出すれば市場競争は緩和されるため，技術供与による当初の競争激化の効果は減殺される．競争激化の効果は技術供与のインセンティブを阻害するものであったので，退出すなわち寡占化を促進する効果はそのインセンティブを高めることがわかる．つまり，企業の退出まで考慮すると，前項で議論した場合と比較して，企業間の技術の差がより大きい場合でも技術供与するメリットが発生することがわかる．

　前項で議論した技術供与が有効になるための条件式，

【技術供与元の利潤減少】≤【技術供与先からの利益供与】
【技術供与先の利潤増加】≥【技術供与先からの利益供与】

は企業の退出を考慮する場合でも同じであるが，左辺の値は企業退出により変化する．場合によっては，技術供与とその後の退出により，供与元の利潤が増加する可能性も考えられる（第1式の左辺がマイナスになる）．このような場合には，技術供与先企業からの利益供与がゼロであっても，2つの式は同時に満たされることがわかる．したがって，寡占化促進を伴う場合には，**技術の無償供与の可能性**が示唆される．

☆ 注

1　財を地点1/4より左側にとるなら，顧客数は全体の消費者の1/4未満であり，地点1/4に近づけることにより顧客数も1/4に近づく．財が地点1/4と等しい場合には，地点0から1/2を好む顧客を既存企業と分け合うので，顧客数もちょうど全体の1/4になる（地点1/2より右側の財を好む顧客は地点3/4の財を買う）．財が地点1/4と3/4の間に位置する場合には，地点1/2を選ぶことと同じになる．というのも，地点を1/2よ

り左側にするなら，地点 3/4 から遠ざかる距離と地点 1/4 に近づく距離は同じなので，地点 3/4 の財に奪われる顧客と同数の顧客を地点 1/4 の財から奪うことになるからである。したがって，地点 1/4 と 3/4 に位置する財を作ると，全体の 1/4 の顧客を得る。地点 3/4 以降の点を選ぶ場合は，地点 1/4 以前の点を選ぶ場合と同じである。
2 参入企業ははじめに埋没費用となる参入費用を払い，後に市場競争を行う。既存企業の費用が低い場合，参入後に得られる総利潤がプラスだが，参入費用より小さいとする。参入費用は埋没するため，参入した後に費用が低いとわかっても，その後の利潤はプラスなので参入企業は退出しない。しかし，参入前に既存企業の費用が低いとわかれば，いまだ埋没していない参入費用を考慮して参入を控えるほうが望ましい。
3 もし費用の低い企業と高い企業が異なる価格を付けると潜在的な企業が考えるならば，費用の高い企業が低い企業のフリをすることによって潜在的な企業を騙すことができる。もちろん，そう考えることが合理的になるためには，そもそも騙すことが費用の高い企業にとって利益にならないことや，費用の低い企業が低価格を付けるインセンティブをもつことが必要であり，以下でそれらの点を議論している。
4 企業の費用が低いほうが，価格の引き下げによる利潤の減少は小さくなる一方で，参入阻止による利潤の増加は大きくなることに注意すると，(9.1) 式が等式で成立するような価格に対して，(9.2) 式が必ず成立することがわかる。
5 仮にすべての企業が企業数の減る前と同じ量を生産するとしてみよう。企業数が減った分だけ価格が上がり，結果として残余需要に関する限界収入 (MR) が上昇する。よって，$MR > MC$ となり，生産量を増やすことが利潤を高めるため，均衡では生産量も増加することになる。
6 まず，技術の差がほぼ 0 なら，費用の改善もほぼ 0 のため，生産効率改善の効果は当然ほぼ 0 である。一方技術の差が非常に大きい場合には，技術供与前の供与先企業の市場競争力が非常に小さいために，その生産量がそもそも小さくなり，生産効率改善の効果は小さいことがわかる。効果が比較的大きくなるのは，技術の差がこれらの場合の中間で，供与前の生産量がそれほど小さくならない状況といえる。

SUMMARY ●まとめ

□ 1 市場で先行して操業する既存企業は，競争から発生する不利益を抑えるために，多少の費用をかけても新規参入を阻止するのが得策である。そのためには，新規参入が起きた場合の競争環境を厳しくするようなコミットメントが有効である。具体的には，キャパシティの拡大，ブランドの拡散，顧客との長期契約などが用いられる。

- □ **2** 既存企業の競争力が高いなら，その情報が伝わるだけで参入を阻止できる。しかし，情報が隠されている場合にはなりすましが起きる可能性があるため，競争力が低い企業には実行がためらわれるような行動を起こし情報を暗に伝達すること（シグナリング）が重要になる。
- □ **3** 企業の合併には，企業数の減少による競争緩和の効果がある。しかし，合併する企業はその効果を十分に受け取ることができないため，合併のインセンティブをもつためにはシナジー（生産の合理化による費用の削減など）が必要になる。
- □ **4** 技術供与は，供与先の生産費用を削減する一方で，供与先の競争力を高め市場競争を激化させる。他企業の退出がなければ供与元の利潤は必ず減少するが，供与先と供与元の総利潤が高まるなら，有償で供与することによって互いの利益を高められる。

EXERCISE ● 練習問題

9-1 第 1 節で議論したシュタッケルベルク競争で，需要関数を $D=4-p$，各企業の固定費用，限界費用をそれぞれ 0 と基準化し，追随者の参入費用を E とする。

(1) 先導者の生産量（キャパシティ）q_1 に対して，追随者が参入するときの反応関数が $q_2=2-q_1/2$，またその利潤は $(2-q_1/2)^2$ となることを確かめなさい。

(2) $E \geq 1$ のとき，参入がブロックされることを示しなさい。

(3) 参入が阻止されるのは，$6-4\sqrt{2} \leq E < 1$ となることを示しなさい。

9-2 先行して操業する既存企業によるキャパシティの拡大や，ブランドの拡散を通じて参入を阻止しようとしていると考えられる事例をみつけなさい。

9-3 対等な技術をもつ企業の合併を考える。前章の練習問題 8-1 でみたように，市場需要関数を $D(p)=1-p$，各企業の限界費用を 0，はじめの企業数を n とするとき，クールノー競争の結果，各企業の利潤は $1/(n+1)^2$ となる。n が 3 以上の場合に，合併した企業の利潤は合併前の 2 企業の総利潤を下回ることを確かめなさい。

9-4 第 4 節のはじめに述べた，トヨタとマツダの相互の技術供与の妥当性について，本章の論点を用いて議論しなさい。

CHAPTER 10

研究開発と知的財産権

R&D のインセンティブ

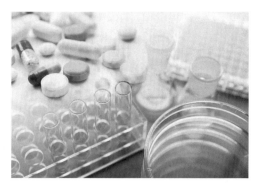

製薬業界

INTRODUCTION

イノベーション（技術革新）は利便性の高い新製品の開発，既存製品の品質の向上，または生産費用の削減などをもたらす，豊かな経済活動のカギである。したがって，イノベーションの源泉である研究開発（R&D）に積極的に取り組むことは政府にとっても企業にとっても望ましい。イノベーションの議論では，企業の組織設計の問題や経営者の資質などに注目が集まりがちであるが，本章ではそういった企業の内部に関わる観点ではなく，市場構造・制度と企業のインセンティブという，経済学の観点から議論を進めていく。本章ではとくに「市場構造と研究開発の関係」と「知的財産権の保護」という2つの点から研究開発のインセンティブについて考察することにしよう。

1 市場構造と研究開発(1)
▶ 市場構造が研究開発に与える影響

　どのような市場や企業がより研究開発を促進し，高い水準のイノベーションを成し遂げる傾向があるのだろうか。本節では，どのような市場・企業環境のもとで企業の研究開発へのインセンティブがより高くなるのかを考えてみよう。

アローの置換効果

　企業が研究開発を行うかどうか，また研究開発への投資水準をさらに高めるかどうかは，研究開発のメリットとコストによって決定される。研究開発のメリットやコストは，市場環境やイノベーションの特性，および企業の規模や特性による影響を複雑に受ける点に注意しよう。本節ではこれらの要因について，市場構造と企業の規模を軸にして議論する。

　はじめに，幅広い分野で優れた業績を残しノーベル経済学賞も受賞したアローが提唱した置換効果，すなわち新技術が従来技術を「置換」するという要因がもたらす，既存企業の研究開発インセンティブへの影響について論じよう。イノベーションによる新技術は，それを用いる企業に利益をもたらす。その一方で，新技術は従来技術を陳腐化させる効果もある。よって，自社技術を改善するようなイノベーションに成功した企業は，陳腐化による損失が発生することになり，イノベーションによる実質的なメリットを低下させる。このような効果は，**置換効果**（または共食い効果）と呼ばれている。もちろん，そもそも従来技術をもっていない企業，たとえば新規参入企業や，イノベーションに成功するまで市場で利潤が得られていないような零細企業であるならば，陳腐化による損失は発生しない。

　本節では置換効果をくわしくみるために，イノベーションを費用の削減と需要の喚起の効果の2つに大まかに分類しておこう。費用を削減するためのイノベーションをプロセス・イノベーションと呼び，新製品を開発し新しい需要を喚起するようなイノベーションをプロダクト・イノベーションと呼ぶ。以下ではまず，準備として独占企業の利潤について解説したうえで，プロセス・イノ

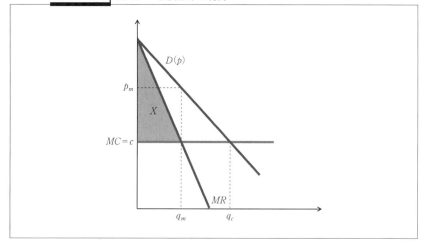

CHART 図 10.1 独占企業の利潤

ベーション，およびプロダクト・イノベーションにおける置換効果について考える。

準備——企業利潤

以下の議論のためには，独占企業の利潤を図示する方法を少し変えるほうがわかりやすいので，図 10.1 を用いて捉え直そう。独占市場では，企業は限界収入が限界費用に等しくなる生産量 q_m を生産し，需要 $q_m = D(p_m)$ に対応する独占価格 p_m を付ける。利潤を表す領域を導くために，収入と費用をそれぞれ求めてみよう。

まず収入であるが，限界収入（MR）は，生産量を 1 単位追加し販売して得られる収入の増加分とみなせるから，最初の 1 単位の MR から q_m 単位の MR まで順々に足し合わせると，q_m の生産からの総収入が得られる。ここから，図 10.1 の MR 曲線の下側と縦軸，横軸，q_m における垂直線で区切られる台形の領域が総収入を表すことがわかる。つぎに，費用について考えてみよう。簡単化のために固定費用をゼロと仮定すると（このとき総費用は可変費用と等しい），可変費用は生産量の単位ごとの限界費用を足し合わせたものだから，図 10.1 における高さ c，幅 q_m の長方形の領域で表される。「利潤 = 収入 − 費用」であるので，網掛けで示された三角形 X の領域が独占企業の利潤に等しいことがわかる。

プロセス・イノベーションのインセンティブ

それではまず，プロセス・イノベーションにおける置換効果について考えてみよう。ある1つの企業が限界費用を Δc だけ引き下げるような研究開発プロジェクトに取り組むことができるとする。この企業が操業する市場が独占である場合と，他社とベルトラン競争を行う（つまり競争が激しい）場合で，イノベーションのインセンティブが異なることをみてみよう。第4章で説明したように，ベルトラン競争ではすべての企業が限界費用 c に等しい価格を付け，市場で需要される量 q_c をすべての企業で分け合い，各企業の利潤はゼロとなる。

ここでさらに，プロセス・イノベーションが抜本的か，段階的かを次のように分類しよう。**抜本的なイノベーション**とは，限界費用の削減の程度が十分に大きく，イノベーションに成功した企業が独占価格を付けても，もとの限界費用を下回る場合を指す。この場合，はじめはベルトラン競争の状況であっても，イノベーションに成功した企業は他社を市場から撤退させることができる。抜本的なプロセス・イノベーションの具体例として，人件費を大幅に削減するような機械化を挙げることができるだろう。一方，**段階的なイノベーション**とは，イノベーションに成功した企業の独占価格がもとの限界費用を上回る場合を指す。段階的なイノベーションの場合は，それに成功した企業であっても，独占価格を付けてしまうと他社との価格競争に勝つことができない。そのため，価格競争を考慮したうえで，利潤を最大化する価格を付ける必要がある。このときには，価格を他社の限界費用からほんの少しだけ下げた水準を設定するのが最適になる。段階的なイノベーションの具体例として，トヨタ生産システムの強みの1つといわれ世界的にも有名な「カイゼン」など，工程の効率化を挙げられるだろう。

図10.2を用いて，市場構造とイノベーションのインセンティブの関係を分析しよう。まずは，先にも議論した独占市場の場合を考える。独占市場では，イノベーションの分類にかかわらず，成功後に利潤を最大化する生産量 q'_m および独占価格 p'_m を実現する。ただ，利潤の純増は成功前の利潤である領域 X を差し引くため（置換効果），領域 Y と等しい。次に，ベルトラン競争のケースを考える。ベルトラン競争のケースでは抜本的イノベーションと段階的イノベーションの場合にそれぞれ分けて考える必要がある。抜本的なイノベーショ

CHART 図10.2　抜本的イノベーションと段階的イノベーション

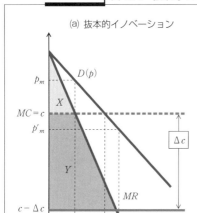
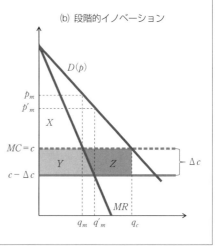

ンの場合，成功後の利潤は独占市場の場合と同じで，図10.2 (a) の領域 $X+Y$ と等しい。しかし，成功前の利潤はベルトラン競争によりゼロとなる。よって利潤の純増は領域 $X+Y$ であり，置換効果がない分だけ独占市場のケースより大きい。一方，段階的イノベーションの場合には，成功後に付ける価格は c からほんの少しだけ下げるのが最適であった。したがって，価格をほぼ c に設定することで，ほぼ Δc のマージンを販売する各単位から得られ，結果として図10.2 (b) における領域 $Y+Z$ とほぼ等しい利潤を獲得することができる。イノベーションに成功する前の利潤はゼロなので，領域 $Y+Z$ はイノベーションによってもたらされる利潤の純増である。したがって，独占市場の場合と比較して領域 Z の分だけ利潤の増加が大きい。

すなわち，プロセス・イノベーションが抜本的であっても段階的であっても，独占市場におけるイノベーションによる利潤の純増は，置換効果によって競争的市場での利潤の純増と比較して小さくなる。そのため他の条件を一定とすると，イノベーションのインセンティブは競争的な市場でより大きくなるのである。

プロダクト・イノベーションのインセンティブ

つぎに，プロダクト・イノベーションにおける置換効果について考えてみよ

う。基本的にはプロセス・イノベーションと同様の効果をみることができるのだが，先ほどとの違いは，独占市場とベルトラン競争の比較だけでなく，中間的な寡占市場の場合を含めてシンプルに議論することができる点にある（ベルトラン競争では，企業数にかかわらず価格競争の結果が不変であるため，中間的状況を議論できない）。

いささか極端ではあるが，簡単化のために，新製品が従来製品を完全に陳腐化させ，新製品が提供されると従来製品の需要がなくなり，その市場は消滅すると仮定してみよう。新製品の開発に成功した企業は，従来製品の市場構造が独占的であるか競争的であるかにかかわらず，新製品市場での独占企業になり，独占的な利潤を得る。イノベーションの成功による利潤はどんな企業が成功しても同じであるが，イノベーションによって置換される従来製品からの利潤は，従来製品の市場が競争的か，寡占的か，独占的かに応じて異なる。当然，市場が競争的になればなるほど従来製品の市場から得られる利潤が小さくなる。このことから，対応する置換効果は小さくなることがわかり，研究開発のインセンティブが高まるといえる。

研究開発能力と企業規模

ここまで，企業の研究開発の能力自体が変わらないという前提で議論してきたが，はたしてそれは妥当といえるのだろうか。市場がより寡占的になるとそこで操業する企業の規模が大きくなるから，企業規模と研究開発能力の関係にも配慮する必要があるだろう。20世紀を代表する経済学者の1人であるシュンペーターは，研究開発能力が企業規模によって高まることに着目して，前項までの議論とは逆により寡占的な市場のほうが研究開発が進みやすいと論じた。確かに，研究開発投資の自己資金や，投資家・銀行などからの資金提供や融資の受けやすさという点では規模の大きい企業が有利であると考えられる。また，研究開発において重要となる人的資本や知識の蓄積の速度も，企業規模に応じて高まる可能性が高い（規模の経済性）。さらに，複数のプロジェクトに投資して研究開発のリスクを分散する効果や，1つのイノベーションを複数の異なる商品にまたがって利用することによる効果（範囲の経済性）も，規模の大きな企業に有利に働くだろう。これらを総合すると，より寡占的な市場のほうがそこで操業する企業の研究開発能力が高く，研究開発のインセンティブも高いと

いう議論はもっともらしいと考えられる。

アローとシュンペーターの議論は正反対であるが，両者の議論のポイントが異なっているため必ずしも矛盾しているわけではない。これらの議論からいえるのは，市場競争の度合いと研究開発のインセンティブの関係は，置換効果と企業規模の影響のどちらが相対的に大きいかで決まるということである。

市場構造と研究開発 (2)
▶ 研究開発が市場構造に与える影響

本節では，既存企業と新規参入企業との研究開発競争について考えてみよう。はじめは市場が既存企業によって独占されているが，新規参入企業がイノベーションに成功すると市場に参入する，という状況を想定する。このとき，既存企業は競争を厳しくする新規参入を嫌い，参入を阻止する行動をとると予想できる。その方法として，自らも同様の研究開発を試み，先に特許を取得することで新規参入を阻止することを挙げることができる。本節では，このような新規参入企業と既存企業による研究開発競争の結果，市場構造がどのように変化するかについて解説する。新規参入企業のほうが研究開発に成功しやすいなら，参入が起こり市場構造はより競争的になりやすい。一方，既存企業のほうが成功しやすいなら，市場構造が変化しにくく，独占のまま硬直的になりやすいだろう。

簡単なモデル分析によってこのことをみていこう。市場を独占する既存企業が1社，潜在的な新規参入企業が1社あるとする。ここで，新規参入企業がこの市場で操業するための，2つの手段を考えよう。それは，自らイノベーションに成功し必要な技術を獲得するか，同様の技術を第三者企業から買い取るかである。よって，既存企業と新規参入企業の研究開発競争として，それぞれが研究開発を実行してどちらが開発に先行するかを競うケースと，第三者企業からどちらが技術を買い取るかを競うケースを考えることになる。

技術の買い取り

企業が研究開発競争を行うケースは後述することにして，はじめに，第三者

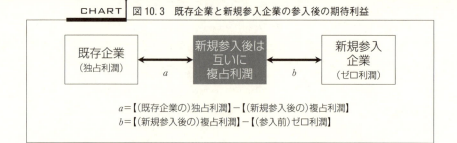

図10.3 既存企業と新規参入企業の参入後の期待利益

a＝【(既存企業の)独占利潤】－【(新規参入後の)複占利潤】
b＝【(新規参入後の)複占利潤】－【(参入前)ゼロ利潤】

企業から研究開発の成果を買い取る場合を考えよう。ここでの第三者企業とは，すでに研究開発によって技術を有するものの自らの生産設備をもたないため，既存企業または新規参入企業のどちらかより高く買い取ってくれるほうに，技術の知的財産権を売却したいと考えている企業を指す（売却は1社に対して排他的に行うものとする）。既存企業が技術を購入した場合には，すでに技術をもっているため直接の利益にはならないが，新規参入企業が技術を得ることを防ぐことによって参入を阻止する効果をもつ。さて，このような技術の知的財産権に対し，既存企業と新規参入企業のどちらがより高い支払いをする意思があるだろうか。

　新規参入企業は，その技術を用いて参入することで得られる利潤の見込み額（期待利潤）までなら，その技術を買い取ってもよいと考えるだろう。ここで，この参入後の利潤とは，複占市場における利潤である点に注意しよう（この利潤は図10.3のbで示されている）。既存企業が新規企業の参入を許すと，利潤が独占利潤から複占利潤に低下する一方で，新規企業の参入を阻止できれば独占利潤を維持することができる。そのため，既存企業はその技術を買い取ることで回避できる利潤の逸失分，すなわち独占利潤と複占利潤の差額（図10.3のaで示されている）まで，その技術に対して支払ってもよいと考えるだろう。

　では，技術に対する支払い限度額は，新規参入企業と独占利潤を得ている既存企業とではどちらが大きいだろうか。実は，既存企業のほうなのだが，それは以下の議論から簡単にわかる。まず，独占利潤は市場取引によって得られる最大の利潤であるから，複占における既存企業と新規参入企業の利潤の総和よりも必ず大きい。すなわち，

【独占利潤】＞【複占時の既存企業の利潤】＋【新規参入企業の利潤】

である。これを移項して整理すると，

【独占利潤】−【複占時の既存企業の利潤】　　＞　　【新規参入企業の利潤】
　既存企業の支払限度額（図10.1のa）　　　　新規参入企業の支払限度額（図10.1のb）

となることがわかる。つまり，第三者企業から技術を買い取る際の限度額は既存企業のほうが大きくなるので，新規企業の参入が阻止されることがわかる。

　以上の議論を直観的に述べると次のようになる。市場がより競争的になると産業全体の利潤は下がる。つまり，産業全体の企業利潤のみに着目すれば競争は効率性を低下させている。結果として，参入によって失われる既存企業の利潤は，新規参入企業が参入後に得る利潤を必ず上回り，既存企業の参入阻止のインセンティブは新規企業の参入のインセンティブを上回ることになる。このように，産業全体での企業利潤の効率性の観点から，既存企業が技術を買い取る高いインセンティブをもつ効果を指して，**効率性効果**と呼ぶことにしよう。

研究開発の競争

　つぎに，既存企業と新規参入を検討している潜在的な競合企業（以下，「潜在的企業」）がともにプロセス・イノベーションに向けた研究開発に従事し，どちらが先に新技術の開発に成功するかという研究開発の競争について考える。一方の企業が新技術の開発に成功するまで研究開発の競争は続き，もし潜在的企業が開発に先行した場合，イノベーションが段階的なら市場は複占，抜本的なら潜在的企業が既存企業を退出させ，市場は独占となる。既存企業は研究開発競争が続く間は従来技術のもとでの独占企業であり，新技術が開発された後は，参入阻止，参入受容，または退出の3つの可能性がある。

　ここでも，既存企業と潜在的企業の研究開発へのインセンティブに注目する。どちらの企業も他の要件を一定とすると，より高い研究開発努力をすれば先行して新技術の開発に成功する可能性を高める。したがって，より高い努力をするのが潜在的企業ならば，市場は複占になるか既存企業の退出する可能性が高まり，既存企業ならば参入が起こらない可能性が高まるだろう。

　潜在的企業の研究開発へのインセンティブが高まるのは，既存企業に先行して新技術を開発できる見通しが改善する場合である。ただし，先行して開発できるかどうかの見通しは，既存企業がどのくらい努力水準を高めるかに影響さ

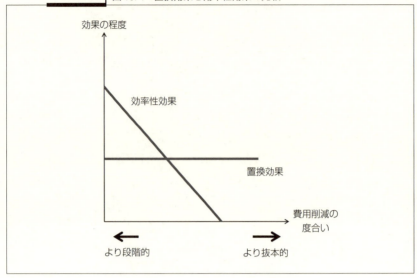

CHART 図 10.4　置換効果と効率性効果の比較

れる。たとえば既存企業が研究開発の努力水準を高めるならば，潜在的企業が先に開発できる見通しが悪化するために，潜在的企業の研究開発のインセンティブは低下せざるをえない。

　一方で，既存企業の研究開発へのインセンティブを決定する要因としては，潜在的企業に先行して新技術を開発できる見通しも重要だが，それに加えて，これまでの分析でみた置換効果と効率性効果がカギとなる。まず置換効果であるが，これは従来技術から得られる利潤で表される。これはイノベーションが抜本的でも段階的でも一定である。一方で効率性効果は，イノベーションが抜本的になるにつれて縮小・消滅する。というのもイノベーションが抜本的なら，潜在的企業が開発に先行すると独占企業となるため，新規参入は産業全体の企業利潤を減らさない。つまり，効率性効果はゼロになることがわかる。

　図 10.4 が示すように，イノベーションがより段階的になれば，既存企業の研究開発のインセンティブを高める効率性効果が置換効果を上回る。したがって，潜在的企業よりも既存企業のほうがより高い開発のインセンティブをもちやすいことがわかる。とくに，費用削減効果がほぼゼロの場合は，前項で述べた第三者企業からの買い取りにより技術を取得するインセンティブと同様である。既存企業が新たに第三者企業から技術を買い取っても費用が削減される効

果はなく，単に参入を阻止する効果のみであった。逆に，イノベーションがより抜本的になれば，既存企業の開発のインセンティブが低下し，潜在的企業がより高い開発のインセンティブをもちやすい。まとめると，研究開発の競争において既存企業の研究開発のインセンティブがより高くなるかどうかは，イノベーションが段階的か抜本的かに依存して変わる効率性効果と置換効果の比較によって決まるということがわかる。

イノベーターのジレンマと創造的破壊

これまでの議論をふまえて，いわゆる「イノベーターのジレンマ」について考察してみよう。イノベーターのジレンマとは，経営学者のクリステンセンによって指摘された問題であり，たとえばイノベーションに成功し一時的に市場で支配的な地位を得た企業であっても，その地位を維持できるだけのイノベーションを継続して成功させることが困難で，新製品の開発に積極的な新参企業により市場における地位が脅かされる傾向が高いことを指す。たとえば，かつてアメリカのイーストマン・コダック社は写真用フィルムや印画紙などの技術を通じて一大企業グループを形成したが，デジタル時代の新技術の獲得や普及に遅れ，2012 年に連邦破産法第 11 章適用申請をするなど窮地に追い込まれた（のちに大幅なリストラにより適用脱却が承認）。一方，コダックを追随していた富士フイルムはデジタル技術などを生かしたさまざまなイノベーションに成功し，現在も優良な企業である。

クリステンセンはイノベーターのジレンマの要因を，さまざまな組織マネジメント上の問題や経営者の資質などに引きつけて議論を展開している。一方でイノベーターのジレンマは，本章で解説してきた議論を用いた市場構造とイノベーションの性質からの説明も可能である。前項で論じたように，既存の独占企業はより段階的なイノベーションを行うインセンティブが高い一方で，より抜本的なイノベーションについては潜在的な企業のほうが高いインセンティブをもつ。言い換えれば，既存企業は従来製品の改良や費用削減に努力するが，従来製品を置き換えてしまうような新製品を開発するインセンティブは潜在的企業と比べて相対的に低い，といえるのである。

また，イノベーターのジレンマは，シュンペーターの提唱した資本主義経済における「創造的破壊」のプロセスとも合致したものといえる。創造的破壊と

は，新しい企業がイノベーションを通じて従来企業のビジネスを奪うという，経済におけるダイナミックな新陳代謝のプロセスこそ，資本主義経済の本質であるという主張である。

本章の議論は，クリステンセンやシュンペーターの主張を，産業組織論の観点から補完するものと位置づけることができる。というのも，クリステンセンの議論には「なぜ潜在的な企業のほうが既存企業と比べて（抜本的な）イノベーションのインセンティブが大きくなるのか」，またシュンペーターの議論には「なぜ既存企業のインセンティブが小さいのか」，という理由が必ずしも自明でないからである。一方で産業組織論の議論では，市場構造や競争に着目して，既存企業と潜在的企業には技術的な差がなくともイノベーションのインセンティブの差が発生するメカニズムの解明に成功している。この点は，産業組織論のアプローチを利用することの価値として強調できるだろう。

イノベーターのジレンマの実証

最近の実証研究（Igami, 2017；伊神，2018）では，1980から90年代のHDD（ハードディスクドライブ）産業における企業の研究開発のインセンティブについて，理論モデルに基づく手法により検証している。この研究の興味深い点は，企業データを用いた分析によって，置換効果や効率性効果とともに，既存企業と新参企業のどちらがより研究開発において優位性をもっているか（より低い投資費用で成果を上げられるかどうか）についても考慮し，クリステンセンの議論（大企業は効果的な研究開発が困難になる）も考察したことである。研究結果が示すところによれば，既存企業は新参企業と比較して優位性をもっており，この点ではクリステンセンによるイノベーターのジレンマが起きる要因が逆転しているようにみられるが，その一方で置換効果が非常に大きく働くことから，結果としてはイノベーターのジレンマの状況が発生していたということが示されている。この時期のHDD産業の特徴として，新旧製品の代替性が大きいことから置換効果が大きくなる傾向があったとみられる。その効果は，効率性効果や研究開発における優位性よりも大きく作用したことで，既存企業の研究開発インセンティブを低下させたということが明らかにされている。このように，産業組織論の視点で実際のデータも用いて実証的に議論を深めることによって，問題の構造的な側面まで分析することができるのである。

3 社会的に望ましい研究開発の水準

前節まで,個々の企業の研究開発のインセンティブについて,企業が参入している市場の構造との関連を議論してきたが,研究開発が社会全体でみて適切な水準でなされているかどうかについては考慮しなかった。本節では,第5章で議論した社会的余剰,すなわち消費者余剰と生産者余剰の総和の観点から社会的に適切な研究開発について検討しよう。

まずはイノベーションの消費者余剰への影響をみよう。プロダクト・イノベーションの場合は,商品やサービスの種類が増えることを通じてより多様な選択が可能となり,結果として消費者余剰が増える。プロセス・イノベーションの場合,財の需要曲線が右下がりなら限界費用の低下に伴い企業は取引価格を低下させるので,消費者余剰は増える。もしイノベーションに成功したのが潜在的な企業であれば,新規参入により競争が起きるために価格はさらに低下し,消費者余剰の増加の幅は大きくなるといえるだろう。

研究開発によって得られる企業の利益は,投資の期待利潤から投資費用を差し引くことで求められる。具体的には,

$$\underline{\text{【成功確率】}\times\text{【成功時の純利潤】}}-\text{【投資費用】}$$
$$\text{【投資の期待利潤】}$$

である。しかし,生産者余剰の変化をみるにあたっては,研究開発に従事している企業が得られる自社の利益だけでなく,他社が受ける影響ついても考慮する必要がある。たとえば前節で解説した研究開発の競争の文脈では,自社の研究開発を高めることは他社のイノベーションの成功確率を低下させ,他社の研究開発の利益を低下させるのであった。つまり,他社への負の外部効果がある。

関連して,研究開発が正の外部効果をもたらすケースも考えられる。というのも,研究開発によって生み出された有用な知識や方法が,開発者でない企業にも許可なく利用できる可能性があるからである。これは,知的財産権の保護期間終了後の利用だけでなく,それ以前についても保護が現実には不完全であることから発生しうる事態である。たとえば,ある新製品の製造に利用される

特許が，少しの変更で特許侵害なく他の用途に利用できるという場合などがある。つまり，研究開発の成果は他社のメリットになる場合があり，そのような正の外部効果を指して**スピルオーバー効果**と呼ぶ。

上記のような要素を考慮すると，社会的に望ましい研究開発の水準は，

【消費者余剰の増分】+【生産者余剰の増分】−【研究開発投資の費用】

を最大にする水準であるといえる。このような社会的に望ましい研究開発の水準が，企業が実際に選ぶと考えられる水準と比較して過大になるか過少になるかは，ケースバイケースである。たとえば，第②節でみた「技術の買い取り」の項では，第三者企業による研究開発の成果が既存の独占企業に買い取られるという分析結果を説明したが，そこでは限界費用が低下せず，競争も促進されないため，消費者余剰も生産者余剰も増加しなかった。そのため，第三者企業による投資費用が発生しているだけで，社会的にみれば投資は損であることがわかる。したがって，このような研究開発投資は行われるべきではない。しかし，第三者企業が投じた研究開発費用よりも高い金額で既存企業が技術を買い取ってしまうならば，第三者企業に利潤が発生するため研究開発投資は実行されてしまい，社会的にみて過大な投資が実現することがわかる。一方，スピルオーバー効果を伴う研究開発については投資が過少になる場合もあるのだが，その点は次節で詳しくみていくことにしよう。

4 研究開発における提携

研究開発は必ずしも1企業が単独で行うとは限らず，提携を通じて行われることも多い。提携により，研究成果を共有するだけでなく，各企業がもつ独自の技術やノウハウを組み合わせ，新たな技術の開発を推進することも可能となる。そのため，研究開発における提携は，より効果的な研究開発の促進や開発費用の削減といった観点からみても，提携に関与する企業にとって望ましいといえるだろう。本節では，提携を通じて各企業の研究開発がどのように調整されるかについて考える。なお，企業が生産物の市場で価格協定を結ぶことは，第7章で論じたカルテル行為にあたり，各国の競争法（日本では独占禁止法）に

より禁じられている。一方で研究開発努力の事前の調整は，以下で論じるように必ずしも社会的利益を損なうものではないため，競争政策を管轄する機関から容認される場合が多い（各国の政策当局による実際の対応については，本節の最後に簡単にまとめる）。

　研究開発における提携を結ぶなら，単に研究成果を共有することを約束するだけではなく，提携に参加する各社が費やす研究開発の努力の水準や方向性についても事前に調整することができる。またその際に，提携に参加する企業全体の利潤（共同利潤）の最大化を目的とするように，参加する企業の行動を調整するのが合理的である。共同利潤を増加させ，その増加分を適切に分配すれば，すべての参加企業の利益が高まるからである。本節ではそのような提携が，社会全体の余剰を高めるかどうかについて考える。とりわけ，研究開発のスピルオーバー効果に焦点を当て，研究開発のインセンティブとその社会的帰結について論じることにする。

　研究開発のスピルオーバー効果とは，ある企業の開発した知的財産の全部または一部が他社にタダで利用できるようになることであった。これは，開発者や技術者が他社に引き抜かれることや，知的財産が保護されていないことなどを通じて発生する事態である。いま極端なケースとして，プロセス・イノベーションよって実現した費用削減技術についての知識がすべて他社に漏れてしまうような場合を考えてみよう。これは，研究開発による知識が**公共財**であるようなケースと言い換えることができる。当然の結論として，各社とも研究開発投資の水準を高めようとするインセンティブは非常に弱くなる。というのも，自社のイノベーションが他社にただ**乗り**され，自社の市場における競争優位の確立に研究開発が大きな役割をはたすことができないからである。上記は極端な例であるが，実はこのスピルオーバー効果の大きさによって，提携がもたらす効果が変わってくる。

　スピルオーバー効果が大きい場合，研究開発における提携は効果的である。提携をしない場合には各社はスピルオーバー効果を無視して自社利潤の最大化を目指すのに対し，提携をする場合には提携企業全体の共同利潤の最大化を目指すことから，各社の研究開発投資はスピルオーバー効果を織り込んで調整される。したがって，提携がない場合に発生するただ乗りの問題は消滅し，各企業の研究開発投資の水準が高まることになる。しかし，その水準は社会的に最

適な水準からはまだ過少である点には注意しよう。というのも，提携によってスピルオーバー効果を織り込むことはできても，研究開発投資による消費者余剰への効果を適切に織り込むことができないからである。

一方でスピルオーバー効果がない，または小さい場合，提携はかえって消費者余剰を低下させる可能性もある。たとえば，第2節の「研究開発の競争」の項と同様に，企業の研究開発投資が他社のイノベーション成功確率を下げる場合を考えてみよう。提携がないときには，他社に先んじて開発に成功しようとするあまり，各社は投資水準を上昇させ，企業全体の観点からみるなら無駄や重複のある研究開発投資が発生する傾向がある。提携を結べば，研究開発における競争を排除でき，各社は投資水準を低下させ，無駄や重複を回避することを可能とする。このような提携は，提携を結んでいる企業にとって好ましい結果をもたらす一方で，消費者を含めた社会的余剰の観点からみると必ずしも望ましいものとは限らない。これはイノベーションが消費者余剰にどのような影響を与えるかによる。たとえば，イノベーション成功までの時間の短縮が，消費者にとり大きな利益となるケースを考えてみよう。提携がなければ研究開発競争が過熱し，企業の利潤を圧迫するものの，成功までの時間の短縮が消費者の利益を大きく増加させるため，社会全体でみれば望ましい可能性が高い。このような場合，提携は社会的余剰を低下させることになる。

このように，研究開発における提携の社会的な是非はケースバイケースであり，一般的には判断が難しい。しかしながら，日米欧の競争当局の姿勢としては，研究開発の提携のメリットに鑑み（ただ乗りの解消だけでなく，規模の経済性，リスクなどといった観点も含む），提携を容認する傾向にある。競争当局が危惧していることは市場取引における談合・カルテル行為であり，このような提携によって市場競争の抑制が進むかどうかが，提携の是非をめぐる主要な判断材料となっている。また，国・地域によって重点も異なっている。欧州では原則容認の方針，日本やアメリカでは提携に合理性がある，あるいは提携による市場競争抑制の危惧が小さいと認められるなら，容認する方針といえるだろう。

5　知的財産権の保護

　研究開発によって生み出されるアイデアや，著述・芸術活動によって作られる著作物の所有権・利用権は通常，特許や著作権等の**知的財産権**により保護されていることはよく知られた事実である。本節では知的財産権の保護について，経済学的観点から議論していく。

　同じ知的財産権でも，特許と著作権では知的財産の保護の範囲や期間が異なっているという事実に注目してみよう。特許は公表された発明やそのアイデアを守るものであり，表現が異なったとしても実質的に同じアイデアであれば，それを無断で利用することは権利の侵害となる。また，たまたま同じアイデアを全く別に生み出した場合でも，先に公表した者（国によっては先に発見した者）のみが特許権を認定される。一方，著作権はあくまで作者の表現や製作物を守るもので，その無断コピーや，そのオリジナリティに依拠した著作に制限を与えるものである。極端な話，著作物やアイデアが全く同一であっても，コピーした事実，依拠して制作した事実がなければ，権利の侵害とはならない（ワン・レイニー・ナイト・イン・トーキョー事件，最高裁判所第一小法廷判決〔昭和53年9月7日最高裁判所民事判例集32巻6号1145頁〕による）。保護期間については，特許権は通常20年であるが，著作権は日本では著作者の死後50年，アメリカやEU加盟諸国など死後70年の国もある。ではなぜ，知的財産権の保護の強さや期間にこのような差が生まれるのだろうか。

　経済学的な観点からみれば，知的財産権の第1の目的は知的財産の権利を保障してその開発インセンティブを高めることだといえる。技術開発には多くの労力や費用がかかり，また開発の成否に関するリスクなど，さまざまな障壁がある。そのため，通常の営利企業では成功時の報酬が十分に見込めない限り開発に着手できないだろう。したがって，知的財産の開発者にその専有権，すなわち知的財産権を与えることは，開発者の報酬を高め，その開発インセンティブを高める効果をもつだろう。

　しかし，知的財産の利用の観点からみると，知的財産権の保護強化はマイナスの効果をもつ。知的財産として守る対象となる知識や表現には，コピーが容

易で，利用に際して競合性が小さいという特徴がある（知識は利用しても減らない）。つまり，知識や表現を利用するための限界費用はほぼゼロといえる。そこで，知識や表現の使用を「サービス」とみなし，その利用価値を最大化する条件を考えてみよう。第 5 章で論じたように，社会的余剰を最大化するには，「限界効用＝限界費用」となる水準まで取引することであった。知識や表現の利用にかかる限界費用はほぼゼロであるから，限界効用がほぼゼロになる水準まで，知識や表現を利用することが望ましい。よって，知識や表現の利用に価格を付けるとすれば，無償（つまるゼロ円）にすることが社会的余剰を最大化するといえる。逆にいえば，いったん知識や表現が開発された後は，その知的財産権を設定し知識に対して一定の対価を受けられるようにしてしまうと，利用価値が最大化されないことがわかる。

このように，知的財産の開発インセンティブと利用価値の間にはトレードオフが存在する。そのため，望ましい知的財産の保護を論ずるには，開発インセンティブや利用価値に影響を与えるさまざまな要因を考慮しなければならない。本節ではとくに，知的財産が将来の新たな知的財産を生み出すための基礎になる可能性に注目したい。たとえば，情報通信の技術やソフトウェア産業では，過去の技術を改善したり，組み合わせたりすることによって，新たな優れた技術が開発されつづけてきた。このような性質は知識の**累積性**と呼ばれている。累積性が重要な場合，新しい知識の開発を加速する社会的なメリットを考慮しなければならない。

知的財産の保護の強さ──期間と範囲

知的財産の保護の強さは，期間と範囲によって規定される。保護の範囲とは，知的財産の侵害がどのような場合に発生・認定されるかを決定するものである。たとえば，ある企業の製品の製造方法に，他社の開発した特許との関連が認められるとしても，その製造方法がどの程度特許に依拠しているかにより，実際に侵害が発生しているかどうかが決定される。その判断の基準を決めるものが，保護の範囲である。先に述べたように，特許と著作権では知的財産権の保護期間と範囲が異なるのだが，この点を開発インセンティブと利用価値のトレードオフの観点から考えてみよう。

研究開発や創作のインセンティブを高めるには，知的財産権の期間を延長す

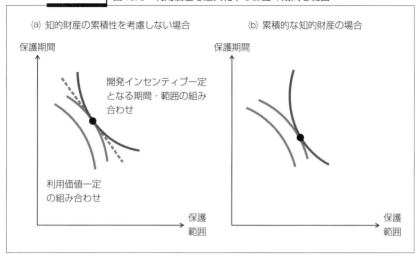

図10.5 利用価値を最大化する保護の期間と範囲

ることと範囲を拡大することのいずれも有効である。そこで，開発インセンティブが一定となるような保護の期間と範囲の組み合わせのなかから，利用価値を最大化するような組み合わせを探してみよう。開発インセンティブを一定とするならば，保護の期間と範囲は代替的である点に注意してほしい。つまり，保護の期間が長いなら範囲は狭くてよく，逆に期間が短いなら範囲は広くなる。そのような期間と範囲の組み合わせは，図10.5 (a) で示したような右下がりの曲線になる。つぎに，知的財産の利用価値について考えてみよう。保護の期間が短いほど，また保護する範囲が狭くなるほど利用価値が高まるため，利用価値一定の期間と範囲の組み合わせも右下がりの曲線になる。また，利用価値の水準に応じて複数の曲線を描くと，図10.5 (a) のように左下に位置するものほど利用価値の水準が高い。図10.5 (a) において，開発インセンティブを一定として，利用価値を最大化する組み合わせを探してみよう。その点は，開発インセンティブ一定の曲線に接する利用価値一定の曲線の接点であることが簡単にわかる。というのも，この点よりも利用価値の高い保護の期間と範囲の組み合わせは，2つの曲線に共通な接線の下側にあるため，開発インセンティブ一定となる曲線と交わらないからである。

　開発インセンティブを一定として知的財産の利用価値を最大化する組み合わせでは，開発インセンティブを一定とするための限界代替率，すなわち，保護

範囲の増分1単位当たりの保護期間の減少分が，利用価値を一定とするための限界代替率に等しいという条件が満たされる。このときの限界代替率は，2つの曲線に共通な接線（図10.5 (a) の点線）の傾きの絶対値と等しい。

　つぎに，知的財産がより累積的であるかどうかという観点から，なぜ特許の保護範囲が著作権と比較して広くなるのかについて考えてみよう。保護の範囲を広げることには2つの効果がある。1つめは基礎となる特許権の保有者に支払う対価を高くすることで，新しい知識の開発インセンティブが低下するという効果である。もう1つは逆に，開発に成功した知的財産が利用されることで得られる報酬が高くなることで，開発インセンティブが高まるという効果である。これらの効果は相反する向きをもつのだが，汎用性，応用性の高い技術の場合には，後者の効果が前者の効果よりも大きくなり，全体としては開発インセンティブを高める効果をもたらすだろう。このような場合には，開発インセンティブに対する保護範囲の重要性が保護期間と比較して高まることになる。言い換えれば，開発インセンティブを一定とするために必要な保護範囲の増分1単位当たりの保護期間の減少分，すなわち限界代替率が大きくなるのである。

　このことを先ほどと同様のグラフで表すと，累積的な知的財産の場合には，図10.5 (b) のように開発インセンティブ一定の組み合わせを表す曲線の傾き（限界代替率）がより急になることがわかる。したがって，利用価値の関係が変化しなければ，利用価値を最大にする保護の期間と範囲の組み合わせが右下方向に移動すること，すなわち，範囲がより広く期間が短い知的財産権の組み合わせになることがわかる。このことを直観的に捉えてみよう。特許は著作権と比べ，その応用・発展となる2次的な開発からの価値が高い。元になる基礎的な特許を開発する者に対し，2次的な開発からの対価がまったく支払われなければ，十分なインセンティブを与えることができないだろう。そのため，特許の保護の範囲を広くして2次的開発からの対価を受け取ることができるようにすることが有効である。一方，著作権についてはこのような懸念が小さいことが，保護の範囲を比較的狭くし，長期にわたって保護されている一因と考えることができるだろう。

　上記の論点に加えてもう1つ，累積的な性質をもつ特許に対して保護範囲を広くする理由を指摘しておこう。それは，開発者が特許を公式に登録しないインセンティブをもつことである。登録により，特許は公的な文書として明確に

規定および公開される必要があるが、これは2次的な開発を行う余地のある他社へ無償で情報の提供をしていることと同じである。応用・発展によるさらなる特許の開発が見込まれるときには、基礎となる特許の開発の成功という事実を秘匿することによって、2次的な開発を独占的に進めることができる（同様の基礎的な特許を他社に開発されない限りにおいて）。しかし、2次的特許を競争的に開発することで、スピルオーバー効果などといった社会的なメリットも生じる。そのため、特許を登録するインセンティブを与えるようある程度保護の範囲を広げることは社会的にみて望ましいといえるだろう。

特許プール

特許には補完性の高いもの、とくに、複数の特許を同時に利用しなければ機能しないものがある。具体例として、動画・オーディオの標準規格であるMPEG2や携帯電話の通信規格であるLTEなどを挙げることができる。これらを構成する複数の特許はそれぞれ異なる企業によって保有されており（ただしMPEG2の特許は2017年までに期限切れ）、原則として個々の企業から利用許諾を得る必要がある。しかし実際には、特許を保有する企業がコンソーシアムを形成するなどして、特許の利用許諾を一元管理したり、個別に管理する場合でも各企業が要求できる特許の利用料（特許料）に制限を設けたりしている。このように、補完性の高い特許保有者が**特許プール**（パテントプール）を設立し、特許権の行使にあたり企業間の調整を行っているが、それにはどのような理由があるだろうか。一元的に利用許諾を管理することで、余分な取引費用を削減することができるのは事実だが、仮に取引費用がゼロであったとしても特許プールを設立する意義が企業側にあることを以下で説明しよう。

いま、複数の補完的な技術を利用したい、あるいはこの技術を応用して新しい技術開発を行いたいと考える企業が、個々の特許保有企業から個別に利用許諾を得なければならないとしてみよう。このとき、個々の保有企業が別々に設定する特許料は、これらの企業全体にとって望ましい水準と比べて高くなりすぎる傾向がある。まず、特許料を高めると、その特許の利用を検討する企業のいくつかは利用を見合わせるはずである。これは同時に、補完的な特許のすべてが利用されなくなることを意味する。つまり、ある企業が特許料を高めることは、補完的な特許をもつ他企業の利用を低下させ、そこから発生する特許料

収入を喪失させる効果をもつ。経済学の用語を使えば，特許料の吊り上げは負の外部効果をもつということができる。個々の企業が合理的・利己的にふるまう場合には，自社の行動が他社に与える影響は無視する。したがって，他社への効果も考慮し，補完的な特許を保有する企業全体の利益を最大化するような特許料と比較し，各社が個別に設定する特許料は高くなることがわかる。結果として，個別に利用許諾を得なければならない場合には，補完的特許をもつ企業は互いに潰しあうことになり，各々の利益を損なってしまう。これは，第**4**章でみた囚人のジレンマの状況が発生しているといってもよいだろう。

そこで特許プールを設立し，利用許諾を一元的に管理することを考えてみよう。補完的特許全体での特許料を，特許プールに参加している企業全体の共同利潤を最大化するように設定し，その収入を適切に配分することにより，各企業は個別に対応する場合と比較してより大きい利潤を得ることが可能となる。すなわち，特許プールとは企業が自社だけの利潤を最大化するようにふるまうことによって生じる弊害をなくすための手段である。

特許プールの考え方は，第**2**章で論じた補完的な複数財を生産する独占企業の行動とも密接に対応している。そのようなケースでは，各部門の生産が他部門の生産に与えるプラスの効果を考慮し，補完的でないケースと比較して各部門が生産を拡大し，価格を引き下げることによって，利潤の最大化が達成されたことを思い出そう。同様の考え方を用いることによっても，特許プールが補完的な特許を保有する企業の調整の手段であり，知的財産を有効に利用するために効果的であることがわかる。

知的財産権保護と開発のインセンティブの関係

本項では知的財産権の保護と開発のインセンティブに関わる他のいくつかの論点について解説しよう。本節のはじめに述べたように，知的財産の保護は一般的に開発のインセンティブを高める効果をもつが，その程度は産業やイノベーションの特性によって異なり，社会的にみて望ましい開発インセンティブの向上がみられるかどうかはケースバイケースである。たとえば製薬業界を考えてみよう。新薬の開発・試験・認証のために費やされた膨大な費用の回収がネックになるため，製薬会社に開発インセンティブを与えるためには特許による保護が有効である。ただ，保護の程度を高めても，収益の高まらないイノベー

ションは敬遠される傾向がある点にも注意したい。たとえば，途上国で深刻な病気に対する治療薬は，人命の救助の観点からは重要であるが，収益性が低いために特許権を設定しても開発インセンティブが向上しにくい。このように社会的に重要だが収益性が低いイノベーションに対しては，知的財産権の保護ではない別の方法，たとえば政府主導の開発推進や，開発者への報奨金の設定などが有効かもしれない。

　また，知的財産権の保護にはさまざまな弊害を伴う場合もある。たとえば，「知的財産の保護の強さ」の項でもみたように，累積的な特許については，特許権の保護の強化は2次的な利用に対する費用を高めることにつながり，後続する技術開発インセンティブを低下させる。この問題への対応の1つとして，とくにソフトウェア業界において，オープンソース化，すなわち，技術を無償で自由に利用可能にすることを挙げることができる。たとえば，コンピュータのオペレーティング・システム（OS）であるLinuxはプログラムコードを公開し，自由に利用・修正・改善を認めており，関連するソフトウェアの開発が活発に行われている。この事実は，知的財産権を付与することによってインセンティブを高めるというこれまでの議論と矛盾するようにみえるが，必ずしもそうではない。まず，ソフトウェア開発者は同時にそのソフトウェアの利用者であり，公開されたソフトウェアを他者が改善することにより，自らのソフトウェアの利用価値が高まる。有用なソフトウェアなら，多くの者が競って改善や修正し，ソフトウェアの質が短期間で飛躍的に向上する可能性も高い。また，有用なソフトウェア開発者はその実績が認知され，エンジニアとして将来高収入を得られる可能性があるだろう。このような点から，オープンソース化にも経済的なメリットが伴い，開発インセンティブに寄与しているといえるだろう。

　オープンソース化と似た現象として，たとえば動画であればYouTubeといったサイトで著作物を無償で公開したり，無断でコピーすることを黙認したりすることが多くみられる。このような無償公開の理由として考えられるのは，コピーされることにより収入源の一部を奪われることになるものの，それにより知名度が高まればライブコンサートへの動員や将来の音楽ソフトの売上といった，他の収入の増加が見込めることである。無償公開を採用する傾向が強いのはまだ比較的知名度の低いアーティストであり，すでに知名度を確立したアーティストについては無償公開しても他の収入を増加させる効果が小さいため，

無償公開することはめずらしいようである。

　最後に,「知的財産の保護の強さ」の項の最後で扱った特許の登録による情報の公開という側面に再度着目しよう。このとき,新しい技術の開発に成功した企業にしてみれば,新技術と同様だが特許では保護されない可能性のあるアイデアを用い,他社が商業化することは阻止したい。このような考えから,自らは利用しないけれども類似する知的財産を片っ端から特許出願することがよく観察される。このような特許は「**防衛特許**」と呼ばれる。しかし,他社の参入阻止のためとはいえ,多くの知的財産を特許出願するための費用は小さくない。このような費用は研究開発のメリットを下げ,結果として研究開発のインセンティブにマイナスに働く要因であると考えられる。近年特許制度が強化・整備され,その結果特許の登録件数は非常に伸びているにもかかわらず,技術進歩や生産の効率化を測る指標(「全要素生産性」と呼ばれる指標)は,ほぼ横ばいであるという (Boldrin and Levine, 2013)。特許の登録件数の増加が生産性の向上に結び付いていない理由の1つとして考えられるのは,ここでみた防衛特許の増加である。したがって,特許制度が開発インセンティブの付与に効果的に結び付いていない可能性を示唆している点については,留意するべきだろう。

SUMMARY ●まとめ

- ☐ **1** 研究開発能力を一定とすると,競争的な市場のほうがイノベーションによる機会損失(置換効果)が小さくなるために企業の研究開発のインセンティブは大きくなる。
- ☐ **2** 技術の買い取りによる参入が可能でも,潜在的企業の参入するインセンティブよりも既存企業の参入を阻止するインセンティブが上回るため参入は起きにくい。これは,参入したときの企業の総利潤が阻止したときのものを下回ることによる(効率性効果)。
- ☐ **3** 研究開発競争において,既存企業の開発インセンティブが潜在的企業よりも高く(低く)なるのはイノベーションがより段階的(抜本的)な場合である。
- ☐ **4** 研究開発の成果は他社にただ乗りされる場合があり(スピルオーバー効果),その懸念から開発インセンティブは低下する。インセンティブ改善には企業提携が有効である。

- ☐ 5 知的財産権は，研究開発インセンティブを高める効果と知的財産の利用を抑制する効果のトレードオフを考慮して設定される。
- ☐ 6 特許は著作権と比べて累積的な知的財産であるため，保護範囲を広め保護期間を短めにするのが有効である。また，補完的な特許に対しては，特許プールを用いて一元的に管理することで特許料高騰の問題を避け全体として有効利用ができる。
- ☐ 7 知的財産権の設定は防衛特許の増加を招くなど，開発インセンティブを高めるため最適でないかもしれない。オープンソース化やソフトの無償公開など，技術によっては知的財産権による保護がなくても開発インセンティブが十分に高いものがある。

EXERCISE ● 練習問題

10-1 需要関数を $D=1-p$ とし，既存企業の限界費用がはじめ 0.75 で，イノベーションに成功すると $\Delta c < 0.75$ だけ下がるとする。既存企業と潜在的な企業との研究開発競争を考える。
 (1) 置換効果を求めなさい。
 (2) Δc に応じて変わる効率性効果を導き，置換効果とともに図示しなさい。

10-2 2つ揃って初めて価値を生む補完的な特許 A，B を考える。2つ揃ったときの特許の価値が p 以上となる顧客の数が $1-p$ と表されるとする（すなわち，需要が $D=1-p$ である）。
 (1) 特許プールを設立する場合に，総利潤を最大化する特許料を求めなさい。
 (2) 特許プールを設立しない場合，ナッシュ均衡でそれぞれの保有者はいくらの特許料をつけるか。このときの特許料の和は(1)のものより高くなることを確認しなさい。

10-3 特許制度がなくなることによって発生する，研究開発のインセンティブに与えるデメリットとメリットをできるだけ挙げなさい。

10-4 知的財産権を設定することのほかに，研究開発を促進するための方法として（たとえば政府による）報奨金の授与を考えることができる。この方法の利点と欠点を挙げなさい。

CHAPTER

第 11 章

ネットワーク効果と消費者・企業行動

需要が需要を生むメカニズム

INTRODUCTION

　情報通信技術の進歩によって，通信事業やインターネットが整備され，情報伝達や意思疎通はどんどん多様かつ容易になっている。そのような進歩は，単に人々のコミュニケーションを促進するにとどまらず，生産者と消費者の取引を円滑に行うために役立つ情報を提供することを通じて，私たちの豊かな消費生活を支える基盤にもなっている。情報通信技術を利用したさまざまなサービスには，利用する消費者間のつながり（ネットワーク）が拡大するにつれて，各々の消費者がサービスから得られる価値が上昇するという効果（ネットワーク効果）が備わっている。本章では，ネットワーク効果が働く市場における消費者や企業の行動について解説する。

1 ネットワーク効果とは

 Facebook, Twitter, LINE, Instagram などといった複数の SNS（ソーシャル・ネットワーキング・サービス）のなかから，どの SNS に参加したいか，あるいは頻繁に利用したいかを考えてみよう。多くの人は，知り合いが多く参加している SNS，今後仲良くなれそうな加入者が多く集まっていそうな SNS に参加したいと思うだろう。仮により充実したサービスや使いやすいアプリケーションを提供している他の SNS があったとしても，肝心の人とのつながりやコミュニケーションの質が低ければ，その SNS に参加する価値が小さいためである。したがって，ネットワーク効果が働く財やサービスの需要は，その財やサービスを利用している消費者のネットワークを考慮して決定されるといえる。

 ネットワーク効果は，電話や SNS といったコアな情報通信事業に限らず，他の市場でも幅広く観察される点にも注意しよう。たとえば，ある OS（オペレーティング・システム）の利用者が増えると，ファイルの共有が容易であったり，同じソフトウェアを使って作業ができたりすることで利便性が上がり，利用者にとっての OS の価値が高まることになる。これは上記の情報通信におけるネットワーク効果と同様であり，**直接的ネットワーク効果**と呼ばれる。一方，OS の利用者が増えるときには，ソフトウェアと関連した次のようなネットワーク効果もある。OS 上で動くソフトウェアの収益性が上がることにより，その OS に対応したソフトウェアを開発するインセンティブが高まる。その結果，ソフトウェアの数も拡充する。同時に，ソフトウェアの拡充は，回り回って OS の利用者の価値を高め，利用者数の拡大にもつながる。このように，あるネットワークの拡大を起因として，関係する他のネットワークにおける生産または消費の価値を高めることは，**間接的ネットワーク効果**と呼ばれる。間接的ネットワーク効果は，上記の OS の利用者とソフトウェア開発企業の関係から読み取れるように，双方向に働くことがよくみられる。

 間接的ネットワーク効果が重要な役割を果たす市場として，次世代自動車を挙げることができる。現時点では，水素を用いた燃料電池車と，電気自動車が有力であるが，通常の自動車のガソリンスタンドにあたる，燃料ステーション

や充電スタンドが普及しなければ，利便性は相当制限されてしまう。一方で，利用者が少ないと燃料ステーションや充電スタンドをつくる企業側のメリットがないため，この市場では双方向の間接的ネットワーク効果が働いているといえるだろう。

ネットワーク効果と利用者数予想

　ネットワーク効果が働く市場において，消費者の需要量は価格だけでは決まらない。というのも，利用者が多いならばネットワーク効果によってその需要が高まるが，逆に少ないならば需要が低下するからである。したがって，消費者の意思決定の際には自分以外の他の利用者の数が考慮されなければならない。また，他の利用者数が未確定である場合は利用者数を予想したうえで意思決定を行う。もちろん，利用者数の予想値はなんでもよいわけではなく，第 4 章で説明したナッシュ均衡の考え方を用いるなら，その予想値は実際に利用を選択する人数と一致しなければならない。本節では，ネットワーク効果が働く市場における消費者の行動について，簡単な設定で考えてみることにしよう。

自己実現的な利用者数予想

　消費者が 2 人で，携帯電話の購入を検討しているケースを考える。各消費者の電話の購入費用を 1 万円，また電話の利用による便益は自分と相手がともに購入した場合にのみ発生し，それぞれ 2 万円分の粗利益を得るとする。意思決定は同時に行うとしよう。この状況で各消費者が得る純利益を利得として，表 11.1 のようにまとめることができる。この利得表によれば，相手が購入しないと予想するなら購入しない，相手が購入すると予想するなら購入する，という行動が自身の最適反応となることがわかる。表 11.1 では，対応する利得の下に線を引いて，消費者の最適反応を明示している。したがって，このゲームには（購入する，購入する）と（購入しない，購入しない）という 2 つのナッシュ均衡があることがわかる。

　この分析からわかるのは，ネットワーク効果が働く市場において異なる予想に対応して複数のナッシュ均衡があるということである。たとえば，相手が電

| CHART | 表11.1 2人の消費者の最適反応 |

消費者1＼2	購入する	購入しない
購入する	<u>1</u>, <u>1</u>	−1, 0
購入しない	0, −1	<u>0</u>, <u>0</u>

話を購入しないと各々の消費者が予想するなら，電話を購入する価値は低くなるため（購入しない，購入しない）がナッシュ均衡になる。一方，相手が電話を購入すると各々の消費者が予想するなら，結果として（購入する，購入する）がナッシュ均衡になる。この議論は消費者数が増えても同様で，全員購入する状況，全員購入しない状況が両方ともナッシュ均衡となるケースを考えることができるのである。このように，消費者の利用者予想が結果として現れる購入行動と一致する場合，その予想は**自己実現的な予想**と呼ばれる[1]。

さて，ナッシュ均衡を状況予測の基礎とするゲーム理論の立場からすれば，均衡が複数あることは問題である。というのも，利用者数予想がどのように形成されるかについて議論できなければ，どのナッシュ均衡が妥当であるか明確にならないからである。実は，各消費者が同時に意思決定を行うというここでの設定においては，予想がどう形成されるかについて十分に議論することはできない。しかし，消費者が逐次的に購入を検討するケースでは，この問題を回避することができる。次項ではこの点を説明しよう。

逐次的な意思決定と予想

消費者の利得構造は先ほどと同様として，意思決定のタイミングのみを逐次的に変更したケースを，展開型ゲームで表すと図11.1 (a) のようになる。

では，第**3**章で説明した後ろ向き帰納法を使って，このゲームの解を導いてみよう。まず消費者2の決定に着目すると，消費者2は消費者1の行動に応じて反応を変え，消費者1と同じ行動をとることが最適であることがわかる。ここから巻き戻して，次は消費者1の決定に着目すると，消費者1は購入することが最適であることがわかる。したがって，図11.1 (b) で示されるように，後ろ向き帰納法の結果は（購入する，購入する）となる。

CHART 図11.1 2人の消費者のゲームの木

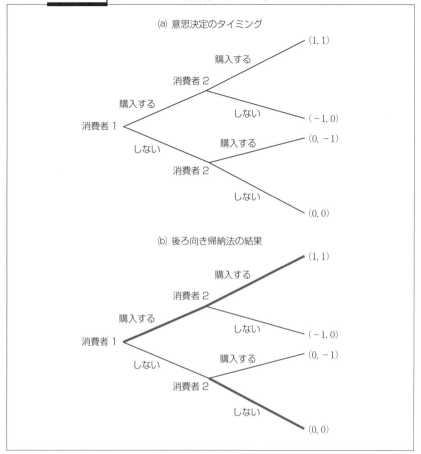

異なるタイプの消費者がいる場合の予想

ここで，議論を少し一般化してみよう。いま消費者2には電話の好き嫌いによって2つのタイプがあり，上記の利得を持つ「通常タイプ」と，「電話嫌いタイプ」を考えよう。消費者1が電話嫌いタイプの消費者2と出会った場合の利得表は**表11.2**のようになるとする。

「電話嫌いタイプ」は（購入する，購入する）のときの粗利益が1万円未満となるとしている。利得表より，電話嫌いタイプの消費者2は，消費者1の行

CHART 表11.2 「電話嫌いタイプ」の消費者2と消費者1の利得表

消費者1＼2	購入する	購入しない
購入する	1, a (a<0)	−1, 0
購入しない	0, −1	0, 0

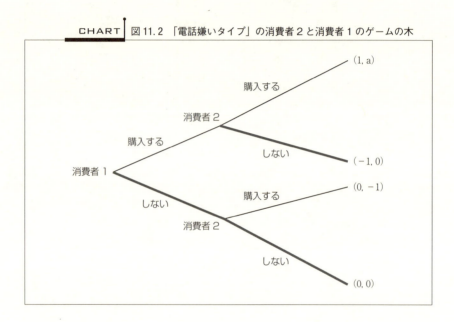

CHART 図11.2 「電話嫌いタイプ」の消費者2と消費者1のゲームの木

動にかかわらず購入しないほうが高い利得を得ることがわかる。もし消費者2が電話嫌いタイプであり，それを消費者1が知っている場合には，ナッシュ均衡は1つのみで，（購入しない，購入しない）となる。

同じ利得の構造で消費者が逐次的に意思決定を行う場合を考える。図11.2のゲームの木を用い後ろ向き帰納法で考えると，結果はやはり（購入しない，購入しない）となる。

ここから，消費者2に通常タイプと電話嫌いタイプの2種類が混在するケースについて分析してみよう。消費者2が通常タイプである確率をp，電話嫌いタイプである確率を$1-p$とする。ここでも逐次的な意思決定を考えるが，消費者2が通常のタイプになるか電話嫌いのタイプになるかは，消費者1が意思

決定を行うときには未確定であるとする。ただし，消費者１はどちらのタイプの消費者２と出会うかについての確率は正しく認識しているとする。また前章までと同様，消費者１は利得の期待値（すなわち，起きる確率で重みを付けた利得）を最大にするように行動すると考える。

　このような想定のもとで，消費者１が購入を選択する場合と，しない場合に得られる利得を計算してみよう。消費者１が購入しないならば，消費者２はタイプにかかわらず購入しない。したがって，消費者１の利得は結局，

$$p \times 0 + (1-p) \times 0 = 0$$

である。一方，消費者１が購入するならば，消費者２は通常タイプである場合に限って購入する。このとき，消費者１の利得は，

$$p \times 1 + (1-p) \times (-1) = 2p - 1$$

である。消費者１にとって，購入する場合の利得が購入しない場合よりも高くなるのは，

$$2p - 1 > 0 \quad \Leftrightarrow \quad p > \frac{1}{2}$$

のときである。よって，消費者２が通常タイプである確率pが1/2を上回るなら消費者１は購入し，下回るなら購入しないと結論することができる（$p=1/2$ならば，利得は同じなので，どちらでもかまわない）。

　消費者１にとって電話を購入するかどうかのカギとなるのは，自らの購入行動に対して他者，すなわち消費者２が追随して購入し，ネットワーク効果を自らにもたらしてくれるかどうかということである。通常タイプは追随して購入するのであるから，その発生する確率pは，消費者１にとって消費者２が追随する確率を表すものである。したがって，pが大きい場合にネットワーク効果が大きく働くと予想でき，購入することが最適な行動となる。

　また，ここで考えた確率pは，多数の消費者がいる市場を想定すると，市場全体で通常タイプの消費者が占める割合とみなすこともできる。そうすると確率pは，形成されるネットワークの規模の予想を表現した値であると解釈することもできる。すなわち，消費者の購入行動にネットワーク効果が十分に働き，購入するほうが好ましくなるために必要なのは，ある程度の規模の利用者ネッ

トワークが形成されるという予想だということがわかる。

製品のアップグレードの問題と非効率性

パソコンやスマートフォンの OS やアプリケーションなど，ネットワーク効果が働く財はたびたびアップグレードされる。消費者がアップグレードするかどうかの意思決定もネットワーク効果に影響されるので，これまで議論した携帯電話の購入に関する意思決定と非常に似通っていることがわかるだろう。ただし，アップグレードの選択では「アップグレードしない」という選択にも，ネットワーク効果が働くことに注意する。そこで本項では，消費者がアップグレードするかどうかの意思決定とその社会的な意味について考えてみよう。

先に意思決定する消費者 1 はアップグレードを好み（先進的タイプ），次に意思決定する消費者 2 はアップグレードを好むタイプと，アップグレードを好まないタイプ（保守的タイプ）の 2 種類であるとする（割合はそれぞれ $p, 1-p$）。消費者の利得を表 11.3 で表すが，ともにアップグレードしないという選択をしたときにも互いに旧バージョンを使うことに対するネットワーク効果が働きプラスの利得を得るという点を除けば，前項と同じである。

前項と同様に考えると，消費者 2 の先進的な割合が大きいとき（$p>3/4$ のとき。本項の分析の詳細は，本書のウェブ付録 11A-1 を参照），消費者 1 がアップグレードすることを示すことができる。

ここで，消費者 1 がアップグレードするのが社会的にみて望ましいかどうか考えてみよう。アップグレードが社会的にみて効率的であるのは，それにより消費者 1 と消費者 2 の利得の総和が増えるときである。しかし，消費者 1 は意思決定の際に消費者 2 への影響を考慮しないために，社会的にみて効率的な選択をしない場合がある。消費者 1 がアップグレードすると，先進的な消費者 2 は追随して利得を増やす一方，保守的な消費者 2 は追随せず，ネットワーク効果の低下によって利得を減らす。これらの利得の変化に各タイプが起きる割合で重みを付け足し合わせることで消費者 2 の利得への影響を事前評価する。

まず，迅速な新バージョンへの移行が社会的にみて効率的であるにもかかわらずそれが阻まれてしまう，**過度の停滞**と呼ばれるケースについてみてみよう。過度の停滞が起きるのは，アップグレードが全体としてはプラスの影響をもたらすのに，消費者 1 にとってはマイナスでアップグレードされない場合である。

CHART 表11.3 アップグレードの意思決定の利得表

(1) 消費者1と先進的な消費者2の場合

消費者1＼2	アップグレードする	アップグレードしない
アップグレードする	1, 1	−1, 0
アップグレードしない	0, −1	0.5, 0.5

(2) 消費者1と保守的な消費者2の場合

消費者1＼2	アップグレードする	アップグレードしない
アップグレードする	1, a (<0)	−1, 0
アップグレードしない	0, −1	0.5, 0.5

つまり，先進的な消費者2がそれなりに多く，アップグレードのメリットが消費者2に対して十分にあるにもかかわらず，消費者1は追随者が現れない可能性を重く考えて，アップグレードを差し控えるような状況である。上記の利得表のもとでは，先進的な消費者2の割合が中間的であるときにそのような条件を満たすことを示すことができる（$2/3 < p < 3/4$ のとき）。

また，新バージョンへの移行が社会的にみて非効率であるにもかかわらず，アップグレードされてしまうという，**過度の移行**と呼ばれるケースも考えられる。過度の移行は，保守的な消費者2がアップグレードしないことを好む度合いが大きくなる場合に起きやすい。たとえば利得の構造が変わり，双方がアップグレードしないときの消費者2の利得が $0.5 + d$（ただし $d > 0$）となるなら，消費者1がアップグレードすることにより保守的な消費者2の利得の減少幅が d の分だけ拡大することがわかる。この減少幅が大きくなるにつれ社会的にみたアップグレードの望ましさは低下するが，消費者1がそれにもかかわらずアップグレードしてしまうという事態が発生することを示すことができる。

企業戦略への応用

ここで，ネットワーク効果が働く財やサービスを生産する企業は，どのような価格・販売戦略をとるべきかを考えてみよう。消費者が財を購入するかどう

かを決めるのは，販売価格とネットワーク効果である。よって，ネットワーク効果が十分に働くほどの利用者がいると消費者が予想できるならば，価格が高くても購入する。このことから，企業がなるべく早い段階で一定の利用者数を確保するような戦略を採択し，消費者の認識や予想形成に影響を与えることができれば，消費者の選択を誘導することができる。たとえば，販売の初期の段階で一定の数量に対して無料とする，または割引販売（特典を付与した形の実質的な販売も含む）を行うことなどは有効である。このような価格戦略は，マーケティングで「浸透価格」（新商品を広めるために，一定期間安売りを行うこと）と呼ばれる概念に含まれる。

　このような価格戦略に成功した例として，アメリカのオンライン DVD レンタル・ストリーミング業界シェア 1 位（2016 年現在）の Netflix を挙げることができる。Netflix は当初，ストリーミングの価格を安く設定していたが，徐々に値上げし，2016 年に，それまでは契約時の価格を維持していた従来からの利用者に対しても，新規利用者と同様の価格を適用することにした。Netflix は，2011 年時点ですでにオンライン・ストリーミング・サービス市場の 44% を占めていたが，2014 年には 85% にまで達していた。このようなストリーミング・サービスにおいては，利用者数の増加はそのサービスのコンテンツを供給する制作会社にもメリットを与えるため，間接的なネットワーク効果が強く働いていると考えられる。

3 標準化と経路依存性

業界標準と規格競争

　ネットワーク効果を促進する重要な要件の 1 つに，財の規格化ないしは標準化がある。たとえば，デジタルカメラや携帯電話などの電子機器のデータ保存のために用いられる，フラッシュメモリを使った記録媒体の変遷について考えてみよう。現在では SD メモリカードと，USB フラッシュドライブの 2 つが主流であるといえるが，少し前までは他の形式の記録媒体も多く利用されていた（メモリスティック，コンパクトフラッシュメモリ，スマートメディアなど）。しかし複数の異なる形式の媒体が共存する状況は，消費者にとって関連する財を

生産する企業にとっても不便である。そこで、間接的ネットワーク効果を高めて利便性が向上するような方向で記録媒体の淘汰・標準化が進んだ結果として、現在のような状況に落ち着いたと考えることができるだろう。

規格化・標準化の競争は、これまでも多くの産業で観察されてきた。映像の録画・再生媒体の市場では、一昔前にはブルーレイディスクとHD-DVD、古くはビデオテープのVHSとベータマックスが業界標準を争った。スマートフォン市場では、アップルのiPhoneとグーグルのアンドロイドをOSとする電話が現在も競争しているが、マイクロソフトのWindowsをOSとするスマートフォンは非常に苦戦している（一時期高い市場シェアがあったBlack Berry LimitedのBlackBerryは近年、OSをアンドロイドに統一した）。こうした業界標準の獲得競争に参加している企業の行動や戦略の分析は、大変興味深いものである。しかし、前節と同様にネットワーク効果が働く市場が対象となるため、まずはそもそも消費者がどのように財を需要するのかについて明確にする必要がある。そこで本節では、ネットワーク効果が働く市場における財の標準化のプロセスについて、消費者の購買行動に基づく簡単な分析から考えていくことにしよう。

消費者による規格の選択

いまネットワーク効果が働く財の市場に、2つの異なる規格をもつ財A、Bがあるとしよう。議論の簡単化のため、それらは同じ価格で販売されているとする。各消費者は財A、Bどちらかの規格を好むタイプに分けられ、ネットワーク効果を除いて考えれば、好みの財からより高い効用を得る。また、両方の財を購入しても、2つめに買った財から追加的な効用は得られないとしよう。このとき、もし財Aと財Bそれぞれに働くネットワーク効果に大きな差がなければ、各消費者は自分がより好む財を購入することになる。一方、ネットワーク効果に大きな差がある場合には、好みではない財を購入するほうが高い利得を得られる可能性が生じることになる。

消費者の意思決定について、議論をさらに単純化するために次のような想定をしよう。消費者が1人ずつ順番に現れ、自らの好みとネットワーク効果を考慮して財Aか財Bのいずれかを購入する。ただし、ここではネットワーク効果を、将来期待される利用者数ではなく、過去に購入した利用者数のみから評価するとしよう。したがって、一番はじめに購入する消費者にとってのネット

ワーク効果はゼロであり，自分の好みに従って財を購入する。そして次の消費者は，最初の消費者の選択の結果から得られるネットワーク効果を考慮して財を購入する，というようにして意思決定が行われる。

上記のような想定のもとで，消費者がどのように行動するかをみてみよう。まず，財 A を好む消費者について考えよう。この消費者が財 A を購入して得られる効用は，

$$【財Aからの追加的な効用】+n×【財Aの利用者数】$$

と表すことができる。ここで，n は利用者1人当たりのネットワーク効果を表す。また，この財 A を好む消費者が財 B を購入して得られる効用は，ネットワーク効果のみであり，

$$n×【財Bの利用者数】$$

と表せる。財 A を好む消費者が財 B を購入するためには，

$$【財Aからの追加的な効用】+n×【財Aの利用者数】<n×【財Bの利用者数】$$

という条件が必要である。すなわち，財 B の利用者数が財 A に比べて十分に多く，そのネットワーク効果が大きいときである。この条件を変形すると，

$$【財Aの利用者数】-【財Bの利用者数】<-\frac{【財Aからの追加的な効用】}{n} \equiv X_B$$

となる。そうすると，左辺の両財の利用者数の差が右辺の値 X_B を下回るとき，財 B におけるネットワーク効果が財 A から得られる効用よりも大きくなるため，この消費者は好みとは異なる財 B を購入することがわかる。同様に考えると，財 B を好む消費者についても「財 A の利用者数−財 B の利用者数」がある数 X_A（=「財 B からの追加的な効用/n」）を上回るとき，好みでない財 A を購入することがわかる。

上記の議論を「財 A の利用者数−財 B の利用者数」の形式を用いてまとめると，この値が X_B を下回るならすべての消費者が財 B を購入するようになり，X_A を上回るなら，すべての消費者が財 A を購入するようになる。つまり，「財 A の利用者数−財 B の利用者数」の値が X_A と X_B の範囲内にあるうちは，次の消費者がどちらを購入するかは発生する消費者のタイプによってランダム

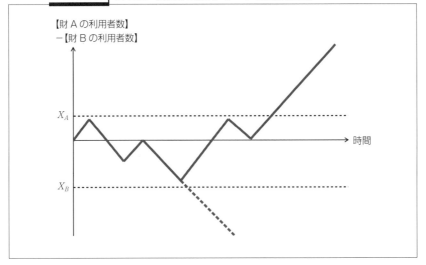

CHART 図11.3 消費者の購入パターンと経路依存性

に決まり,値がこの範囲を超えると,その先は消費者のタイプにかかわらず超えた側の財のみが購入されるようになる。

経路依存性

図11.3は,消費者の購入パターンの可能性を表している。折れ線の実線は財Aが業界標準となる場合である。また,実線の途中から右下方向に伸びている点線は別の可能性であり,財Bが業界標準となる場合である。つまり,ネットワーク効果が働く市場において,どの財が業界標準となるかの決定には,初期に意思決定を行う消費者が重要な役割を果たしていることがわかる。このような,初期の行動が最終的な結果に影響するという性質は,結果の**経路依存性**と呼ばれる。

業界標準の決定が経路依存性をもつということは,市場において選択された結果が必ずしも効率的なものとはならない可能性があることを示唆している。たとえば,財Aを好むタイプの消費者が比較的多くいるものの,財A,Bに対する好みの程度にはあまり差がないとしてみよう。このような状況では,より多くの人の好みを反映する財Aが業界標準となるほうが,財Bが業界標準となるよりも効率的である。しかし,上記のような消費者行動を想定すると,

3 標準化と経路依存性 ● 273

初期に意思決定をする消費者にたまたま財Bを好むタイプがより多く発生することによって，財Bが業界標準となる場合がある。もちろん，全体では財Aを好むタイプほうが多いため，効率的な結果である財Aが業界標準となる可能性のほうがより高いものの，非効率的な結果が発生する可能性も低いとはいえない。このように，ネットワーク効果の存在が社会に非効率性を引き起こす要因となりうる点には注意が必要である。

4 互換性

標準化の競争と互換性

ネットワーク効果が働く市場において，業界標準を確立するメリットは大きいので，企業はそのためにさまざまな努力をするだろう。しかしながら，前節でみたように他社も同様の技術を開発している状況では，業界標準が他社に奪われてしまう可能性がある。前節では企業の行動を固定して考えたが，実際には製品価格の引き下げや販売促進といったさまざまな手段を用いて，自社製品を業界標準にするために他社と競争するだろう。そのような標準化競争は，競争に従事する企業にとってハイリスク・ハイリターンである。標準化競争において業界標準を勝ち取ることができれば大きな利益を得られる反面，競争に敗れると得られる利益が非常に小さくなってしまうために，開発費用や標準化競争にかかる費用の回収が困難になるからである。

こうした標準化競争におけるリスクは，規格間で互換性を確立することによって引き下げることができる。互換性をもたせることで，それまでは規格ごとに分断されて働いていたネットワーク効果が統合され，互換できる規格を利用している消費者の全体でネットワーク効果が働くようになる。たとえば，前節の議論では財Aと財Bに互換性がないため，それぞれに働くネットワーク効果を別個に考える必要があった。しかし，互換できるようになると，消費者は財Aと財Bの利用者の総数からネットワーク効果を得る（図11.4のイメージを参照）。したがって，互換性のない場合に重要であった両者のネットワーク効果の「差」が互換できることによって消滅し，結果として，標準化競争自体がなくなるのである。

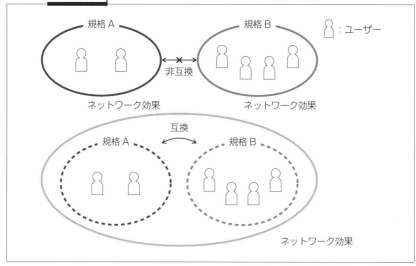

CHART 図 11.4 互換性によるネットワーク効果の変化

しかし，互換性にはデメリットもある。それは，事後的に退出する企業がなくなり，製品市場における顧客獲得競争が発生するために，企業の利潤は業界標準を確立した場合と比べて低下することになる可能性である。もし，財がほぼ同質のものであり，ネットワーク効果の差が互換性を確立することによってなくなってしまうと，顧客獲得のために激しい価格競争が起き，企業の利潤は相当低く抑えられることになる。このようなケースでは，互換性を確立するメリットはないだろう。しかし，財がもともと十分に差別化されている場合には，顧客獲得のための競争は同質財の場合と比べて緩やかであり，企業は比較的高い利潤を確保できるだろう。したがって，標準化競争に直面している企業にとっては，互換性の確立によるリスクや費用の引き下げ効果が，事後的な顧客獲得競争による利潤の低下を上回るならば，企業は互換性を確立することを望むということがわかる。

システム構成要素の互換性

互換性には前項で論じた規格間の互換性だけではなく，システムにおける互換性もある。コンピュータやオーディオ・システムなど，本体と OS やモニタ，アンプとチューナーなどさまざまな構成要素を組み合わせてシステムを構築し

なければ利用することができない財を考えよう。このようなシステムでは，構成要素の互換性，すなわち生産者の異なる構成要素を自由に組み合わせることが可能だということを考慮する余地がある。本項では，このようなシステム構成要素の互換性について議論しよう。

ここで注意してほしいのは，システム構成要素の互換性がもたらす効果は，前項で議論した規格間の互換性がもたらす効果とは大きく異なるという点である。規格間の互換性により，ネットワーク効果が統合され，規格の同質化が進むことを説明した。一方システム構成要素の互換性では，ネットワーク効果が統合されるという効果は現れない（たとえば，MacのマシンでWindowsのOSを走らせることができるようになっても，MacOSとWindowsというOS自体が互換性をもつわけではない）。システム構成要素が互換性をもつことによる最も重要な効果は，異なる構成要素の組み合わせによって新しいシステムを構築でき，その結果として利用者の需要と利便性が高まる，というものである。デザインがスタイリッシュなMacのマシンを利用したいけれども，仕事上WindowsのOSを利用する必要があるといった人にとっては，それぞれの構成要素が互換性をもつことで選択の幅が広がり，より満足度の高いシステムを入手できる。

簡単なモデルで考えてみよう（図11.5参照）。いま，A社とB社がそれぞれ2つの構成要素からなる製品を生産・販売している。たとえば，オーディオ・システムにおけるアンプとスピーカーを考えるとよいだろう。互換性がない場合には，消費者はA社のシステム（AA）またはB社のシステム（BB）から選択する。互換性をもつようになると，消費者はAA，AB，BA，BBという組み合わせのなかから自らの好みに合わせて選ぶことができる。互換性がない場合にはAAもBBも購入しなかった消費者のなかに，ABやBAなら買ってもいいと考える者がいる可能性があり，構成要素の互換性によってこのような消費者の需要に応えることが可能となる。これは，企業側にとってもメリットである。

システム構成要素の互換性による価格競争の緩和

本項では，システム構成要素の互換性により価格競争が緩和される点について，直観的に説明する（より詳細な議論は，本書のウェブ付録11A-2やMatutes and Regibeau, 1992を参照）。まず，A社とB社それぞれの構成要素に互換性が

CHART 図 11.5 A 社と B 社のシステムにおける構成要素の互換性

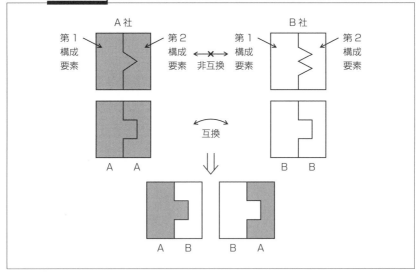

あるときの価格競争を考え，ナッシュ均衡での各構成要素の価格が決まったとしよう。ここで，仮に構成要素の互換性を無効化したうえで，各社とも互換性があるときのナッシュ均衡価格で各構成要素を販売すると考える。このとき，各社は価格を低下させるインセンティブがあるということを以下に示し，互換性がないときに価格競争が激しくなるということを説明する。

A 社が第 1 構成要素の価格を下げるとしよう。互換性がない場合は AA というシステムの価格が下がり，BB から AA に購入行動を変える消費者が現れる。ここで重要なのは，第 1 構成要素の価格を下げたときに，第 1 構成要素の需要が増えるだけではなく，互換性がないことによって A 社の第 2 構成要素も一緒に購入され，その販売量が増えるという点である。一方，互換性がある場合には，第 1 構成要素の価格の下落は第 1 構成要素の需要を増やすが，第 2 構成要素の需要には影響しない。

第 1 構成要素の価格を下げることは，第 1 構成要素の新規顧客からの収入増と，既存の第 1 構成要素顧客からの収入減という 2 つの効果を発生させる。この 2 つの効果は，互換性がある場合もない場合も同じ程度で現れることを示すことができる。しかし，互換性のない場合には，この 2 つの効果に加えて，上でみたように自社の第 2 構成要素に対する需要も増え，そこからの収入増が発

生するのである。したがって，互換性がない場合には価格低下の追加のメリットがあるために，企業が価格競争を激しくするということがわかる。

システム構成要素が異なる企業に生産される場合

　企業がシステムの生産・販売を行う場合には，「異なる企業の構成要素を組み合わせることによる需要の拡大」と「価格競争の緩和」という2つの効果から，企業は積極的にシステム構成要素の互換性を確立するべきだということができる。しかし，次の事例が示すような点には注意が必要である。

　携帯電話や携帯電話回線を通じてタブレット PC などを利用する場合には，電話番号など利用者の認証情報の入った SIM カードを挿入する必要があるが，通信事業者は携帯電話やタブレット PC が特定の SIM カードしか認識しないようロックを掛けることができる。これは，利用者が他の通信事業者の SIM カードに差し替えて端末を利用することを妨げるもので，通信サービスと端末の互換性を阻止するものであるといえる。日本ではかつて，こうした SIM ロックが一般的であったが，アメリカ等の海外では必ずしもこうした制限はない。しかし，2015 年から総務省は通信事業者に，一定の条件のもとで，SIM カードのロック解除を可能とすること（SIM フリー化）を義務づけた。つまり，日本でも携帯電話等の端末が異なる通信事業者の間で互換性をもつようになったのである。それでは通信事業者は，なぜはじめから互換性をもつようにしなかったのだろうか。

　SIM フリー化のケースは，次の2つの点で上記の分析と異なる点に注意しよう。第1に，システムを構成する財・サービスは異なる企業によって提供されているという点（通信事業者と端末生産者），第2に通信サービス自体は，一般的に通信環境のよくなった現在では差別化が難しいという点である。SIM フリー化すると，通信事業者はかなり同質的なサービスの市場において激しい価格競争に直面することになるだろう。一方，SIM ロックは端末とサービスを一体化させることになるため，端末の異質性を通じて通信事業者は競争激化を多少回避できたと考えられる（iPhone や Samsung の特定の人気端末が特定の通信事業者に独占されていた頃は，それらの端末を利用したい場合には特定の通信事業者と契約するしかなかった）。これらの点から，通信事業者にとっては互換性を確立するメリットがほとんどなかったと考えられる。SIM フリー化により，事

業者に対する価格競争の圧力が高まる一方で，上記の分析を考慮するとSIMフリー端末の価格は高まる。総合的にみて，消費者の利益にかなっているかどうかはケースバイケースであろう。

5 プラットフォーム

プラットフォームとは

パソコンやスマートフォンのOSのように，利用者のネットワークとソフトウェアの開発者ネットワークという，異なるネットワークを結び付ける場をプラットフォームと呼ぶ。

プラットフォームの具体例は非常に多く，たとえば，企業（広告）と消費者を結び付けるさまざまなメディア（テレビ，ラジオ，新聞，雑誌，フリーペーパー，インターネットのサイト〔YouTubeなど〕），より一般に売り手・作り手と消費者を結び付けるもの（不動産などの仲介業者，ショッピングモール，オークションのサイト，クレジットカード，ケーブルテレビや動画や音楽のストリーミング・サービス，序章でみた「知るカフェ」など），また人と人とを結び付けるもの（クラブ〔ディスコ〕や結婚相談所など）などがある。

本節では，ネットワーク効果が働く市場分析の応用として，プラットフォームの役割や，営利企業がプラットフォームを提供する場合に市場でどのように行動するかについて説明しよう。

プラットフォーム企業のビジネスモデルは，プラットフォームの魅力を高めることにより，プラットフォームを利用するために支払う料金（消費者の利用料金だけでなく，たとえば参加企業が支払う広告料金なども含む）を高め，より多くの利潤を獲得するというものである。そのためには，プラットフォームの提供するコンテンツやサービス自体の質を高めることだけでなく，ネットワークの相互連関から発生する<u>間接的なネットワーク効果</u>を通じて，プラットフォームの魅力を高めることも重要である。たとえば，クレジットカードを考えてみよう。年会費を引き下げてカード利用者を増やすと，カード払いによる商品の需要が高まり，カード払いが可能な販売店舗の利益が高まることになる。またカード払いシステムの設置費用やカード決済の手数料を引き下げることでカード

払いが可能な販売店舗が増えると，カード利用者の利便性が高まることになる。では，間接的なネットワーク効果が働く環境では，利用料金や手数料などをどのように設定すれば，双方の利用者を効果的に増やし，利潤を高めることができるだろうか。

本節ではとくに，片方のネットワークに属する消費者または企業に対して，プラットフォーム企業が利用料金を無料に設定するという行動に着目する。実際に，多くのクレジットカード会社が利用者の年会費を無料にしているし，フリーペーパーと呼ばれる情報誌も一般の読者に無料で配布されているが，これらははたしてプラットフォーム企業の利潤最大化という観点から正当化できるだろうか。また，どのような条件のもとでこのような行動が合理的であるといえるのだろうか。さらに，無料にするという極端なケースまでいかなくても，生産費用を下回るほどの低価格を設定するといった類似するケースはどのような条件で現れるのだろうか。これらについて，以下でくわしくみていこう（なお本書のウェブ付録11A-3と11A-4では，独占・複占のケースについて，それぞれモデルを用いたより詳細な解説をしているので，本節を読み終えた後に参照してほしい）。

プラットフォームに対する需要

いま，1社のプラットフォーム企業が独占している市場において，2つのグループに分かれるプラットフォームの潜在的な利用者が存在する状況を考えよう。具体的なイメージとしては，街に1つしかないクラブ（ダンスや音楽を楽しむ社交場。ディスコ）をプラットフォーム，結び付けられる2つの利用者グループはそれぞれ男性と女性のグループと考えるとよいだろう。

各グループに属する人は，他方のグループのなかでどれくらいの人がそのプラットフォームを利用しているかに関心がある。相手グループの多数が利用しているならば，より好ましい相手がみつかる可能性が高まることから，プラットフォームを利用する価値が高まる。すなわち，一方のグループの利用者数の増加は，間接的ネットワーク効果を通じて，相手グループの個人に対してプラスの外部効果を与える。簡単化のため，間接的ネットワーク効果の大きさが相手サイドの利用者数に比例するとしよう。上記の想定のもと，プラットフォームを利用する個人の効用は次のようにまとめられる。

$$\text{【本来の価値】}+\text{【相手サイドの利用者数】}\times\text{【外部効果】}-\text{【利用料金】}$$

ここで,「本来の価値」とは,ネットワーク効果や利用料金を除いたものであり,人によって異なる。たとえばクラブなら,入場料や「出会いの価値」を除き,単にクラブで音楽やダンスを楽しむことによる価値を指している。

さて,プラットフォームに対する需要関数を導くために,まずある個人がプラットフォームを利用するかどうかから考えてみよう。利用しないときの効用をゼロとすると,

$$\text{【本来の価値】}\geq\text{【利用料金】}-\text{【相手サイドの利用者数予想】}\times\text{【外部効果】}$$

という条件が成立する限り,プラットフォームを利用する。この関係は,右辺をひとまとめにして「実質的な利用料金」と置くと,以下のように簡潔に表現できる。

$$\text{【本来の価値】}\geq\text{【実質的な利用料金】}$$

この条件は,実質的な利用料金に対するプラットフォームの需要関数を導くことがわかる。あるグループに対する実質的な利用料金が決まると,その水準以上の本来の価値をもつ者はプラットフォームを利用する。そのような者がグループ全体で何人いるかは,本来の価値がどのように分布しているかによって決まるが,その人数がプラットフォームに対する需要である。以下では,実質的な利用料金を P^A, P^B, 各グループのプラットフォームに対する需要関数をそれぞれ $D^A(P^A)$, $D^B(P^B)$ と表すことにしよう。

ここで注意するべきことは,実質的な利用料金は外部効果を含んだものであり,プラットフォーム企業が直接決定する利用料金ではないという点である。そこで,プラットフォーム企業が各グループの利用価格を決定したときに(それぞれ p_A, p_B と表す),実質的な利用料金と利用者数(それぞれ n_A, n_B と表す)がどのように決まるのかを確認しておこう。各グループの実質的な利用料金はグループに課された利用料金からネットワーク効果を差し引いたものだから,α_A, α_B をそれぞれ相手グループの人数1人当たりの外部効果とすると,

$$P^A = p_A - \alpha_A n_B, \qquad P^B = p_B - \alpha_B n_A$$

となる。そうすると、実質的な利用料金と需要の関係により、利用料金 p_A, p_B に対応する利用者 n_A, n_B は以下の2つの式,

$$n_A = D^A(p_A - \alpha_A n_B), \qquad n_B = D^B(p_B - \alpha_B n_A)$$

を同時に満たすように決定される。

プラットフォームの利潤最大化

プラットフォーム企業は各グループにどのように利用料金を設定すれば、利潤を最大化できるだろうか。前提として、プラットフォーム企業は利用料金を設定する際に、前項で導いた需要関数を知っているとしよう。また、利用者にサービスを提供するための費用としては、利用者が1人増えるごとにプラットフォームに一定の限界費用（MC）が発生しているとする。このとき、プラットフォーム企業の利潤は,

$$(p_A - MC_A)n_A + (p_B - MC_B)n_B$$

となる。ただし、n_A, n_B は前項で説明したように決定される[2]。

利潤を最大化する点では、各グループの利用者数に対する限界収入（MR）と限界費用（MC）が等しくならなければならない。そこで、グループAの利用者数に関する MR_A を求め、利潤最大化のための条件 $MR_A = MC_A$ を導こう（グループBについても同様である）。MR_A は3つの要素で構成される。①グループAの利用者が Δn_A 人増えると、その利用者からの利用料金 p_A が追加されるため、収入は $\Delta n_A p_A$ 増える。②利用者増加のためにはグループAの利用料金を Δp_A だけ引き下げる必要があるため、既存の各利用者からの収入が $n_A \Delta p_A$ だけ低下する。③グループAの利用者が Δn_A 人増えると、間接的ネットワーク効果によりグループBの各利用者の実質的な利用料金が $\alpha_B \Delta n_A$ だけ下がるため、その分だけグループBの利用料金を引き上げることができる[3]。よってグループBの利用者数を掛けて総額で $\alpha_B n_B \Delta n_A$ だけ収入が増えることになる。これら3つの要素を足し合わせた後、Δn_A で割って追加的な利用者1人当たりの変化率に直すことにより、グループAの MR_A は,

$$MR_A = p_A + n_A \frac{\Delta p_A}{\Delta n_A} + \alpha_B n_B$$

となる。右辺のはじめの2項は通常の MR を構成する要素であり，第3項がプラットフォームの分析において特有の，外部効果による追加的な要素である。

各グループの利用者数についての利潤最大化の条件 $MR_i = MC_i$ から，ラーナーの公式を導こう。すなわち，

$$p_A + n_A \frac{\Delta p_A}{\Delta n_A} + \alpha_B n_B = MC_A, \qquad p_B + n_B \frac{\Delta p_B}{\Delta n_B} + \alpha_A n_A = MC_B$$

であるが，これを変形すると，

$$\frac{p_A - (MC_A - \alpha_B n_B)}{p_A} = -\frac{\Delta p_A}{p_A} \bigg/ \frac{\Delta n_A}{n_A}, \qquad \frac{p_B - (MC_B - \alpha_A n_A)}{p_B} = -\frac{\Delta p_B}{p_B} \bigg/ \frac{\Delta n_B}{n_B}$$

となる。各式の右辺は，各グループの利用者の価格弾力性の逆数である。このように整理することで，各式の左辺で表される，「ネットワーク効果を考慮したマークアップ率が，価格弾力性の逆数に等しい」という条件を導くことができる。このようにマークアップ率を修正するのは，ネットワーク効果を通じた実質的な利用料金の変化分を，他方のグループから利用料金として追加的に徴収できるからである。

ラーナーの公式には，次のように別の解釈を与えることができる。本来は利用者の需要に関してグループ間で相互連関があるのだが，得られた公式は，あたかも各グループに対するサービスの生産費用に相互連関があり，MC が相互連関により実質的に変化しているとみなすことができる。つまり，公式の左辺にあるカッコの中身を実質的な MC とみなすのである。この解釈は，プラットフォーム企業による利用料金の決定についての理解に役立つ。というのも，ネットワーク効果を通じて実質的な MC が低下すれば，取引量を増やし利用料金を引き下げると結論できるからである。したがって，一方のグループが相手サイドに与える間接的ネットワーク効果が大きくなると，利用料金の引き下げ幅が拡大することになる。

限界費用を下回る利用料金の設定の可能性

先にみた利潤最大化の条件，

$$p_A + n_A \frac{\Delta p_A}{\Delta n_A} + \alpha_B n_B = MC_A$$

において，ネットワーク効果 $\alpha_B n_B$ が十分に大きい場合には，少し変形して，

$$n_A \frac{\Delta p_A}{\Delta n_A} + \alpha_B n_B = MC_A - p_A > 0$$

となる可能性がある。これは $p_A < MC_A$ のケース，すなわち，利用料金が限界費用を下回るケースを示している。利潤最大化条件のもとで，グループAに対する利用料金を下げ利用者数を増やすとき，グループBの利用者が受ける外部効果が高まることから，グループBに対する利用料金を高められるという点を思い出そう。したがって，グループAの間接的ネットワーク効果が十分に大きいなら，プラットフォームがグループAに対して限界費用を下回るほど利用料金を引き下げても利潤が高まることになるのである[4]。

　上記の点から，年会費無料のクレジットカードや無料で配布されているフリーペーパー，序章で紹介した「知るカフェ」などの生産の限界費用を下回る料金でサービスを提供する行為も，プラットフォーム企業の利潤最大化行動として理解できる。プラットフォームとして雑誌を考え，グループAを読者，グループBを広告を出稿する企業としよう。読者が増えると，広告を出稿する企業は販売や求人などの目的を達成しやすくなり，企業にとっての便益が高まる（$\alpha_B > 0$）。一方，広告が増えることで読者側の便益が高まるかどうかは，その雑誌や読者の性質によるが，読者が増えることによる企業への外部効果に比べて，相対的にその効果は小さいと考えられる（$\alpha_A < \alpha_B$）。したがって，プラットフォーム企業は雑誌の販売価格を低下させることによって読者を増やし，企業に対する広告料を高めようとする傾向がある。読者のネットワーク効果が相対的に十分に大きい，または読者の需要の価格弾力性が大きいような場合には，雑誌の販売価格を無料あるいはマイナスにするインセンティブをもちうる。

　ただし，マイナスの利用料金を実現しようとすると，問題が生じる可能性にも注意しよう。もし雑誌を入手するたびにお金が支払われるなら，お金目当てに何冊も入手する者が現れ，本来のネットワーク効果が期待できないからである。これを防ぐには，1人1冊しか入手できないように登録方法を確立する，登録されたアカウントにポイントを付与する，またはクーポンを与えるなど，1人が1度しか便益を得られないような工夫が必要である。

プラットフォーム分析の拡張——複占のケース

　ここまで，1社のプラットフォーム企業が市場を独占している場合の料金設

定について説明し，相対的にネットワーク効果の大きいグループの価格を下げることが利潤を高めること，場合によっては料金を無料や，それ以下（すなわちマイナス）にするインセンティブを企業がもつことを確認した。ここでカギとなる考え方は，第1章でみたような複数の財を販売する企業のように，グループの間の相互連関を利用して，間接的なネットワーク効果の意味での補完性のより高いグループを低めの価格で惹きつけ，他方のグループの価格を引き上げることだといえるだろう。

本節では独占の場合についてくわしくみたが，より現実的な複数のプラットフォームによる競争も考えることができる。たとえば，各プラットフォームの提供するサービスが差別化されていて，利用者は複数のプラットフォームから1つだけ選択できる場合には，第6章のホテリング・モデルを用いてプラットフォーム競争を分析することが可能である。このような競争において，間接的ネットワーク効果が与える影響は独占のケースと同様に捉えられる（詳細は本書のウェブ付録 11A-4 や Armstrong, 2006 を参照）。しかし，プラットフォームが複数あるときには，利用者が2つ以上のプラットフォームを同時に利用する可能性もある点にも注意したい（たとえば，人によっては複数の異なる OS をもつパソコンを所有するだろうし，クレジットカードも複数のものを同時に所有できる）。

異なるグループの利用者を結び付けるプラットフォーム企業は，提供するサービスのみならず間接的なネットワーク効果を通じて社会に価値をもたらす存在である。ネットワーク効果を高めるための方法は，単に利用料金をうまく設定するというだけではない。プラットフォーム企業がより多くの利用者を惹きつけるためにサービスの質を向上させたり，（競争している場合には）サービスを差別化させたりするといった方法も考えられる。このような観点からもプラットフォーム企業の行動を分析することによって，さまざまな興味深い現象を捉えることができるだろう。

☆ 注
1 ただし，仮に財から直接得られる効用（例では携帯電話をもつことのみからの効用）が十分に大きい場合，ネットワーク効果を考慮しなくても消費者は購入することが合理的となり，全員購入する状況のみがナッシュ均衡となる。つまり，複数均衡が発生する

かどうかは，ネットワーク効果と直接得られる効用との関係次第だという点に注意してほしい。
2　各グループに対するサービスを異なる財とみなすと，この利潤最大化問題は第1章で論じた，需要に相互連関のある複数の財を生産する，独占企業の利潤最大化と捉え直すことができる。
3　第1章4節では，第1財価格を変化させる際に，第2財については価格が変化しないように数量を変化させることを想定したが，数量が変化しないように価格を変化させることを想定しても，微小な変化を考えるならば最終的な結論は同じになる。よってどちらの方法で考えてもかまわない。
4　ただし，両方のグループに対し同時に限界費用を下回る利用料金を設定することはありえない。プラットフォームの利潤が決してプラスにならないためである。

SUMMARY ●まとめ

- [ ] 1　ある財やサービスの利用者数が拡大するとき，その財やサービスの利用価値を高めることを直接的ネットワーク効果，関係する他の財やサービスの利用価値を高めることを間接的ネットワーク効果と呼ぶ。

- [ ] 2　ネットワーク効果が働く財の需要には，消費者が想定する利用者数の予想が重要な役割を果たす。消費者の予想に応じて，実現するナッシュ均衡が異なる場合がある。

- [ ] 3　財の規格化にはネットワーク効果によるメリットがある。どの規格が業界標準になるかは経路依存性があり，比較的初期に規格を選ぶ消費者の行動が大きく影響する。

- [ ] 4　標準化競争を避けるためには互換性を確立するという方法が考えられるが，互換とすることが最終的に利益増につながるかどうかは，互換性確立後に生じる顧客獲得競争の激しさによって変わる。

- [ ] 5　オーディオなどのシステム構成要素の互換性は，異なる企業の生産する構成要素の組み合わせを可能にすることによる需要創出効果だけでなく，価格競争緩和の効果もある。

- [ ] 6　売り手と買い手など異なるグループを結び付け取引を可能にするような仲介業者をプラットフォームと呼ぶ。グループ間に働く間接的ネットワーク効果を生かすため，プラットフォームは一方のグループに対するプラットフォームの利用料金を限界費用以下に下げることがある。

EXERCISE ● 練習問題

11-1 以下の事物の利用に関して，ネットワーク効果がどのように働くのか考えなさい。

クレジットカード，E メール，言語，都市への居住

11-2 マイクロソフトは 2015 年に，無償で OS を Windows 10 にアップグレードするキャンペーンを行った。その理由として考えられることを述べなさい。

11-3 本章では，消費者の行動のみに着目した業界標準の決定について説明したが，本来は企業側の働きかけも考えるべきである。企業が業界標準を勝ち取るためにはどのような戦略が効果的となるか考えなさい。

11-4 本文で触れたコンピュータやオーディオ・システム以外で，システム構成要素の互換性がみられる財の事例を挙げ，説明しなさい。

11-5 独占のプラットフォームを考え，グループ A，B の実質的な利用料金に対する需要を，

$$n_A = D^A(P^A) = 1 - P^A, \quad n_B = D^B(P^B) = \begin{cases} 1; & P^B \leq 1 \\ 0; & P^B > 1 \end{cases}$$

とする。各グループの利用者 1 人につき，限界費用はそれぞれ 0，グループ A，B が受けるネットワーク効果をそれぞれ $\alpha_A n_B$，$\alpha_B n_A$ とする。

(1) 利潤最大化のためには $P^B = 1$，よって $p_B = 1 + \alpha_B n_A$，$n_B = 1$ となることを示しなさい。

(2) 利潤を最大化する利用料金は $p_A = [1 + (\alpha_A - \alpha_B)]/2$ となること，外部効果 α_B が高まると限界費用以下の利用料金が設定されることを確認しなさい。

参 考 文 献

Aghion, P. and P. Bolton (1987) "Contracts as a Barrier to Entry," *American Economic Review*, 77(3): 388-401.

Armstrong, M. (2006) "Competition in Two-Sided Markets," *RAND Journal of Economics*, 37(3): 668-691.

Asker, J. (2010) "A Study of the Internal Organization of a Bidding Cartel," *American Economic Review*, 100(3): 724-762.

Athey, S., K. Bagwell and C. Sanchirico (2004) "Collusion and Price Rigidity," *Review of Economic Studies*, 71(2): 317-349.

Bernheim, B. D. and M. D. Whinston (1990) "Multimarket Contact and Collusive Behavior," *RAND Journal of Economics*, 21(1): 1-26.

Boldrin, M. and D. K. Levine (2013) "The Case against Patents," *Journal of Economic Perspectives*, 27(1): 3-22.

Bulow, J. I. and P. Klemperer (1999) "The Generalized War of Attrition," *American Economic Review*, 89(1): 175-189.

Cournot, A. A. (1838) *Recherches sur les Principes Mathématiques de la Théorie des Richesses*.（中山伊知郎訳『富の理論の数学的原理に関する研究』岩波文庫，1936年）

Deneckere, R. J. and R. P. McAfee (1996) "Damaged Goods," *Journal of Economics and Management Strategy*, 5(2): 149-174.

Frenkel, G. (1991) "For Intel, a 486 Chip by Any Other Name is Still the Same," *PC Week Supplement*, supplement to *PC Week*, 8(5): S37-S38.

Green, E. J. and R. H. Porter (1984) "Noncooperative Collusion under Imperfect Price Information," *Econometrica*, 52(1): 87-100.

Hanazono, M. and H. Yang (2007) "Collusion, Fluctuating Demand, and Price Rigidity," *International Economic Review*, 48(2): 483-515.

Igami, M. (2017) "Estimating the Innovator's Dilemma: Structural Analysis of Creative Destruction in the Hard Disk Drive Industry, 1981-1998," *Journal of Political Economy*, 125(3): 798-847.

伊神満（2018）『「イノベーターのジレンマ」の経済学的解明』日経BP社

Kandori, M. (1991) "Correlated Demand Shocks and Price Wars During Booms," *Review of Economic Studies*, 58(1): 171-180.

Kreps, D. M. and J. A. Sheinkman (1983) "Quantity Precommitment and Bertrand Competition Yield Cournot Outcomes," *Bell Journal of Economics*, 14(2): 326-337.

Levin D. and J. Peck (2003) "To Grab for the Market or to Bide One's Time: A Dynamic Model of Entry," *RAND Journal of Economics*, 34(3): 536-556.

Matutes C. and P. Regibeau (1992) "Compatibility and Bundling of Complementary Goods in a Duopoly," *Journal of Industrial Economics*, 40(1) : 37-54.

Motta, M. (2004) *Competition Policy: Theory and Practice*, Cambridge University Press.

Okada, T. (2014) "Third-Degree Price Discrimination with Fairness-Concerned Consumers," *Manchester School*, 86(6) : 701-715.

Rob, R. (1991) "Learning and Capacity Expansion under Demand Uncertainty," *Review of Economic Studies*, 58(4) : 655-675.

Rotemberg, J. J. and G. Saloner (1986) "A Supergame-Theoretic Model of Price Wars during Booms," *American Economic Review*, 76(3) : 390-407.

Sutton, J. (1991) *Sunk Costs and Market Structure: Price Competition, Advertising, and the Evolution of Concentration*, MIT Press.

Verboven, F. (1996) "International Price Discrimination in the European Car Market," *RAND Journal of Economics*, 27(2) : 240-268.

事項索引

●アルファベット

FTC（連邦取引委員会）　136
HDD（ハードディスクドライブ）産業　246
LCC　215, 224
MC　→限界費用
MR　→限界収入
OS（オペレーティング・システム）　262
SIM フリー化　278
SNS（ソーシャル・ネットワーキング・サービス）　44, 262

●あ　行

アップグレード　268
一物一価の法則　52
逸脱のペナルティ　169
逸脱の利益　169
移動費用　144, 145, 150
イノベーション（技術革新）　16, 115, 236
　　段階的――　17, 238
　　抜本的――　17, 238
　　プロセス・――　236
　　プロダクト・――　236
イノベーターのジレンマ　16, 245
インセンティブ　22
　　――の相互連関　22
　　競争撤退の――　104
後ろ向き帰納法　46, 73, 76, 151, 264
オークション　7, 93
　　競り下げ――　93
お試し価格　159
オープンソース化　257
オペレーティング・システム　→OS

●か　行

カイゼン　238
外部経済　43
外部効果（外部性）　43, 78, 247
外部不経済　43
価格競争　93, 95, 140, 150
　　――の回避　11, 164, 166

価格協定　248
価格差別　4, 52, 131
　　第1種――（完全価格差別）　56, 131
　　第2種――（スクリーニング）　61, 133
　　第3種――　55, 131
価格支配力　229
価格戦争　181
価格弾力性　137, 283
　　需要の――　38, 111, 145, 160
学習効果　40, 46
学　割　55
寡占化を促進する効果　232
寡占市場　92, 129
課徴金減免制度　→リニエンシー制度
合　併　137, 225
　　――の協調誘発効果　225
　　――の波　228
過度の移行　269
過度の停滞　268
可変的要素　28
可変費用　28, 122
加盟利用料　81
カルテル　12, 225, 248
監　視　→モニタリング
完全価格差別　→第1種価格差別
完全競争　116
　　――市場　131
規格化　270
企業の統合　129
技術革新　→イノベーション
技術供与　229
技術提携　229
技術の買い取り　241
技術の無償供与の可能性　232
機能制限　66
キャパシティ制約　28, 102
吸　収　225
業界標準　274
競争緩和　225
競争政策　229
競争当局　186

291

競争法　135, 248
均　衡　23
クラブ（ディスコ）　279
繰り返しゲーム　166
クールノー競争　109, 130, 212, 227
クールノー・ナッシュ均衡　114, 130
クールノーの極限定理　116
クレジットカード　279, 284
経済効率　120, 135
経路依存性　273
結婚相談所　279
ゲームの木　70
ゲーム理論　3
限界効用　57, 121
限界収入（MR）　33, 146
限界費用（MC）　28, 33, 146
　　社会的な——　125
原価酒場　60
原価焼肉　60
研究開発　236
　　——における提携　248
　　——の競争　243
検索サイト　44
合意の最終期の有無　171
公開競り上げ入札　8
公共財　249
広　告　44, 157, 159
　　情報提供的な——　159
公正取引委員会　136, 186
行動経済学　21
公平性　120
合理性　20
効率性効果　243, 244
合理の原則　137
互換性　274
顧客奪取効果　192
固定的要素　28
固定費用　28, 122
コミットメント　103, 204, 210

●さ　行

財が同質的　140
最低価格保証　11, 181
裁定機会の欠如　52

裁定取引　6
最適反応　100
財の異質性　140
再販価格維持　82, 85, 87, 129
再分配政策　120
差別化　9, 10, 160
　　——された財　194
　　——の程度　151
　　垂直的——　141, 153
　　水平的——　141
　　製品——　140, 216
サンクコスト　→埋没費用
参　入　190
　　——障壁としての契約　219
　　——タイミング　196, 203
参入阻止　213, 214, 241, 242
　　戦略的な——　210
　　情報開示による——　222
シグナリング　210, 224
自己実現的な予想　264
市場支配力　14, 130, 137
市場の画定　137
市場の細分化（セグメント化）　55
システム構成要素の互換性　275
次世代自動車　262
私的情報　182, 201, 205
シナジー　137, 226
シニア割　55
支払意思額　57, 121
地ビール製造業　196
自由参入　190
囚人のジレンマ　97, 98, 101, 256
収　入　30
シュタッケルベルク競争　211
需要が代替的　41
需要が補完的　43
需要関数　26
　　逆——　30
　　市場——　122
需要曲線　26
　　顧客レベルの——　56
需要の不確実性　197
情報通信事業　262
情報の経済学　3

消耗戦　204
ショッピングモール　279
浸透価格　270
垂直的関係　70, 128
スイッチング・コスト　157, 158
数量競争　109
スクリーニング　→第2種価格差別
ストリーミング・サービス　279
スピルオーバー効果　248, 249
生産における財の代替性　45
生産における財の補完性　45
製薬　256
セグメント化　→市場の細分化
戦略的効果　152
戦略的代替性　113, 227
戦略的な相互連関関係　92
戦略的補完関係　147
創造的破壊　245
ソーシャル・ネットワーキング・サービス
　→SNS

●た　行

ダイアモンド・パラドックス　157
退出　190, 204, 232
多種財を生産する企業　39
ただ乗り　86, 249
食べ放題・飲み放題　59
短期　28
談合　12, 166
　──と価格の硬直性　184
　ニューヨークの切手入札──　184
探索財　157
探索費用　53, 157
単独行動による競争緩和効果　225
地域別価格　5, 6
置換効果（共食い効果）　17, 244, 236
チキン・ゲーム　97, 99, 205
知識の累積性　252
知的財産権　15, 128, 251
知的財産の保護　251
長期　28
長期的な関係　166
直接効果　152
著作権　128, 251

テリトリー制　87
展開型ゲーム　70, 264
転売　52
独占　26
　──価格　157
　──企業　127
独占禁止法　11, 83, 135, 181, 248
特許　15, 128, 251
特許プール（パテントプール）　255
共食い効果　→置換効果
ドミナント戦略　219
トヨタ生産システム　238
トリガー戦略　166, 173
取引間隔の短縮　176
取引費用　53

●な　行

内生的な参入費用　194
ナッシュ均衡　93, 97, 99, 101, 112, 148, 200, 263
二重限界化　74, 128
2部料金　58, 62, 79, 85, 128, 129
ネットショッピング　88
ネットワーク効果　262
　──と利用者数予想　263
　間接的──　19, 262
　直接的──　262
ノックアウト入札　13, 184

●は　行

パテントプール　→特許プール
範囲の経済性　47
反トラスト法　135
反応関数　112, 147, 212
販売促進努力　84
非価格戦略　158
比較静学　149
費用関数　27
費用曲線　29
標準化　270
　──競争　274
費用の最小化　27
品質の選択　153, 156
品質保証　224

事項索引　●　293

プライベート・ブランド　81
フラッシュメモリ　270
プラットフォーム　18, 44, 279
フランチャイズ契約　81
ブランド拡散　215
ブランド魚類　10
ブランド内競争　86
フリーペーパー　44, 279, 284
ベルトラン競争　96, 130, 156, 157
ベルトラン・パラドックス　96, 166
防衛特許　258
補完性　40
補完的な特許　255
ホテリング・モデル　143, 147, 216, 285

●ま　行

埋没費用（サンクコスト）　34, 122
マイレージ・プログラム　158
巻き戻し戦略　73
マークアップ率　37, 111, 137, 283
メディア　44, 279
モニタリング（監視）　179, 182

●や　行

余　剰　58

　　社会的——　120, 122, 135, 247
　　消費者——　120, 122, 135
　　生産者——　122

●ら　行

ラーナー指数　38
ラーナーの公式　37, 44, 54, 146, 283
利潤最大化　20, 26, 31
立地点　151
利得表（利得行列）　98
リニエンシー（課徴金減免）制度　186
略奪的価格　224
連邦取引委員会　→FTC
ロイヤリティ　81

●わ　行

割引因子　165
割引現在価値　164
ワン・レイニー・ナイト・イン・トーキョー事件　251

企業・製品名等索引

●アルファベット

BlackBerry　271
Facebook　44, 262
Google　44
HD-DVD　271
Instagram　262
iPhone　271
KLM　224
LINE　262
Linux　257
LTE　255
MPEG2　255
Netflix　270
SDメモリカード　270
Twitter　262
USBフラッシュドライブ　270
VHS　271
YouTube　257, 279
Windows　271

●あ　行

アスパルテーム　219, 225
アンドロイド　271
イージージェット　215, 224
イーストマン・コダック社　245
インテル　66
大間マグロ　7

●か　行

コストコ　59

●さ　行

サウスウエスト航空　215
知るカフェ　18, 284

●た　行

トヨタ自動車　230

●な　行

日産自動車　230

●は　行

フジドリームエアラインズ　215
富士フイルム　245
ブルーレイディスク　271
ベータマックス　271

●ま　行

マツダ　230
三菱自動車　230
ミニディスク　66
モンサント社　14, 219, 224

●ら　行

ライアンエアー　215

人名索引

● あ 行

アロー（K. Arrow） 236
アギヨン（P. Aghion） 220
アームストロング（M. Armstrong） 285
伊神満 246
ウィンストン（M. D. Whinston） 177
エイシー（S. Athey） 184

● か 行

神取道宏 175
クリステンセン（C. Christensen） 245
グリーン（E. J. Green） 179
クールノー（A. A. Cournot） 109, 114
クレンペラー（P. Klemperer） 206

● さ 行

サットン（J. Sutton） 195
サロナー（G. Saloner） 175
シュンペーター（J. Schumpeter） 240

● た 行

ダイアモンド（P. Diamond） 157

● な 行

ナッシュ（J. F. Nash, Jr.） 114

● は 行

花薗誠 184
バーンハイム（B. D. Bernheim） 177
ビューロー（J. I. Bulow） 206
ペック（J. Peck） 201
ベルトラン（J. L. F. Bertrand） 96
ポーター（R. H. Porter） 179
ボルドリン（M. Boldrin） 258
ボルトン（P. Bolton） 220

● ま 行

マチューテス（C. Matutes） 276

● や 行

ヤン（H. Yang） 184

● ら 行

レジボー（P. Regibeau） 276
レビン（D. Levin） 201
レビン（D. K. Levine） 258
ローテンバーグ（J. J. Rotemberg） 175
ロブ（R. Rob） 197

産業組織とビジネスの経済学
Industrial Organization and Business Economics

2018 年 9 月 30 日　初版第 1 刷発行
2023 年 5 月 30 日　初版第 4 刷発行

著　者	花　薗　　　誠
発行者	江　草　貞　治
発行所	株式会社　有　斐　閣

郵便番号 101-0051
東京都千代田区神田神保町 2-17
https://www.yuhikaku.co.jp/

印刷・大日本法令印刷株式会社／製本・大口製本印刷株式会社
© 2018, Makoto Hanazono. Printed in Japan
落丁・乱丁本はお取替えいたします。
★定価はカバーに表示してあります。
ISBN 978-4-641-15059-1

[JCOPY] 本書の無断複写（コピー）は、著作権法上での例外を除き、禁じられています。複写される場合は、そのつど事前に（一社）出版者著作権管理機構（電話03-5244-5088, FAX03-5244-5089, e-mail：info@jcopy.or.jp）の許諾を得てください。